"十四五"职业教育国家规划教材

工业和信息化精品系列教材

U0734389

商务网页设计与制作

第2版 | 微课版

谢元芒 ◎ 主编

马冬梅 王广伟 李鹤 ◎ 副主编

BUSINESS WEB DESIGN
AND PRODUCTION

人民邮电出版社

北 京

图书在版编目（CIP）数据

商务网页设计与制作：微课版 / 谢元芒主编. -- 2
版. -- 北京：人民邮电出版社，2024.1
工业和信息化精品系列教材
ISBN 978-7-115-63061-2

Ⅰ．①商… Ⅱ．①谢… Ⅲ．①电子商务-网页制作工
具-高等学校-教材 Ⅳ．①F713.361.2②TP393.092.2

中国国家版本馆CIP数据核字(2023)第203937号

内 容 提 要

本书较为全面地介绍商务网站项目策划、商务网站项目建设与管理、商务网页设计、商务网页制作，以及网页图像制作等知识。本书共6章，包括商务网站项目管理、商务网页设计、HTML网页制作技术、CSS网页样式制作技术、网页图像制作、商务网页制作实战等内容。书中提供了11个综合范例、1个实战项目，通过练习和操作实践，读者能够巩固所学的内容。

本书可以作为高等院校、高职高专院校电子商务专业商务网页设计与制作课程的教材，也可以作为商务网页设计与制作培训班教材，并适合商务网站项目策划人员、商务网站设计与制作的专业人员和广大网页设计与制作爱好者自学使用。

◆ 主　　编　谢元芒
　　副主编　马冬梅　王广伟　李　鹤
　　责任编辑　桑　珊
　　责任印制　王　郁　焦志炜
◆ 人民邮电出版社出版发行　　北京市丰台区成寿寺路11号
　　邮编　100164　　电子邮件　315@ptpress.com.cn
　　网址　https://www.ptpress.com.cn
　　固安县铭成印刷有限公司印刷
◆ 开本：787×1092　1/16
　　印张：17.75　　　　　　　　2024年1月第2版
　　字数：455千字　　　　　　　2025年6月河北第3次印刷

定价：69.80元

读者服务热线：(010)81055256　印装质量热线：(010)81055316
反盗版热线：(010)81055315

第2版前言

本书全面贯彻党的二十大精神，以社会主义核心价值观为引领，传承中华优秀传统文化，坚定文化自信，使内容更好地体现时代性、把握规律性、富于创造性。

对于电子商务专业而言，商务网页设计与制作课程的培养目标不是一线的网页代码编写人员，而是商务网站的项目策划、管理与运维的项目管理型人才，需要他们了解、掌握项目策划、建设管理、网站运营与维护等知识，熟悉商务网页设计与制作的相关技术和方法。但对于电子商务专业的学生而言，大部分学生均不了解计算机基础知识，对网页设计与制作技术非常陌生，需要掌握基础的 HTML5、CSS3 知识。本书立足于基本的网页设计与制作知识教学的基础之上，适当增加了响应式网页设计与制作等实用技术。

本书第 1 版于 2019 年 5 月正式出版，于 2020 年获批"十三五"职业教育国家规划教材，3 年多来重印 8 次，表明市场对本书的认可，也是对编者的鼓励和鞭策。随着 HTML5 不断深化应用，本书第 1 版部分内容已不能满足当前响应式网页设计与制作的技术要求，需要增加 HTML5 有关知识。本书第 2 版与第 1 版相比，主要改进有如下几个方面。

1. 增加商务网站 SEO 营销、商务网站维护内容，介绍当前 SEO 的重要作用和主要途径，以及网站运行与维护方面的内容。

2. 增加商务网站项目管理岗位职业素养内容，提出新时代商务网站项目管理人员的职业素养、法律素养、职业道德等方面的基本要求。

3. 增加标签种类、HTML5 新特点、元数据设置、响应式商务网页设计与制作内容，删除滚动字幕、网页框架等不符合网页制作技术发展方向的内容。

4. 重新编写了第 6 章内容，采用响应式网页制作技术重新制作了项目源文件及代码。

5. 配套修改了习题及答案，制作了新的教学资源。

为了提高本书的实用性和先进性，采用校企合作模式联合北京悦程出行科技有限公司共同编修本版图书。

本书作者凭着多年的网站类项目策划与建设管理工作经验，针对电子商务专业的特点，采用"教、学、做一体化"的教学方法，为培养高端复合型人才提供合适的教学与训练用书。

本书实践性强，内容丰富，体现了商务网页设计与制作课程的系统性和完整性。本书基于 HTML5 和 CSS3 的规范组织编写，也保留了文字标签等比较实用的元素标签和属性的内容。

本书的参考学时为 56 学时，建议采用理论与实践一体化的教学模式，学时分配表如下。

学时分配表

章	课程内容	学时
第 1 章	商务网站项目管理	2
第 2 章	商务网页设计	2
第 3 章	HTML 网页制作技术	18
第 4 章	CSS 网页样式制作技术	20
第 5 章	网页图像制作	2
第 6 章	商务网页制作实战	10
	课程考评	2
学时总计		56

本书由谢元芒任主编，马冬梅、王广伟、李鹤任副主编，郭艳君、赵春阳、闫家旻、滕飞、高卓民、韩岩岩、付强参与编写并提供部分案例。

为了方便教学，本书配有习题答案、源代码、微课、课程 PPT 等教学资源，读者可登录人邮教育社区（www.ryjiaoyu.com）免费下载并使用。由于编者水平有限，书中难免存在疏漏和不足之处，希望读者批评指正。

编者

2023 年 9 月

目 录
CONTENTS

第1章　商务网站项目管理 / 1

1.1　理解传统商务与电子商务 / 1
1.1.1　传统商务 / 1
1.1.2　电子商务 / 3
1.1.3　传统商务与电子商务的关系 / 5
1.1.4　电子商务的优势和不足 / 5
1.1.5　电子商务与互联网 / 6

1.2　商务网站项目管理概述 / 8
1.2.1　网站概述 / 8
1.2.2　商务网站及类型 / 12
1.2.3　商务网站功能组成 / 16
1.2.4　商务网站项目建设与管理 / 18
1.2.5　商务网站项目策划 / 20
1.2.6　商务网站项目设计与开发 / 26
1.2.7　商务网站 SEO 营销 / 30
1.2.8　商务网站维护 / 34
1.2.9　商务网站项目管理岗位职业素养 / 34
小结 / 35
习题 / 35

第2章　商务网页设计 / 38

2.1　商务网页视觉设计 / 38
2.1.1　商务网页赏析 / 38
2.1.2　网页视觉设计概述 / 41
2.1.3　网页视觉设计的原则 / 41
2.1.4　网页视觉设计对象 / 43
2.1.5　网页视觉设计要点 / 47

2.2　商务网页创意设计 / 52
2.2.1　商务网页创意设计概述 / 52
2.2.2　商务网页创意设计的思路 / 52
2.2.3　商务网页创意设计的内容 / 54

2.3　商务网页原型设计 / 55
2.3.1　绘制网页草图 / 55
2.3.2　绘制网页效果图 / 57
2.3.3　制作网页原型方案 / 57
2.3.4　网页原型方案评审 / 58
小结 / 59
习题 / 59

第3章　HTML 网页制作技术 / 61

3.1　网页基础知识 / 61
3.1.1　网页源文件 / 61
3.1.2　网页解释代码 / 62
3.1.3　网页制作语言介绍 / 63
3.1.4　HTML 基础知识 / 65
3.1.5　HTML 标签的种类 / 70
3.1.6　HTML5 新特点 / 73

3.2　头文档设置方法 / 76
3.2.1　头文档作用 / 76
3.2.2　设置网页标题 / 76

3.3　文本设置方法 / 78
3.3.1　设置文字属性 / 78
3.3.2　设置文本排版 / 81
3.3.3　设置文档标题 / 82
3.3.4　设置文本列表 / 85
3.3.5　制作文本网页综合范例 / 87

3.4　图像设置方法 / 89
3.4.1　图像文件的存储管理 / 90
3.4.2　图像引用 / 91

3.4.3　设置图像显示尺寸 / 94

3.4.4　设置图像替代文本 / 95

3.4.5　设置网页背景图像与背景颜色 / 96

3.4.6　制作图文网页综合范例 / 99

3.5　超链接设置方法 / 100

3.5.1　超链接的概念及类型 / 100

3.5.2　指向网站内部的超链接 / 101

3.5.3　指向网站外部的超链接 / 106

3.5.4　给文本设置超链接 / 107

3.5.5　给图像设置超链接 / 108

3.5.6　设置超链接的打开窗口 / 108

3.5.7　制作图文超链接网页综合范例 / 111

3.6　表格制作方法 / 114

3.6.1　表格的代码结构 / 115

3.6.2　创建表格的方法 / 115

3.6.3　制作单元格和表头内容 / 116

3.6.4　制作一个表格网页 / 117

3.6.5　单元格合并的方法 / 119

3.6.6　设置表格外观 / 122

3.6.7　运用表格技术布局网页综合范例 / 137

3.7　多媒体引用方法 / 143

3.7.1　设置视频 / 143

3.7.2　设置音频 / 145

3.8　表单制作方法 / 147

3.8.1　定义表单 / 147

3.8.2　定义输入项 / 149

3.8.3　制作下拉菜单和数据列表 / 153

3.8.4　制作元素分组和输入项标注标签 / 154

3.8.5　制作文件项与进度条 / 155

3.8.6　数据验证与数据输出 / 156

3.8.7　制作学生信息编辑表单综合范例 / 158

3.9　元数据设置 / 160

3.9.1　设置字符编码 / 161

3.9.2　设置 name 和 content 属性 / 161

3.9.3　设置 http-equiv 和 content 属性 / 161

3.9.4　制作 SEO 关键词 / 162

3.9.5　设置元数据示例 / 162

小结 / 163

习题 / 164

第4章　CSS 网页样式制作技术 / 169

4.1　CSS 基础知识 / 169

4.1.1　CSS 的作用 / 169

4.1.2　CSS 代码的构成规则 / 170

4.1.3　CSS 选择符类型及使用方法 / 171

4.1.4　CSS 样式类别 / 174

4.1.5　CSS 中的度量单位 / 179

4.1.6　CSS 注释 / 180

4.1.7　CSS 常用属性 / 180

4.2　用 CSS 设置文本样式 / 183

4.2.1　设置文字属性 / 183

4.2.2　设置段落属性 / 187

4.2.3　用 CSS 设置文本综合范例 / 192

4.3　用 CSS 设置图像样式 / 193

4.3.1　设置图像 / 193

4.3.2　图文混排 / 195

4.3.3　设置背景图像 / 196

4.4　用 CSS 设置表格样式 / 199

4.4.1　设置边框样式 / 199

4.4.2　设置表格内容的显示样式 / 201

4.4.3　设置 <thead>、<tbody>、<tfoot> 标签 / 203

4.4.4　设置斑马纹表格综合范例 / 206

4.5　用 CSS 设置超链接伪类及伪元素 / 209

4.5.1　设置超链接伪类 / 209

商务网页设计与制作（第2版）（微课版）

4.5.2 设置伪元素 / 210

4.6 采用 DIV 与 SPAN 制作网页 / 211

4.6.1 块级元素与内联元素 / 211

4.6.2 定义 DIV 的显示样式 / 212

4.6.3 定义 SPAN 的显示样式 / 213

4.6.4 元素定位 / 213

4.6.5 元素叠加 / 215

4.6.6 元素浮动 / 217

4.6.7 元素的显示与隐藏 / 218

4.7 用 CSS 设置元素的边框与边距 / 218

4.7.1 元素的边框与边距 / 218

4.7.2 设置元素边框与边距 / 219

4.7.3 制作文字按钮范例 / 223

4.7.4 制作导航栏综合范例 / 224

4.8 响应式网页设计与制作 / 229

4.8.1 浏览器与屏幕尺寸适配 / 229

4.8.2 设置弹性页面 / 230

4.8.3 设置 flex 弹性容器 / 231

4.8.4 流式布局设计 / 237

4.8.5 制作响应式网页范例 / 239

4.8.6 响应式网页开发前端框架 / 242

小结 / 242

习题 / 243

第 5 章　网页图像制作 / 247

5.1 准备图像素材 / 247

5.1.1 商品图像拍摄 / 247

5.1.2 商品图像存档 / 248

5.2 制作网页图像 / 249

5.2.1 图像格式 / 249

5.2.2 图像编辑处理 / 250

第 6 章　商务网页制作实战 / 252

6.1 响应式网页制作重要技术 / 252

6.1.1 制作响应式导航栏 / 252

6.1.2 制作 Banner / 259

6.1.3 制作模块化流式布局 / 262

6.1.4 采用脚本导入页脚 / 263

6.2 响应式商务网页制作步骤 / 266

6.2.1 图像准备与制作 / 267

6.2.2 响应式网页布局设计 / 267

6.2.3 网页主要构件设计与制作 / 270

6.2.4 功能主页效果图制作 / 272

6.2.5 图像切片 / 273

6.2.6 采用 HTML+CSS 制作响应式网页 / 274

6.3 响应式商务网页制作实例 / 274

小结 / 275

习题 / 275

参考文献 / 276

第1章
商务网站项目管理

随着信息技术的发展和互联网的普及，电子商务在互联网上得到了广泛的应用。无论是企业还是个人，都离不开电子商务。策划与建设满足企业经营管理需求的商务网站，是每一个企业都需要认真研究和处理的重要事项。要想做好商务网站项目策划与建设，需要了解传统商务与电子商务的关系，充分发挥电子商务的优势，通过项目策划、创意设计、功能设计、开发和制作的过程，实现企业的商务目的。

1.1 理解传统商务与电子商务

商务的概念有广义和狭义之分。广义的商务是指一切与买卖商品服务相关的商业事务，狭义的商务是指商业或贸易。我们通常所说的商务，如无特殊说明，均指广义的商务。

我们把企业为实现生产经营目的而进行的各类有关资源、知识、信息、交易等的活动统称为商务活动。商务活动按照采用的技术、方法和手段不同分为传统商务和电子商务。

1.1.1 传统商务

传统商务是指用户可以利用电话、传真、信函和传统媒体来实现商务交易和经营管理。用户能够通过传统的市场营销、广告宣传渠道，来获得营销信息、接收订货信息、做出购买决策、支付款项等。

传统商务具有环节多、成本高、效率低、双方距离远等不足。

1. 传统商务场景一：实体商店购物

客户需要到实体商店挑选产品，现场感受产品的品质、外观、功能，还可以与售货人员沟通（见图1.1）。

图 1.1　实体商店购物

2．传统商务场景二：企业之间洽谈合作

　　企业之间进行合作（包括购买产品、项目合作等），往往需要收集信息、电话联系、传真联系，有时还需要奔赴至对方处进行现场考察，了解产品或项目情况，达成合作（见图 1.2）。

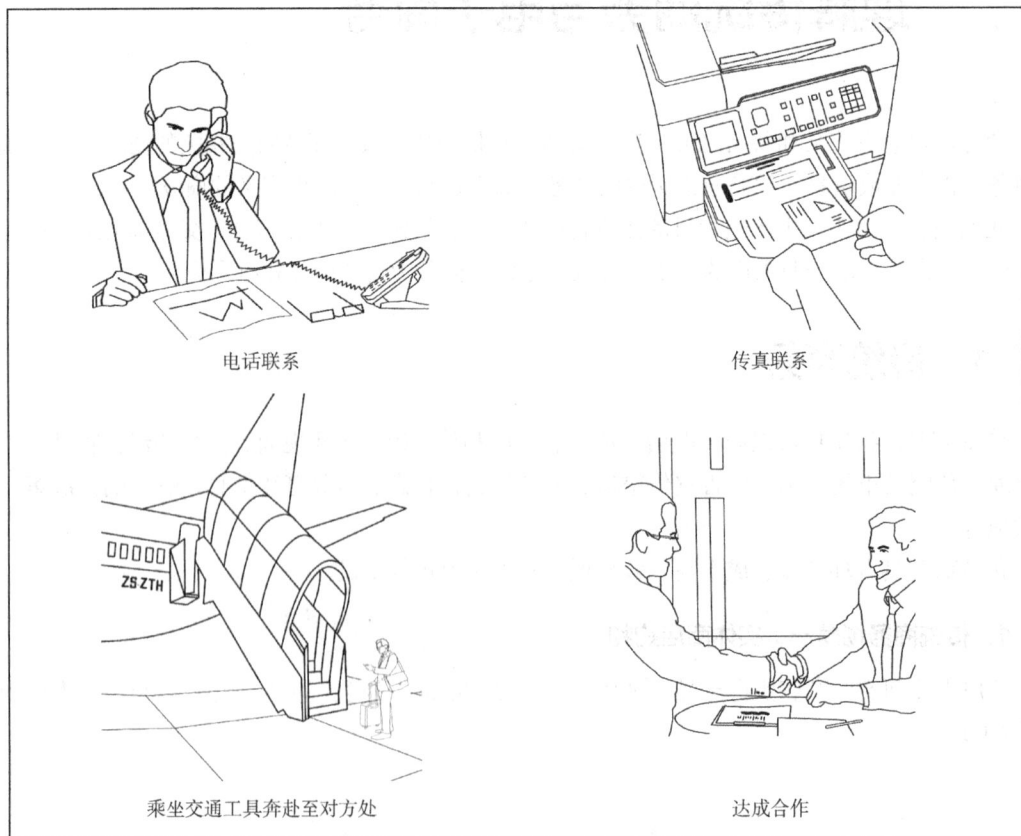

电话联系

传真联系

乘坐交通工具奔赴至对方处

达成合作

图 1.2　企业之间洽谈合作

1.1.2 电子商务

电子商务将传统商务中的物流、资金流、信息流的传递利用信息技术进行整合，企业将重要的信息通过万维网（WWW）、内联网（Intranet）或外联网（Extranet）直接与分布在各地的客户、员工、经销商及供应商分享，以电子交易的方式进行交易和相关服务的活动，包括企业内部之间及企业与外部之间的商务活动。

电子商务一方面是对传统商务各环节的电子化、网络化、信息化，另一方面是利用信息技术对传统商务进行的优化与创新。这种优化与创新才是电子商务的真谛，它与企业自身的经营特点、外部的商务活动环境、信息技术的发展水平等相关。比如，移动视频会商，是对传统商务的改革和创新；医院的药品划价环节采用电子自动划价方式，是对传统商务的优化，使客户的体验更好等。

1. 电子商务场景一：网上购物

网上购物（见图 1.3）具有品目全、信息量大、可选商品多、查询 / 搜索便捷、网上支付、邮寄到家等特点，深受消费者喜爱，已经成为人们日常生活、学习、工作的重要组成部分。常用的购物网站有淘宝网、京东商城、唯品会、苏宁易购等。

图 1.3　网上购物

2. 电子商务场景二：企业之间网上洽谈合作

随着信息技术的发展，企业之间开展商务合作可以在互联网上进行。比如电子邮件沟通（见图 1.4）、网上视频会商（见图 1.5）、网上订货（见图 1.6）、网上支付（见图 1.7）等。

图 1.4　电子邮件沟通

图 1.5 网上视频会商

图 1.6 网上订货

图 1.7 网上支付

1.1.3 传统商务与电子商务的关系

两种商务活动都是为了实现企业或个人的商务目的，但实现的过程和方法不同，二者既有联系又有区别。

1. 二者的联系

二者是相对统一的。从某种意义上说，电子商务是传统商务的发展，许多电子商务活动都沿袭传统商务中的关键环节和活动方式进行操作，并对它们加以改进、延伸，使之能够满足新的商务条件。而且，传统商务的已有销售渠道、信息网络等也可为电子商务所用。

2. 二者的区别

企业之间典型的商务活动包括交易前的准备、贸易磋商、合同执行、支付与清算、市场营销等主要环节，虽然电子商务是在传统商务的基础之上改进、延伸而来的，对传统商务的改进是显而易见的，但两者存在较大的差异（见表 1.1）。

表1.1 传统商务与电子商务的差异

商务活动	传统商务	电子商务
交易前的准备	经营团队通过电话、传真、邮寄等形式收集对方的相关资料，需要较长的收集时间。对其他潜在合作企业、竞争对手的资料收集比较困难、效率低	可以通过互联网较快收集好对方资料，还能非常方便地获取其他潜在合作企业、竞争对手的相关资料
贸易磋商	通过电话简单磋商，重要的、复杂的问题必须由双方相关人员聚在一起开会交流、洽谈。磋商中必须形成书面单据，包括询价单、订购合同、发货单、运输单、发票、验收单等，单据通过邮寄方式传递，部分单据可发传真件	可通过电子邮件、网络视频会议进行磋商沟通，节省交通成本和时间开销。磋商中询价单、订购合同、发货单、运输单、发票、验收单等可以约定以电子形式通过网络传递，方便、快捷
合同执行	交易协商过程经常是通过口头协议来完成的。但在协商后，交易双方必须要以书面形式签订具有法律效力的商贸合同	网络电子合同和电子商务应用系统的功能可保证交易双方所有的交易协商文件的正确性和可靠性，并且在第三方授权的情况下具有法律效力
支付与清算	采用支票和现金两种方式，支票方式多用于企业的交易过程。支票方式到账时间长，而且通常需要派人去取支票	采取网上支付方式，大部分银行都能保证实时到账
市场营销	受地域限制，通常划分营销区域	可不受区域限制，通过互联网全球营销

1.1.4 电子商务的优势和不足

电子商务是在传统商务基础上的发展和延伸，充分利用了先进的信息技术，工作效率大幅度提高，传统商务正在向电子商务转型。电子商务相对传统商务有着明显的优势，但也存在不足。

1. 电子商务的优势

（1）交易虚拟化

以互联网为媒介进行的贸易，贸易双方从贸易磋商、签订合同到支付等过程，无须当面进行，均可通过互联网完成，整个交易过程完全虚拟化。

（2）交易成本低

电子商务使得买卖双方的交易成本大大降低，具体表现在以下几个方面。

① 距离越远，交易成本越低。相对于传统商务，在网络上进行信息传递的成本相对于信件、电话、传真而言更低。

② 减少交易环节，交易费用更低。买卖双方可以通过网络直接开展商务活动，无须中介者参与，减少交易的有关环节及相关费用。

③ 营销成本更低。卖方可通过互联网设立网上商店，进行产品介绍、宣传、销售，避免在传统方式下昂贵的门店费用、人工费用，以及做广告、发印刷宣传品的费用等大量费用。

④ 电子文件及凭证成本更低。电子商务可实行"无纸贸易"、电子办公，可减少大量的纸质材料处理费用。

⑤ 降低库存成本。互联网可使买卖双方即时沟通供需信息，使无库存生产和无库存销售成为可能，从而使库存成本降为零。

（3）交易效率高

通过互联网，商务的电子资料能在瞬间完成传递与计算机自动处理，使原料采购、产品生产与销售、银行汇兑、保险、货物托运及申报等过程在无须人员干预的情况下，在最短的时间内完成且不会出现差错。交易的效率大幅度提高，交易的准确率可达100%。

（4）交易透明化

买卖双方从交易的洽谈、签约到货款的支付、交货通知等的整个交易过程都在网络上进行，可以有效防止伪造交易信息等情况。例如，在典型的许可证电子数据交换（Electronic Data Interchange，EDI）系统中，会对发证单位和验证单位进行有效的信息核对，假的许可证就无法通过。

2. 电子商务的不足

电子商务虽然有很多优势，但也存在一定的不足，主要体现在以下几个方面。

（1）缺乏安全性

因为是买卖双方无法见面的交易，所以无法给人以安全感。网络可能会滋生网络骗子，所以网民和商家的戒备心理会很强。

（2）没有真实的触感

有过网上购物体验的人也许有这样的忧虑：这件衣服好看是好看，但是我穿上合不合适？因为不是在实体店面进行交易，所以，网上购物通常会造成很多问题，以致发生退货、换货的情况。

当前，电子商务发展迅速，但在实际工作中，通常不是绝对地抛弃传统商务，而是根据不同业务的商务特点，综合利用电子商务和传统商务的长处，让商务活动更加可靠、可信、高效、便捷，以实现商务目的。

1.1.5　电子商务与互联网

电子商务随着互联网的发展而发展，没有互联网就没有电子商务。最初的电子商务网站以个人计算机（Personal Computer，PC）端应用为主。如淘宝、京东、1号店等有实力的企业均在传统的互联网上开发、建设了商务网站，支撑电子商务活动的开展。随着 3G、4G 在全球快速普及，基于移动互联网的移动端 App（包括小程序、公众号、手机网站，下同）得到了迅猛的发展，催生了滴滴打车、饿了么、贝壳找房等一批新型商务应用模式。淘宝、京东等各大企业也纷纷跟进，在商务网站的基础上研究、开发了手机端电子商务 App，移动端电子商务 App 的发展如火如荼。

尽管移动端电子商务 App 得到了社会的普遍认可，但其比较适合面向个人消费类，且业务模式简单的业务。商务网站依旧在电子商务中扮演重要的角色，主要面向企业市场，在业务复杂、信息量大的企业级商务活动方面具有较大优势，目前开发、建设电子商务网站仍然具有很大的市场空间。

互联网是商务网站的主要载体。虽然有些特殊企业的商务网站部署在企业内部的局域网上，其商务网站的目的是强化内部的商务活动，但其网站项目开发、建设的技术和思路都是一样的。

什么是互联网？我们平时所说的上网是不是上互联网？互联网是不是万维网？接下来我们分别介绍互联网和万维网。

1. 互联网

互联网的英文为 Internet，又称网际互联网，或音译为因特网。互联网始于 1969 年美国国防部高级研究计划署研究的用于支持军事研究的计算机实验网络（即阿帕网，ARPANET），当时只连接了 4 个节点：美国加利福尼亚大学、美国斯坦福国际咨询研究所、美国加利福尼亚大学洛杉矶分校和美国犹他大学。这就是互联网最早的形态。之后逐渐发展成为全球互联的庞大网络——互联网。这些网络与网络之间以一组通用的协议互联，形成逻辑上的单一、巨大国际网络。

互联网提供 9 项服务（见表 1.2）。

表1.2　互联网服务

序号	服务项目	服务形式
1	万维网（WWW 或 Web）	用于浏览网站，是互联网上应用非常普遍、使用量非常大的互联网服务
2	电子邮件（E-mail）	用于收发电子邮件，已经取代了书信。但随着即时通信软件如 QQ、微信等的兴起，人们网上交流的方式也发生了显著的变化
3	文件传输	通过文件传输协议（File Transfer Protocol，FTP）实现的一种上传和下载文件的服务
4	公告板系统（BBS）	电子论坛
5	远程登录（Telnet）	为计算机系统维护与管理人员提供远程登录的服务
6	菜单式信息查询（Gopher）	提供菜单式的信息查询服务
7	文件查询（Archie）	提供文件查询服务，通过该服务能够在互联网上查询文件
8	域名查询	通过 Whois 协议查询域名及相关信息的服务
9	网络新闻组（Usenet）	一个全球性的庞大的公告板系统，网络新闻组中划分了许多讨论区，每个讨论区有一个主题，网友针对此主题进行讨论

2. 万维网

万维网（WWW 或 Web）就是互联网上所有支持 WWW 协议和超文本传送协议（Hypertext Transfer Protocol，HTTP）的客户机与服务器的集合，通过它可以存取世界各地的超媒体文件，其内容包括文字、图像、声音、动画、资料库及各式各样的软件等。

万维网是互联网的一个主要功能，现已发展成为当今全世界最大的电子资料世界，几乎可以把万维网当成互联网的代名词了。日常我们所说的"上网"，其实指的就是上万维网。

万维网的服务已经成为当今主要、常用、普遍的互联网服务。通过浏览万维网几乎可以实现所有的互联网服务，如收发电子邮件、上传或下载文件、查看网络新闻组、参与公告板系统讨论、打网上电话等。万维网支持文字、图像、声音及动画等多种媒体信息，几乎可以替代互联网。

万维网的核心是以下 3 个标准。

① 统一资源定位符（Uniform Resource Locator，URL），是对从互联网上得到的资源的位置和访问方法的一种简洁的表示，是互联网上标准资源的地址，也就是通常所说的网址。

② 超文本传送协议（HTTP），是用于 WWW 服务器与本地浏览器之间传输超文本的网络传输协议，负责规定浏览器和网站服务器相互交流的方式。

③ 超文本标记语言（Hypertext Markup Language，HTML），是网页的制作语言，定义超文本文档的结构和格式。

网站就是采用 HTML 等语言编写，在互联网上采用 HTTP 进行传输，采用 URL 进行标识和访问，具有一定 Web 服务功能的应用系统。

1.2 商务网站项目管理概述

商务网站项目管理包括项目策划、开发与建设、网站运营 3 个主要方面。建好、用好商务网站，首先需要做好商务网站的项目策划。商务网站应当充分体现企业的商务目的，为企业的生产经营和市场营销服务。不了解企业商务项目策划的真实用意，就不可能准确把握商务网站的功能结构和网站特色，也就无法制作出优秀的、适合本企业经营发展的商务网站。然后是做好商务网站的开发、建设，在商务网站项目策划的基础上进行创意设计、功能设计和代码开发，完成网站项目建设。最后是做好商务网站的运营，包括商务运营和技术维护，支撑商务网站长久运行。

1.2.1 网站概述

1. 网站的概念

我们之所以能够上网浏览购物网站、看新闻、玩网页游戏等，就是因为这些网站早就已经被开发、建设好了。如果互联网上没有网站，就意味着我们上网浏览不到任何信息。

那么，什么是网站呢？

网站是指在互联网上根据一定的规则，使用网页开发语言和工具制作的、用于展示特定内容的相关网页的集合。简单地说，网站是一种沟通工具，人们可以通过网站来发布自己想要公开的资讯，或者利用网站来提供相关的网络服务。人们可以通过网页浏览器来访问网站，获取自己需要的资讯或者享受网络服务。

网站是由什么构成的呢？

广义上讲，网站是由网站运行环境（包括 Web 服务器、数据库服务器、存储服务器等）和网站文件系统组成的。从网站开发和制作这个狭义的角度讲，网站仅仅是指网站文件系统。网站文件系统是由若干个网页源文件及构成网页信息页面的相关图片文件、音频文件、视频文件、数据库文件、样式表文件等组成的。网页源文件是实现网站 Web 服务功能的最小单位，如果一个网站没有制作任何网页源文件，意味着这个网站是空网站。

什么是网页呢？网页就是在 Web 浏览器访问网站时生成的信息页面，承载着网站的各项功能。从这个角度讲，网站是由网页构成的。

那么，网页是怎样生成的呢？网页是由按照超文本标记语言格式编制的纯文本网页源文件，以及构成网页信息页面的相关图片文件、音频文件、视频文件、数据库文件、样式表文件等，在浏览器中解释之后生成的信息页面。也就是说网页是由网站文件系统运行产生的。这个网页源文件及其相关文件，可以存放在互联网世界中某个角落的某一台计算机中，是万维网中的一"页"。

网页分为静态网页和动态网页。静态网页是指网页的内容和格式是预先制作好的，在运行后页面中显示的信息不会发生改变；而动态网页是指网页的源文件代码虽然没有改变，但其显示的内容可以随着时间、环境或者数据库操作的结果而发生改变。需要强调的是，不要将动态网页与网页里的动画、滚动字幕相混淆，网页里的动画、滚动字幕是视觉上的动态显示效果，不是动态网页。动态网页的根本特征是网页显示的具体内容可以随着一些条件的改变而改变。比如，在12306 售票网站（见图 1.8）中，虽然我们输入的查询条件是完全相同的，但查询的结果会随着时间的推移而变化，余票会越来越少。

无论是静态网页还是动态网页，它们的创意设计和页面布局方法是一样的，故本书以静态网页为例，介绍商务网页设计与制作技术。

（a）相同的查询条件

图 1.8　动态网页示例

（b）第1次查询结果

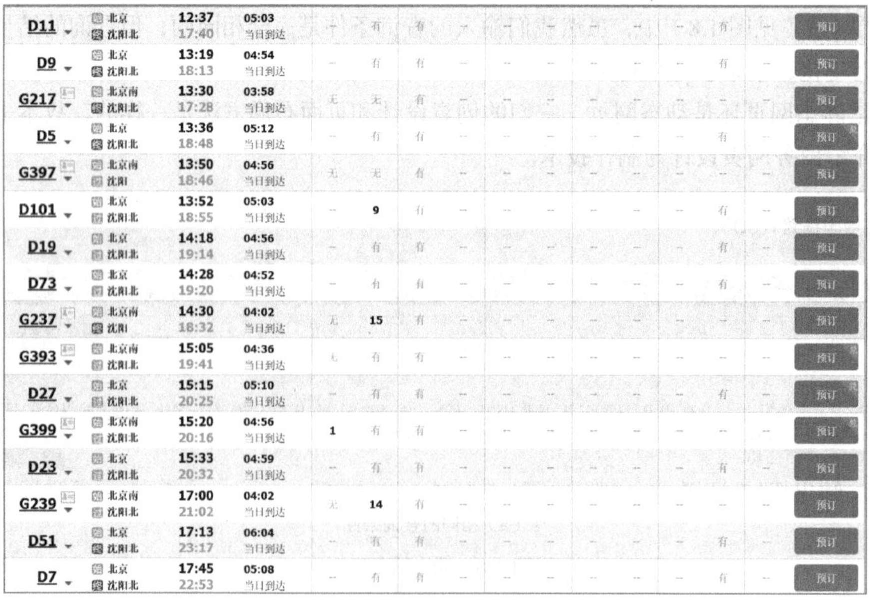

（c）第2次查询结果

图1.8 动态网页示例（续）

2. 网站的服务入口与访问方法

访问网站是通过访问统一资源定位符来实现的，这个统一资源定位符不能与其他网站的统一资源定位符重合。一个网站如果需要向互联网提供服务，必须申请一个固定的互联网 IP 地址，并申请域名（尽管域名不是必需的，但绝大多数商务网站都有域名），这个互联网固定 IP 地址和域名需要通过域名管理服务器进行绑定，绑定成功后，一个统一资源定位符就形成了。

统一资源定位符还需要与网站进行关联，才能提供网站服务。一个网站中，有若干个网页，这些网页以一个主页面作为访问的入口，组成一个功能完善的服务系统，这个主页面通常被称为"首页"（或称"主页"）。可见，统一资源定位符与网站的关联，就是与网站首页的关联。首页文件不需要做特殊处理，但其有命名要求，不是所有的网页都可以设成首页。可以命名为首页的网页源文件名称应当是 index、default、main 或 portal 加上扩展名，如 index.html、index.htm、index.jsp、default.asp、main.php 等。一个网站只能有一个首页起作用，命名多个首页是徒劳的，且容易引发错误。如何实现统一资源定位符与网站首页的关联呢？方法很简单，只要把网站发布到这个统一资源定位符绑定的 IP 地址所在的 Web 服务器上，启用 Web 服务即可。网站成功发布后，只要访问这个统一资源定位符，系统就会自动运行这个网站的首页。

一个网站通常只需申请一个统一资源定位符即可，形式上网站允许配置多个统一资源定位符；一个统一资源定位符只能对应一个唯一的网站，以保证访问的网站不会错乱。

统一资源定位符可以用域名或者固定的互联网 IP 地址两种方式来表示。例如：

人民邮电出版社的网站域名为 http://www.ptpress.com.cn/，网络地址为 59.110.9.128 ；

人邮学院的网站域名为 http://www.rymooc.com/，网络地址为 182.92.148.28 ；

人邮教育社区的网站域名为 http://www.ryjiaoyu.com/，网络地址为 123.56.176.191。

……

为了方便记忆和管理，网站通常申请域名来提供服务，人们访问网站时也多用域名而不用网络地址。所以，很多人所说的网址，其实是指网站的域名，而不是网站的网络地址。

有了网站的网址，用什么去访问它呢？访问网站必须使用 Web 浏览器来实现。Web 浏览器是专门用来浏览网站的，人们可以在计算机、手机、平板电脑等设备上安装浏览器，然后运行浏览器，在地址栏输入网站的网址（见图 1.9），然后按 Enter 键，就可以实现对该网站的信息浏览了。

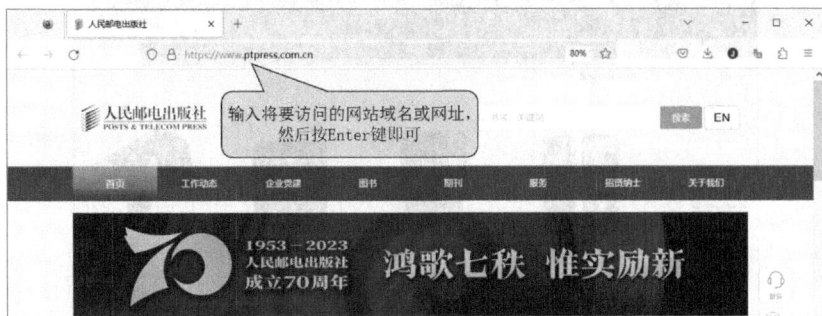

图 1.9　使用浏览器访问网站

浏览器的品牌有很多，如国外的 Chrome、火狐、Internet Explorer（简称 IE，现在发展成 Edge），国内的搜狗浏览器、QQ 浏览器、遨游浏览器、360 浏览器、百度浏览器、UC 浏览器等。

可见，实现 Web 访问需要做两件事：一是在互联网上建立网站，提供 Web 浏览服务；二是在客户端（如计算机、手机等）安装 Web 浏览器，通过 Web 浏览器来查阅 Web 信息。

1.2.2 商务网站及类型

所谓的商务网站是指企业、机构或公司在互联网上建立的站点，是企业、机构或公司开展电子商务的基础设施和信息平台，是实施电子商务的公司或商家与客户之间的交互界面，是买卖双方信息交汇和传递的渠道，是企业展示其产品和服务的舞台，是企业体现其企业形象和经营战略的媒介，也是企业加强自身商务活动的有效手段。商务网站是为企业的商务活动服务的。

商务网站是进行商务沟通的工具，而电子邮件、文件传输也可以用于商务沟通，为什么说商务网站是电子商务的主要载体呢？企业不可以直接采用电子邮件、文件传输等互联网功能开展电子商务活动吗？理论上是可以的，但采用电子邮件、文件传输等互联网服务开展电子商务活动，难以形成系统化的电子商务解决方案，而商务网站恰恰是系统化开展商务活动的极佳方式，自然就成为电子商务的主要载体，可以把电子邮件、文件传输等互联网服务集成在商务网站中，或者把它们作为商务网站的功能补充。

商务网站有多种分类方法，通常从商务目的和业务功能、网站建设的主体、电子商务模式等方面进行划分。

1. 按照商务目的和业务功能分类

（1）基本型商务网站

基本型商务网站通过网络媒体和电子商务的基本手段进行公司宣传和客户服务。这类网站是非常常见的网站类型，适用于专业人员力量薄弱又需要提供电子商务服务的中小型企业，有些大型企业根据企业自身生产经营情况也采用基本型商务网站，如深圳市成为信息股份有限公司网站（见图1.10）。

图1.10 深圳市成为信息股份有限公司网站

（2）宣传型商务网站

网站可以作为企业处理公共关系的重要窗口，宣传企业的动态和经营状况。这类网站主要由国内外的一些上市公司创建，在这些公司的官方网站上设有公司新闻和业务介绍等栏目，成为企业对外公布消息的正式渠道。宣传型商务网站适用于外贸企业,如宁波凯越国贸集团网站(见图1.11)。

图 1.11 宁波凯越国贸集团网站

(3)客户型服务网站

这类网站可以提供售后服务和动态服务状态查询,更高层次地满足客户需求。该类型网站适用于以客户服务(如对客户提供咨询、技术、招标代理等服务)为主的企业,如车险网站(见图1.12)。

图 1.12 车险网站

(4)完全电子商务运作型网站

完全电子商务运作型网站涉及电子商务的各个方面,如分销管理、网上采购、网上招聘等。这类网站更确切地说是一套业务管理系统软件。该类型网站适用于规模较大、业务相对稳定规范、员工的综合素质较高的企业。当前,完全电子商务运作型网站并不多,如联想集团网站(见图1.13)。

图 1.13　联想集团网站

2．按照网站建设的主体分类

（1）行业电子商务网站

行业电子商务网站是指以行业机构为主体，构建一个大型的电子商务网站，为本行业的企业和部门进行电子化贸易提供信息发布、商品订购、客户交流等活动的平台。此类网站通常是以行业协会、行业联盟、行业龙头企业为首组建的，如中国消防器材网（见图 1.14）。

图 1.14　中国消防器材网

（2）企业电子商务网站

企业电子商务网站是指以企业为主体构建网站来实施电子商务活动，根据企业生产的主导产品和提供的主要服务的不同可进一步分为不同类型的网站。大部分商务网站都是企业电子商务网站，如小米商城网站（见图 1.15）。

（3）政府电子商务网站

政府电子商务网站是指以政府机构为主体构建的用来实施电子商务活动的网站。随着我国市场经济的发展，此类网站越来越少。

（4）服务机构电子商务网站

服务机构电子商务网站是指以服务机构为主体构建网站来实施电子商务活动。此类网站大多属于客户型服务网站。

图 1.15　小米商城网站

3. 按照电子商务模式分类

（1）B2B 商务网站

B2B（Business to Business 的缩写）商务网站即企业面向企业开展业务的商务网站，例如配件生产企业面向产品生产企业的商务网站，如京东方科技集团股份有限公司网站（见图 1.16）。

图 1.16　京东方科技集团股份有限公司网站

（2）B2C 商务网站

B2C（Business to Customer的缩写）商务网站即企业面向个人的商务网站，也是常见的网站类型。很多企业的产品都是面向个人销售的，如一汽大众奥迪汽车的网站（见图1.17）。

图 1.17　一汽大众奥迪汽车的网站

（3）C2C 商务网站

C2C（Customer to Customer 的缩写）商务网站即个人面向个人的商务网站。此类网站比较少见，通常包含在综合型商务网站中，如 58 同城的房屋租售、二手交易等功能，均是 C2C 的。

1.2.3　商务网站功能组成

商务网站的类型不同，其功能组成也是不同的。下面我们以 B2C 商务网站为例，介绍商务网站的功能组成。

典型的 B2C 商务网站的功能主要由前台系统功能和后台系统功能两部分组成（见图 1.18）。

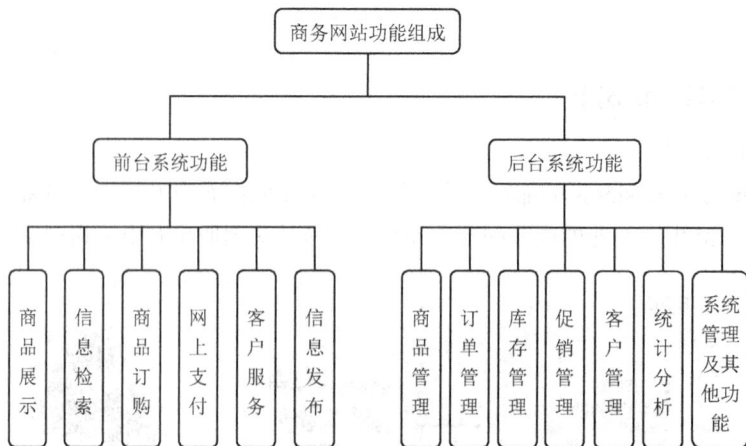

图 1.18　商务网站功能组成

前台系统和后台系统具体功能如下。

1. 前台系统

前台系统是面向客户服务的，设计风格应当以吸引客户、方便客户、突出企业形象为重点，主要功能如下。

（1）商品展示功能

这是一个基本且十分重要的功能。客户进入企业的电子商务网站，应该像进入现实中的超市一样，能够看到琳琅满目的商品。利用网络媒体进行产品的推销，是一条有效的营销方式。

（2）信息检索功能

商务网站提供信息搜索与查询功能，可以使客户在电子商务数据库中轻松而快捷地找到需要的信息，这是电子商务网站能否使客户久留的重要因素。

（3）商品订购功能

电子商务可借助 Web 中的邮件交互传送实现网上的商品订购。客户想购买时，可以将商品放入购物车。当客户填完订购单后，通常系统会回复确认信息单来确认订购信息。该功能不仅需要技术的设计与实现，更需要网站主体在设计时从简化贸易流程且便于客户运用的角度去构思。

（4）网上支付功能

网上支付是重要的环节。网上的支付必须要有电子金融来支持，即银行或信用卡公司及保险公司等金融单位要为金融服务提供网上操作的服务。在网上直接采用电子支付手段可省去交易中很多人员的开销。但是，网上支付需要更为可靠的信息传输安全性机制以防止欺骗、窃听、冒用等非法行为。

（5）客户服务功能

客户服务功能是指以客户为中心，做好客户服务工作，充分挖掘客户的市场潜力。同时网站还应当提供投诉与建议的功能，方便客户对产品质量问题进行投诉，提出合理化建议等。

（6）信息发布功能

前台系统的信息发布功能主要是面向客户发布商品供给、需求信息。

2. 后台系统

后台系统主要面向企业内部员工，处理企业内部业务及协同应用等，设计风格应当以方便内部业务管理为重点，后台系统还应为前台系统提供支撑，其主要功能如下。

（1）商品管理功能

商品管理功能是商务网站的重中之重，是后台系统的核心功能之一，主要满足以下要求。

① 使客户在前台系统能够快速地发现商品（主要依赖于搜索，以及商品列表页的筛选、前台分类的运营、促销活动的结构化和精准化推荐等，这就要求商品管理模块能提供结构化的特征属性）。

② 使客户得到尽可能多的决策必需的信息（如品牌、名称、规格参数、文字描述和价格等）。

③ 方便维护商品信息（如尽可能简化维护步骤，使需要维护的信息尽可能简洁而又完备）。

④ 方便、快捷地实现整个商品生命周期的管理（如创建、审核、上架、下架和回收等）。

⑤ 能够结构化地管理整个平台的商品库，要分门别类，为运营人员提供品牌、基础分类等多个维度来管理商品库。

（2）订单管理功能

订单管理功能是客户关系管理的有效延伸，能更好地把个性化、差异化服务有机地融入客户管理中去，能推动经济效益和客户满意度的提升。订单管理的目的是能让客户自由选择品牌，使货源安排做到公开、透明，使产品能满足客户的需求。其业务流程的变化首先体现在企业客户经理的工作上。客户经理对辖区内的客户需求预测和具体订单管理是否准确，不但关系到工业企业和零售客户对公司的满意度，更关系到按客户订单组织货源这项工作能否顺利地开展。

（3）库存管理功能

库存管理功能是指在物流过程中对商品数量的管理。过去认为仓库里的商品多，表明企业发达、兴隆。而现代管理学则认为零库存是最好的库存管理。库存多，占用资金多，利息负担加重；但是如果过分减少库存，则可能会出现断档。

（4）促销管理功能

商品促销是以提高销售额为目的，吸引、刺激消费者消费的一系列计划、组织、领导、控制和协调管理的工作，网站必须满足商品促销活动的管理要求。

（5）客户管理功能

客户管理是指企业为了建立、维护并发展客户关系而进行的各项服务工作的总称，其目标是建立并提高客户的满意度和忠诚度，最大限度地发展客户群。主要是针对企业开发新客户及维护老客户形成的一个定期的管理记录档案。

（6）统计分析功能

统计分析功能是指针对商品销售等情况进行统计分析，为后续市场营销提供基础数据支持。

（7）系统管理及其他功能

系统管理及其他功能包括用户管理、权限管理、数据管理、系统设置等。

1.2.4　商务网站项目建设与管理

1. 主要工作范畴

商务网站项目的建设与管理主要分为项目策划、项目实施、项目运维3个阶段。

项目策划是判断项目是否可行、是否能够通过立项审批的前期工作阶段。该阶段需要编制《商务网站项目策划书》，其内容不仅包括项目的必要性、可行性论述，还应包括项目的建设内容、建设目标、功能规划、开发和制作，以及项目建成后的运行维护等相关工作。《商务网站项目策划书》通过了立项审批，才能转入项目实施阶段。

项目实施是商务网站项目的详细功能设计与开发和制作阶段。按照《商务网站项目策划书》确定的项目实施内容、功能方案和技术方案，以及立项审批意见，对项目的需求进行进一步梳理，对功能方案进行进一步深化、细化，编制《项目技术规格说明书》（或称《项目详细功能设计》），制作项目演示原型系统，制定项目实施的具体技术方案和实施方案，完成项目开发和制作。

项目运维是指在项目完成开发和制作并通过建设单位组织的项目验收后，为保证项目的正常进行需要提供的技术服务。该部分不属于本书重点讲解的内容。

2. 项目实施团队

网站项目建设与管理过程中，主要涉及两个方面的工作：一是业务相关工作，主要包括处理哪些业务、业务模式怎么确定、采用何种方式方法、达到什么业务目标等；二是技术相关工作，主要包括采用何种技术解决方案、功能模块如何设计、网站如何开发和制作、网站如何维护等。当然，网站项目建设与管理过程中还涉及法律、财务等方面的问题，也一并归入业务相关工作中。

这两方面的工作不是相互独立的，而是紧密结合、相辅相成的。两个团队的工作分工、人员结构和筹建方式如下。

（1）业务团队

业务相关工作主要以业务团队（如产品部、市场部等）为主实施，业务团队是网站项目建设单位的业务代表，或者是其他熟悉该业务领域的人员，负责与单位相关业务部门的业务沟通和组织协调，代表项目建设单位与信息技术团队进行工作联系，牵头负责需求调查、项目定位、编制《项目需求概要》等工作，并配合信息技术团队做好需求分析与功能设计、运行测试等相关工作。

（2）信息技术团队

技术相关工作主要以信息技术团队为主实施，信息技术团队为牵头负责网站项目功能分析设计与开发和制作的专业技术人员，通常配置 1～3 名需求分析与功能设计人员，与业务团队紧密配合，完成项目需求调查、需求概要编制与项目功能设计等工作，由技术开发人员实施开发和制作。信息技术团队应当积极配合业务团队做好需求调查、项目定位及需求概要编制等相关工作。

（3）业务团队与信息技术团队的负责人

为了保障网站项目的顺利实施，业务团队和信息技术团队都应设立一名负责人。业务团队的负责人应当具有较为全面的业务知识、较强的组织领导和项目策划能力，最好熟悉、了解信息技术知识；信息技术团队的负责人应当具有较高的信息技术运用能力和组织、实施能力，最好还掌握较多的业务知识。两个团队负责人的工作能力和工作方法，决定了两个团队的工作顺畅程度。

（4）业务团队与信息技术团队的筹建方式

业务团队和信息技术团队是网站项目策划与建设的实施主体，其筹建方式由网站项目的策划与建设模式决定。两个团队可能来自一个企业内部的两个不同部门，也可能来自两个或者 3 个企业。

① 企业自行策划与建设模式。

一个大型企业有健全的业务部门和信息技术部门，可以独立承担网站开发、建设的所有工作。这种情况下网站业务团队与信息技术团队均来自同一个企业。

② 企业网站建设实行信息技术团队外包模式。

通常，一些中小企业具有相对健全的业务部门，但没有信息技术开发部门。网站建设的业务相关工作依托企业内部的业务部门，而网站的信息技术相关工作外包给专业的软件开发公司来完成。这种情况下，网站项目策划与建设的业务团队、信息技术团队分别来自企业内部的业务部门和外部软件开发公司的信息技术团队。

③ 企业网站建设全部外包模式。

一些初创企业或者小微企业，没有健全的业务部门和信息技术部门，网站项目的策划与建设的业务相关工作、信息技术相关工作全部外包。业务相关工作通常外包给同行业具有丰富业务经验的第三方公司（如业务咨询公司，或者具有丰富的同类网站开发经验的软件开发公司等）承担，信息技术相关工作则外包给专业的软件开发公司承担。这种情况下，两个团队来自两个或 3 个公司：业务团队由外包的第三方公司的业务团队及本企业的项目联系人员组成，信息技术团队则由外包的专业软件开发公司信息技术团队组成，业务团队与信息技术团队有可能均来自同一家软件开发公司。

1.2.5 商务网站项目策划

商务网站项目策划非常重要，决定着网站项目是否可行。如果在网站建设之前没有经过系统的策划，这样的网站很可能达不到预期的目标。商务网站项目策划是根据本企业的实际情况，判断市场变化的趋势，针对客户的需求，对未来的网站服务功能和开发、建设进行系统的规划和设计，解决商务网站为什么做、能否做、做什么、何时做、怎么做、谁来做、谁运营、谁维护等问题。

1. 网站项目策划的主要环节

网站项目策划的主要环节（见图1.19）没有固定的内容和格式，可以根据项目特点合理确定。

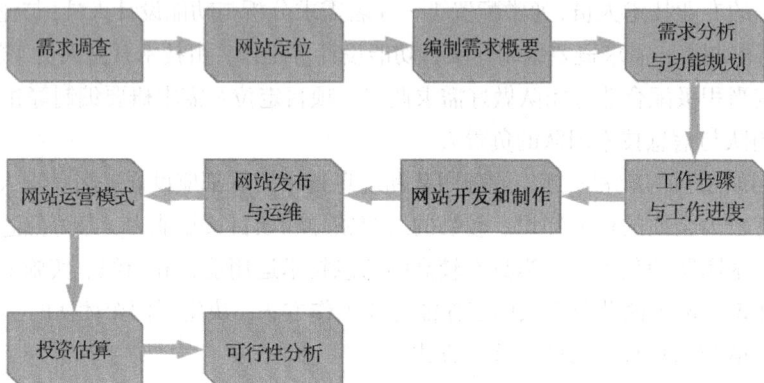

图 1.19 网站项目策划主要环节

各个环节是紧密相关的，一个环节做不好，就会影响下一个环节的工作进度和工作质量，进而影响整个策划方案。所以我们应当做好每一个环节，其中第一个环节"需求调查"是基础的环节，决定了后续所有环节的工作思路。每个环节策划的内容和相关事项如下。

（1）需求调查

网站需求调查是网站项目策划的第一步，是确定项目建设必要性的重要工作步骤，由业务团队牵头负责。只有调查清楚企业面临的市场现状、未来的发展机遇、需要改进哪些工作，才能准确把握网站建设的方向。下面是"大学生有几双运动鞋"的市场调查情况（见图1.20）。

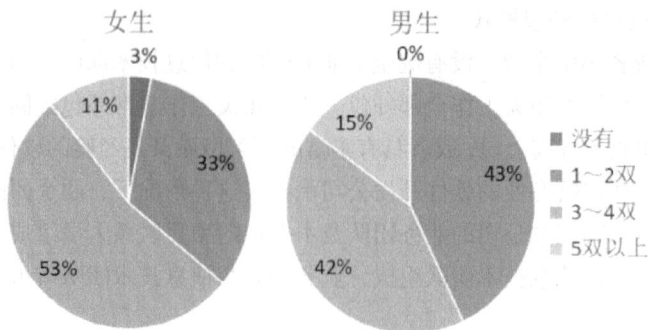

图 1.20 "大学生有几双运动鞋"的市场调查情况

通过调查发现，无论是男生还是女生，拥有 3 ～ 4 双运动鞋的人数占调查总人数的比重约为一半。试想一下，这样的调查结果对经销运动鞋的网站建设有何意义？首先，关于季节性用鞋需求。有了夏季的运动鞋，是否还应买春季、秋季、冬季的运动鞋呢？其次，关于鞋的风格需求。年轻人很少有人买相同款式的鞋，他们的第二双鞋相比第一双一般是不同风格类型的。最后，情侣鞋的需求。情侣一方买了一款鞋，很可能吸引对方买情侣鞋。所以，作为运动鞋销售网站，应当突出季节性、风格类型、情侣鞋的销售策略，争取让消费者购买第二双鞋。

由此可见，需求调查是非常重要的，是网站建设的前提。需求调查的主要工作是市场调查、需求梳理、编制《项目需求概要》。那么，网站建设需求调查工作应当由谁负责呢？是业务团队还是信息技术团队？围绕这个问题，有一些不同的理解。有的人认为网站建设是技术性工作，明显是信息技术团队的事情。这种想法是片面的，因为信息技术团队的作用是以信息技术为工具，按照业务部门提出的业务模式、程序、规范、办法等，对项目进行开发和制作，目的是提升公司形象与改进经营管理工作。而改进哪项工作、提升到哪种程度，最终是由业务团队来确定的。

需求调查工作应当以业务团队为主实施，信息技术团队配合。需求调查的对象是用户和市场，具体调查内容如下。

① 业务调查。

业务调查是指网站建设单位的业务部门及其相关人员，基于业务层面开展的业务需求调查摸底。也就是说，业务调查用于解决项目建设单位需要提供什么样的 Web 服务，处理哪些经营管理与市场营销方面的工作。一个比较理想的业务调查活动需要用户的充分配合，而且还可能需要对业务部门进行必要的培训。所以调查的计划安排包括时间、地点、参加人员、调查内容等，都需要业务团队及业务部门的共同认可。调查的形式可以是发需求调查表、召开需求调查座谈会或者现场调查等。

业务调查包括如下几个方面。

· 网站的功能。

· 网站的性能要求和可靠性要求。

· 网站运营的要求。

· 网站的实际运行环境。

· 网站页面的总体风格和视觉效果。

· 主页面和次级页面数量，是否需要多种语言版本等。

· 内容管理及录入任务的分配。

· 各种页面程序的应用与效果。

· 项目完成时间及进度。

· 明确项目完成后的维护责任。

② 市场调研。

市场调研是基于市场层面的，针对客户开展的需求调查，用于了解和掌握客户需要什么服务、什么产品，以及如何向客户推销产品和服务。调查的形式包括发放市场需求调查表、召开客户座谈会、调研同类网站的使用情况（包括网站的功能、客户的异同点、主要竞争对手的网站作品等）。市场调研的内容主要有以下几个方面。

· 市场同类网站的确定。

· 调研网站的使用范围和访问人群。

- 调研产品的功能设计（主要模块构成、特色功能、性能情况等）。
- 简单评价被调研网站的情况。
- 相关行业的市场如何，有什么样的特点，是否能够在互联网上开展相关业务。
- 市场主要竞争者分析，了解竞争对手上网情况及网站规划和功能。
- 公司自身条件、公司概况、市场优势分析，分析可以利用网站提升哪些竞争力，分析建设网站的能力，如费用、技术、人力等。

（2）网站定位

网站定位是根本的业务需求，决定网站开发、建设的方向，由业务团队牵头负责。商务网站定位的实质是对客户、市场、产品、价格及广告诉求的重新细分与定位，预设网站在客户心中的形象地位。网站定位的核心在于寻找或打造网站的核心差异点，然后在这个差异点的基础上，在客户的心中树立一个品牌形象、一个差异化概念。换句话说，网站定位是企业发展经营的策略，而网站架构、内容、表现等都围绕这些网站定位展开。总结为一句话：网站定位就是指"网站是做什么用的？"

总而言之，网站定位就是要搞清楚网站的建设方向、目标，要把网站做成什么样的水平和层次；针对客户群，提供精准的服务，让客户群有好的使用体验。网站定位是非常重要的，它可以为网站开发、建设定调。

（3）编制需求概要

需求概要是用于明确做什么、怎么做、做到什么程度的。需求概要应当描述清楚业务涵盖的领域、范围，以及采用什么方式、方法，达到什么目标。编制需求概要没有固定的格式，但要求业务目标清晰、业务需求全面、业务边界清楚、业务规则严谨。

例如，在线书城需求概要至少应当包括以下几个方面的内容（见图1.21）。

需求概要的编制工作应当由业务团队牵头负责，信息技术团队配合。业务团队应当在需求调查的基础上，梳理好业务逻辑，提出全面的业务需求与实现办法、实现目标，编制《项目需求概要》（应当由业务团队所在单位签字盖章）。

通常，信息技术团队应当积极参与业务团队开展的业务需求梳理与编制《项目需求概要》工作。信息技术团队参与业务需求梳理与编制《项目需求概要》工作有3个好处。一是充分发挥技术优势，在需求梳理工作中明确目的、直接切入主题、少走弯路，显著提高需求梳理的效率。二是提高项目的可行性。信息技术团队参与需求梳理工作，能够对一些复杂的业务逻辑进行技术可行性分析。对于技

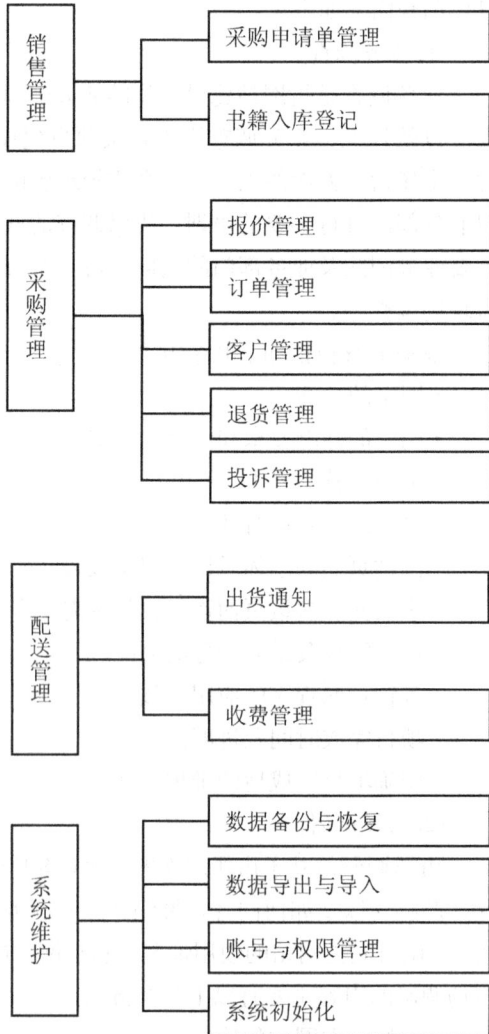

图1.21 在线书城需求概要

术上无法实现的，建议重新制定业务逻辑，从而保证项目业务上可行、技术上也可行。三是利于项目需求分析与功能设计工作。业务团队完成了《项目需求概要》的编制工作并不等于网站的所有功能模块均已清楚，可以立即进行代码开发。信息技术团队需要对需求概要进行全面的业务逻辑分析，抽象出业务功能模块。在此期间，如果信息技术团队在需求梳理阶段就已经参与其中，对业务逻辑的理解就会非常准确、到位，就没有必要邀请业务团队来讲解业务知识，可以直接抽象设计业务处理的功能模块，保证需求分析到位、功能设计快速准确。

（4）需求分析与功能规划

需求分析应当由谁来完成？由信息技术团队负责，还是业务团队负责？首先我们来看一下需求分析的含义。需求分析也称为软件需求分析、系统需求分析或需求分析工程等，是开发人员经过深入、细致的调研和分析，准确理解用户和项目的功能、性能、可靠性等具体要求，将用户非形式的需求表述转化为完整的需求定义，从而确定系统必须做什么的过程。由此可见，需求分析工作是以技术为主的工作，应当由信息技术团队牵头负责，业务团队协助配合，在《项目需求概要》的基础上，进一步分析业务需求，编制系统功能总体框架。功能规划也应以信息技术团队为主，业务团队做好配合，在需求分析的基础上，做好商务网站的功能规划。

（5）工作步骤与工作进度

工作步骤是指项目实施的先后次序。有的工作事项不分先后次序，有的则需要严格确定先后次序。建设网站必须对所有的实施事项进行梳理，确定好实施顺序，保证项目有条不紊地顺利开展。确定工作步骤时，必须同时确定好项目参加人员的类型、层次和数量。

工作进度是指项目实施的时间安排。应当以项目投入运行的时间为主要参考点，倒排工期，根据各个阶段各个工作事项的工作量、人员投入情况合理安排工作时间，进而形成项目整体工作进度。

（6）网站开发和制作

网站开发和制作由信息技术团队负责，应当按照已经确定好的功能设计方案、工作步骤和工作进度组织开发。网站开发和制作包括网站结构设计、网页规划布局、图片文字处理、程序代码编写、数据库制作等一系列工作，其工作主体就是网页制作，通过网页将网站的功能展现出来，达到预期的效果。

网站开发和制作属于技术型工作，虽然由信息技术团队承担，但工作经验往往告诉我们：信息技术团队对前期市场调查、需求梳理、需求分析与功能设计过程，总是存在一些处理模糊的地方，或者理解不准确的地方，仍需要业务团队提供必要的业务指导。而且，业务团队也可能对前期提交的业务需求进行调整。所以，网站开发和制作过程虽然以信息技术团队为主实施，但仍然需要业务团队积极配合。

网站开发和制作涉及网页编程、网站设置、网站优化、美工设计与制作等多个方面，需要由具有扎实的计算机及网络知识、视觉设计基础知识、网络营销知识，并具备电子商务平台建设和管理能力的技术团队承担实施。

（7）网站发布与运维

网站开发和制作完毕但尚未发布时，是不能向社会提供 Web 服务的，必须正确发布后才能提供正常的 Web 服务。发布网站必须事先选定好具有 Web 站点管理功能的主机（通常为 Web 服务器，连接在互联网上），只有将网站发布到具有 Web 站点管理功能的主机上，正确配置后才能运行。具有 Web 站点管理的主机需要将本机的固定 IP 地址与域名服务器进行绑定。有的企业与互联网是物理隔离的，也可以在企业内部局域网上自行设立具有 Web 站点管理功能的服务器，通过站点配置与管理在局域网内提供 Web 服务。

网站发布与运维主要涉及以下几个事项。

① 域名注册。

网站发布之前必须申请好互联网域名。域名应当根据公司的名称、公司产品特点、市场情况等综合考虑，并贴近公司的业务来拟定。域名注册类似于工商执照注册，需要向域名注册商（具有域名注册服务资格的厂商）申请注册。拟定的域名需要在域名注册商处查询是否被注册，如果被注册了，需要重新拟定域名再注册，直至完成。

② 服务器选择。

网站服务器可以是自行建设的或租用的第三方服务器。通常，大型企业往往自行建设网站服务器，中小企业大多租用第三方的服务器。租用第三方服务器时，重点考虑网站的安全性、第三方服务与网站技术特点的适应性、服务品质与价格等。域名注册商均提供网站服务器租用服务，租用网站服务器建议优先考虑域名注册商。

③ 网站配置。

网站服务器确定后，需要对服务器进行技术配置，达到网站运行的条件。

④ 网站发布。

开发和制作的网站最终需要发布到网站服务器上才能正常提供网站服务。开发过程中使用的网站通常为虚拟网站，供开发人员开发测试时使用，不能对外提供网站服务。

⑤ 运行维护。

网站发布标志着网站建设过程结束，能够正常向社会提供网站服务。但网站长久运行还需要进行必要的运行维护，比如内容完善与修改、技术优化、系统重置、故障诊断等。

（8）网站运营模式

网站运营是非常重要的工作，决定了网站的生命力，是网站策划的重点内容之一。

网站运营是指一切为了提升网站服务于用户的效率，而进行的与网站后期运作、经营有关的工作。范畴通常包括网站内容更新与维护、网站服务器维护、网站流程优化、数据挖掘分析、用户分析与管理、网站营销策划等。

网站运营在广义上包含网站策划、产品开发、网络营销、客户服务等多个环节。在狭义上，特指在网站建设完成后的运营管理工作，如内容策划、营销活动策划和客户服务等，也就是说网络营销体系中一切与网站的后期运作有关的工作。本书中，网站运营更倾向于狭义的概念。

网站运营模式不是固定的，每种网站的运营模式各不相同，并随着互联网经济的发展而发展、变化，成功的网站运营模式有如下几种（见表 1.3）。

表1.3 网站运营模式

序号	运营模式	运营说明
1	搜索引擎＋百科知识	以百度为代表，采用竞价排名、广告和点击的运营模式。百度为客户投放与网页内容相关联的广告，从而实现营利。它立足于搜索引擎，建立了一个完善又全面的百科知识库
2	即时通信＋游戏＋门户新闻＋邮箱	以腾讯为代表，采用会员制、游戏和广告的运营模式。收入来自互联网增值服务、移动及通信增值服务与网络广告

序号	运营模式	运营说明
3	安全＋浏览器＋搜索引擎	以奇虎360为代表,采用免费＋有偿增值服务的运营模式。公司主要依靠在线广告及互联网增值业务创收
4	门户新闻＋微博	以新浪为代表,运营模式是广告。公司收入大部分来自网络广告,少部分来自移动增值服务
5	邮箱＋新闻	代表企业是网易,运营模式为邮箱、游戏、广告。绝大部分收入来自网络游戏
6	下载＋游戏＋视频	代表企业是迅雷,运营模式为会员制、游戏、广告
7	输入法＋地图搜索＋游戏	代表企业是搜狐,目前搜狐的收入主要由品牌广告、在线游戏、无线增值3部分组成
8	视频	代表企业是爱奇艺,其立足于视频业务,主要收入来源为广告
9	电子商城、平台	代表企业是阿里巴巴,立足于网上贸易平台,运营模式是为网上企业对企业(B2B)交易市场提供软件、技术及其他服务(B2B服务),并获取报酬
10	网络文学＋游戏＋影视	代表企业是盛大,运营模式为游戏、文学平台、广告
11	其他特色网站	大众点评网的运营模式是广告。珍爱网的运营模式是网络征选＋红娘电话,还有会员制和广告。拉手网的运营模式是卖服务、卖产品。神州租车的运营模式是租赁和服务收入。58同城网与赶集网相似,运营模式是广告

就电子商城、平台类网站而言,其运营模式还可细分为集市模式(C2C)、商城模式(B2C)、网购模式(B2C)、团购模式(B2C)等情形。其他种类的网站运营模式均可以细分。

（9）投资估算

网站开发、建设的投资主要包括需求调查、需求概要编制、功能设计、开发和制作等费用,以及网站运行平台投入(如服务器购置或租用、数据库产品购买或者租用、网络与信息安全产品购置或租用等)、运行维护成本等主要内容。

（10）可行性分析

可行性分析是通过对项目的主要内容和配套条件(如市场需求、资源供应、建设规模、工艺路线、设备选型、环境影响、资金筹措、营利能力等),从技术、经济、工程等方面进行调查研究和分析比较,并对项目建成以后可能取得的经济效益及社会环境影响进行预测,从而提出该项目是否值得投资和如何进行建设的意见,为项目决策提供依据的一种综合性的系统分析方法。可行性分析应具有预见性、公正性、可靠性、科学性的特点。

针对网站建设项目,可行性分析的要点有以下几个方面:运营模式与商业模式分析、建设成本(包括网站需求调查、需求梳理、需求分析与功能设计、网站开发和制作等成本)、效益分析(包括经济效益、社会效益、环境效益、宣传效果等)、运行维护成本、风险分析等。

2. 编制商务网站项目策划书

《商务网站项目策划书》是网站项目策划的结果。把网站策划主要环节产生的各项资料、数据,加以整理、分析,形成工作意见和建议,并把这些内容条理清晰地编写出来,就得到《商务网站项目策划书》。

编制《商务网站项目策划书》没有固定的格式和模式,不同的行业、部门有不同的策划习惯。下面我们以"在线购物商城网站策划书参考提纲"(见图1.22)为例,介绍常见的网站策划书编写格式,以满足大多数商务网站策划的要求。

在线购物商城网站策划书

（参考提纲）

一、网站建设背景与必要性
　（一）业务发展现状
　（二）同行业发展趋势
　（三）实施的必要性
　（四）网站发展前景
二、网站总体设计
　（一）网站定位
　（二）建设目标
　（三）建设原则
　（四）主要建设内容
　　1. 功能规划
　　2. 网站运营模式规划
　　3. 网站推广规划
　（五）主要技术方案
　（六）优势与特点
三、网站功能规划（功能规划书）
　（一）功能设计
　　1. 广告宣传
　　2. 产品分类检索
　　3. 商品订购
　　4. 网上支付
　　5. 客户注册
　　6. 信用评价
　　7. 网上商城管理
　　　（1）店铺注册　（2）店铺装饰　（3）商品管理　（4）订单管理　（5）库存管理
　　　（6）商品促销管理　（7）客户管理　（8）分析统计　（9）物流服务
　　8. 产品类别管理
　　9. 系统管理
　　　（1）用户与权限管理
　　　（2）数据备份
　　　（3）系统设置
　（二）网站风格与创意
　　基于网站的功能规划，规划网页布局、颜色设计，确定网站风格；设计网站的导航栏，设计 Logo、
Banner、按钮的效果，以及文字颜色、字体和字号效果、多媒体资料的效果等。
四、网站建设步骤与工作进度
五、网站制作、发布与运行维护
六、投资估算
七、可行性分析
　（一）运营模式与商业模式分析
　（二）经济效益分析
　（三）社会效益分析
　（四）风险分析
　（五）结论

图 1.22　在线购物商城网站策划书参考提纲

1.2.6　商务网站项目设计与开发

　　在《商务网站项目策划书》通过立项审批后，就转入项目实施阶段。项目实施主要的工作包括详细功能设计、网站原型设计和网站开发和制作 3 个方面。

1. 详细功能设计

首先做好需求梳理工作。需求梳理是在《项目需求概要》的基础上进行的，需求分析应当针对需求梳理的结果，对业务功能进行归纳分析，详细设计网站的功能结构；详细功能设计是在需求分析的基础上，按照总体功能结构进一步对《项目需求概要》进行深化、细化，把所有的业务环节抽象成业务功能模块，完成详细的功能设计，编制《项目技术规格说明书》（或称《项目详细功能设计》）等，应当由信息技术团队所在单位签字盖章，项目技术规格说明书编制大纲如图 1.23 所示。

企业Logo   ZL-ZHB. 303-2003

{项目名称}

需求规格说明书

文件状态：	文件标识：	DYIT-Project-RD-RS
［√］草稿	当前版本：	X.Y
［ ］正式发布	作 者：	
［ ］正在修改	完成日期：	YYYY年MM月DD日

(c) Copyr i ght 2003 XXXX信息技术股份有限公司

版权所有 翻制必究

（a）封面

图 1.23 需求规格说明书编制大纲

项目名称（需求规格说明书）

版 本 历 史

版本/状态	作者	参与者	起止日期	备注

©XXXX信息技术股价有限公司，2003 P2ge 2 of 10

（b）版本

图 1.23 需求规格说明书编制大纲（续）

项目名称（需求规格说明书）

目 录

1. 文档介绍……4

1.1 文档目的……4
1.2 文档范围……4
1.3 读者对象……4
1.4 参考文档……4
1.5 术语与缩写解释……4

2. 产品介绍……5

3. 产品面向的用户群体……5

4. 产品应当遵循的标准或规范……5

5. 产品范围……5

6. 产品中的角色……5

7. 产品的功能性需求……6

7.0 功能性需求分类……6
7.M FEATURE M……6
7.*m.n* Function *M.N*……6

8. 产品的非功能性需求……6

8.1 用户界面需求……6
8.2 软硬件环境需求……7
8.3 产品质量需求……7
8.N 其他需求……7

附录A：用户需求调查报告……8

A.1 需求标题1……8
A.N 需求标题*N*……8

附录B：需求建模与分析报告……9

B.1 需求模型1……9
B.N 需求模型*N*……9

附录C：需求确认……10

©XXXX信息技术股份有限公司，2003　　P2ge 2 of 10

（c）目录

图 1.23　需求规格说明书编制大纲（续）

详细功能设计应重点考虑以下几个方面。

（1）栏目与版块的编排

网站主要开发、建设内容确定后，就要合理安排版块及栏目。

（2）目录结构

网站的目录结构对网站的维护、内容扩充和移植有着重要的影响。

（3）网页设计

网页设计依据网站的详细功能设计方案，运用视觉艺术设计技术，对网页的颜色、字体、图片、样式等进行页面创意设计，向浏览者有效传递所需的信息（包括产品、服务、理念、文化）。

（4）链接结构

网站的链接结构是指页面之间的相互链接的拓扑结构，可以跨越目录结构。

（5）功能设计

对网站的功能进行模块化设计，结合栏目与版块的编排、目录结构、网页设计、链接结构等，进行详细的设计，确保网站功能实用、好用、易于维护。

（6）数据库设计

对网站所需数据信息进行归纳、分类，建立相应的数据库。数据库设计与功能设计联系紧密，很多时候需要一起设计。

在项目功能详细设计过程中，信息技术团队客观上需要多次与业务团队进行沟通协调，确认业务功能结构与功能模块能够准确反映业务实际情况。

2. 网站原型设计

为了保证网站功能设计满足客户需求，应当制作网站系统的原型。网站原型是在《项目技术规格说明书》的基础上，通过导航栏设计、界面设计等，把具体的功能、菜单、按钮、导航栏、链接等设计与制作出来组成一个演示系统原型，直观展示网站的创意布局和服务的功能。网站原型设计与网页设计可同时进行，原型设计方案需要通过项目建设单位组织的评审。

3. 网站开发和制作

在详细设计的基础上，按照工作计划进度安排和技术路线，组织网站开发和制作。

1.2.7 商务网站 SEO 营销

商务网站 SEO 营销是指以网站搜索引擎优化（SEO）运营为核心，结合数据挖掘与客户分析，以及网络营销等工作，提升网站的营销效益。SEO 营销是数字营销的一个子项，涉及为百度等主要搜索引擎优化网站和网页，以帮助营销组织提高其网站的访问量。

1. 网站 SEO 作用

网站 SEO 是可以让网站在谷歌、百度等搜索引擎中获得更高的自然排名的一种方式。因为搜索是人们在网络上发现内容的主要方式之一，所以在各大搜索引擎的搜索结果中排名更高，可以为网站带来更多的流量和关注。在谷歌、百度等主要搜索引擎中，搜索结果排名靠前的页面通常为付费的广告网站，紧随其后的为常规搜索结果。区别于通过向搜索引擎付费获得流量，本书以通过常规搜索结果带来的自然流量为主介绍 SEO 知识。

SEO 是网站营销的关键部分，因为搜索是用户获取网页资源的主要方式之一。搜索结果显示在一个有序的列表中，一个网站在列表中的位置越靠前，意味着它的访问量越大。例如，对于一个典型的常规搜索查询，在搜索结果中排名位于第一页（屏）的网站通常可以获得该关键词搜索总流量的 40%～60%，而排名位于后面的网站获得的流量就少得多。只有 2%～3% 的人会点击排在第一页（屏）之外的搜索结果，排名越靠后，获得的点击量越少，甚至没有。由此可以看出，网站的搜索结果排名哪怕只有小幅的提升，也会给网站带来更多的流量和关注，以及潜在的业务合作。

正因为如此，许多企业和网站所有者会试图优化搜索结果，以便使他们的网站在搜索结果页面（SERP）上比竞争对手的显示得更靠前。这就是 SEO 的用武之地。SEO 主要的作用就是针对网站的内部结构与网站的内容进行优化，并且提升网站对搜索引擎的友好度，获取网站的优先排名，引入流量，这就是网站推广的一种方法。

2. 网站 SEO 途径

用户给出搜索关键词后，搜索引擎通过算法和规则来给出要展示的搜索结果页面。搜索引擎的算法已经发展得非常复杂，并且需要考虑数百甚至数千个不同的排名因素来确定最终的排名结果。影响网站排名的因素主要有检索关键词、外链、网站内容和网站内部链接结构等，建议从以下 6 个方面提高 SEO 效果。

（1）关键词

关键词优化是 SEO 的主要内容，包括查看本网站的关键词排名、竞争对手网站的关键词排名，以及潜在客户正在搜索的关键词。调查、了解搜索者在谷歌、百度等主要搜索引擎中使用的常用关键词，就可以确定哪些现有的关键词应当优化、新内容应当创建什么样的关键词等。

网站关键词对于提升网站权重非常重要，关键词设置少了不能全面反映网站内容，设置多了会因网站的检索权重分散进而降低网站权重，通常设置 3～5 个为宜。如果网站内容多，客观上需要设置更多的关键词，应当分别为主网页和子网页设置关键词。主网页的关键词应当统领网站的内容，子网页的关键词通常设置 1～2 个即可，专门针对本网页内容进行设置。关键词的选择应当根据本企业的不同发展阶段、在同行业中的地位、市场竞争情况、目标客户群体特点等，进行优化设置，以快速提升网站搜索权重。例如，京东网站的关键词为"网上购物、网上商城、家电、手机、电脑、服装、居家、母婴、美妆、个护、食品、生鲜、京东"，共 13 个关键词，包括网站的各个主要栏目。因为京东的体量大、用户群庞大，其用户流量完全能够支撑起 13 个关键词的搜索权重，与一般的中小企业网站的流量具有天壤之别。所以，一般的企业网站关键词不宜超过 5 个，这是很重要的搜索引擎优化经验。

（2）内容营销

在确定了关键词之后，内容营销才能发挥作用。内容营销可以优化、更新网站现有的内容，或者发布全新的网页内容。因为谷歌、百度等搜索引擎重视高质量的内容，所以对现有内容的优化、改造非常重要，让原本平淡的内容变得引人注目就能得到良好的营销效果。一个好的网页内容可以让用户体验良好，获得正向反馈的同时也能在搜索引擎结果中获得更高的排名。而且，好的内容也会吸引社交网站、媒体网站等予以转载和分享，吸引其他网站的流量。

内容营销主要抓住以下 3 点。

① 提高网站的文章数量和质量。

网站发布（收录）的页面数量和质量对于提高网站权重非常重要。如果网站的文章收录数量低、文章质量也不佳，搜索引擎会降低该网站的权重。如果只注重收录数量不重视质量，收录一些标题重复的垃圾页面，搜索引擎不会对低质量的内容有兴趣，后果会相当严重。建议力争让网站收录达到 100 个以上的独立高质量页面，否则很难得到搜索引擎的青睐。

② 加大原创作品的更新比重。

搜索引擎从不喜欢重复的内容，保持网站持续更新必须建立在原创作品更新的基础上。原创作品在提升网站权重方面有很大的作用，可以从公司动态、公司展会、公司客户等方面找题材创作原创作品（文章），同时也要保证文章的质量。

③ 提高网站的诚信度。

常见的搜索引擎除了考核 PR（网页级别，PageRank）值以外，还会考核诚信度指标。它通过对一些高质量网站的分析，给出一个"诚信"网站应该有的一些指标，并用这些指标来分析一个新网站的诚信度。这些指标包括详细的联系方式、是否有版权说明、公司电话、传真、地址、是否备案等。

（3）外链

外链是指来自外部网站的链接（SEO 术语中将其称为"反向链接"），是搜索引擎制定网站排名规则的核心要素之一。高质量的外链不仅能传递权重，还会带来不少流量。好的外链可以从相关性、数量、质量、持续与稳定等几个方面考查，绝不能使用群发外链工具，以免得到一些垃圾外链。垃圾外链不仅对网站帮助很小，还有可能伤害站点。获得"外链"主要靠好的网站内容，并积极与其他相关网站建立联系，将本网站提交到相关的网站目录，通过社交媒体吸引其他网站的链接。

（4）页面优化

除了关键词、外链、网站内容等因素，优化页面的相关信息也能给 SEO 带来巨大的帮助，这也是网站开发者可以实际控制的因素。常见的页面优化技术包括优化页面包含关键词的 URL、更新网页标题以使用高频率的搜索关键词，以及使用替代文本来描述图像等。更新网页元数据 meta 标签的 description 属性值也是有益的，虽然不会对搜索结果排名产生直接影响，但是可以提高最终排名的点击率。

① 网页标题。主网页的标题应当充分体现网站的建设目的，可以将注册商标、网站域名、具有确定性含义的宣传语或高度概括网站内容的文字描述等作为主网页的标题素材。主网页的标题形式可以采用多个用意组合的形式，例如，京东网站的主网页标题为"京东（JD.COM）-正品低价、品质保障、配送及时、轻松购物！"，首要宣传的是京东商标及域名，其次是正品低价，再次是品质保障、配送及时、轻松购物。这个主网页标题抓住客户购买正品、价格低、品质好、配送快、操作便捷的需求，通过排序组合，各个用意之间采用标点符号分隔，制作出主网页的标题，实际检索的效果很好。在百度中输入京东或其域名进行搜索，京东网站排在搜索结果的第一位；在百度中输入"正品低价"进行搜索，京东网站也排在第一位。将后面的品质保障、配送及时、轻松购物分别与京东、正品低价组合以进行搜索，京东网站都能排在搜索结果的前面。

② 包含关键词的 URL。URL 中可以包括关键词，能提高页面相关性。关键词出现得越靠前越好，也就是说出现在域名中最好，其次是出现在目录名中，效果较差的是出现在文件名中。不过切不可为了出现关键词而堆积。

③ 网站描述。网站描述也是提升网站搜索权重的重要方面，网站描述可以比喻成论文的摘要，应当充分反映网站的内容和目的。应当组织文笔好、业务精、宣传能力强的人员进行精练编写，提升网站的宣传效果和搜索权重。

④ 图片替换文本。图片替换文本也是搜索引擎抓取的重要内容之一。网站通常将核心产品、核心服务等内容制作成精美图片放在网站的重要位置，加大营销力度。热门图片能带来巨大的网络流量，所以搜索引擎会抓取图片替换文本，以满足检索要求。图片应当准确反映产品内容、特点。

⑤ 诚信度等相关信息。诚信度信息也是搜索引擎抓取的重要内容之一，应当全面、准确设置，利于保持网站的搜索权重。

（5）内部链接结构

网站的内部链接也能对 SEO 起到很大帮助。通过在网页的内部链接上加入锚点内容，来提高相关搜索关键词的相关性，从而改善网站的整体 SEO。对于网页较多的网站，也可以通过在内容页面上加入导航地图等方式，以帮助搜索引擎发现和抓取网站页面。同时，应当合理设计导航栏，最多设置 2 层菜单以保证两次点击能到达任何想去的网页，用内部链接将网站的所有网页串起来，形成清晰、简洁的内部链接结构。

（6）语义化标签

优化网站的语义化标签也是比较常用的 SEO 方法。使用 HTML 语义化标签不仅是为了让人们能够更好地阅读网站内容，同时也需要告诉搜索引擎有关内容的含义。使用语义化标签可以帮助在搜索结果页面中显示丰富的片段，虽然在最终搜索结果中显示丰富的片段对搜索结果排名没有影响，但可以提高搜索结果的点击率，从而增加"自然流量"。

此外，保障网站空间稳定可靠是保持 SEO 排名的重要因素。网站的网络带宽、空间响应速度、空间的稳定可靠对网站的排名非常重要，必须选择可靠的云服务商或自建高质量的网站空间。如果网站响应速度很慢、经常宕机，搜索引擎就会降低该网站的权重。

3. SEO 目的

SEO 做得好，可以大量增加网站的流量，但是增长搜索流量并不意味着一定能有助于网站所承载业务的增长。只有使用户的浏览点击量实现业务转化才有实质意义，这才是 SEO 的最终目的。作为一个成功的网站营销者，仅仅通过 SEO 等方式获得网站流量是不够的，有了流量之后如何实现业务转化同样重要。流量转化业务是一个反复实践的过程，可以通过跟踪测试进行观测和调整，也可以采用一些专业工具来分析和优化网站，如百度统计、站长工具、Keyword Planner 等。

4. 数据挖掘与客户分析

网站运行一段时期后，会积累大量的数据资源。这些数据对于做好营销策划具有极其重要的价值，必须加强对这些数据资源的挖掘，对客户的消费理念（合作意图）进行分析，找到有价值的线索，为网站营销策划做好数据支持。对于业务量大的网站，需要搭建大数据平台开展数据分析。

5. 网站营销

网站营销是 SEO 的目的之所在。通过网站营销手段进一步拓展市场，提升服务品质。网站营销，又称网络营销、网上营销、互联网营销、在线营销、网络行销等，属于直复营销的一种形式，以现代营销理论为基础，通过互联网营销替代传统的报刊、邮件、电话、电视等中介媒体，利用互联网对产品的售前、售中、售后各环节进行跟踪服务，自始至终贯穿在企业经营全过程，寻找新客户、服务老客户，最大限度地满足客户需求，以达到开拓市场、增加盈利的经营目标。

进行网站营销时，首先应当做好营销策划，结合 SEO 情况、数据挖掘与客户分析结果，以及市场状况等综合信息，制定更具针对性的营销方案；然后统筹各方力量全力做好网站营销工作，增强营利能力。

1.2.8　商务网站维护

网站维护在云技术不断普及应用的场景下，分成网站空间技术维护、网站功能维护和网站内容维护 3 个主要部分。

网站空间技术维护通常是指云服务商提供的网站空间的技术维护，保证服务器、数据库、存储、中间件、网络等的正常使用，也包括配套的供电、制冷、消防、信息安全、环境监测等配套系统的技术服务，确保网站空间的安全可靠。自建网站空间的企业，应当自行做好上述各个系统和服务的技术维护。

网站功能维护通常是指网站技术开发团队提供的网站功能增删改技术服务，不断完善功能、优化体验，保证网站功能实用、好用，利于网站营销工作。如果网站功能是由云服务商提供的，则由云服务商提供此项技术服务。

网站内容维护通常是指网站的使用者（网站的业主单位，或者网站的授权使用单位）对网站的内容进行日常更新、编辑、备份、恢复等操作。企业的网站，必须由专门的业务人员对网站信息进行编辑和更新，确保网站的活力。在编辑、更新网站内容时，应当按照 SEO 网站营销的要求，多发布原创作品，确保文章质量。

1.2.9　商务网站项目管理岗位职业素养

职业素养是从业者的综合从业能力，包括岗位技能、职业道德、法律法规、价值观等与岗位相关的综合知识及运用能力。

1. 岗位技能

掌握商务网站项目策划、组织实施和运营维护的基本能力，能够综合运用计算机科学、市场营销学、经济学、管理学、心理学、法学、艺术和现代物流等综合知识，为企业商务网站项目策划、组织实施与运营维护提出系统化的解决方案。

2. 职业道德

职业道德是所有从业人员在职业活动中应该遵循的行为准则和规范的总和，涵盖从业人员与服务对象、职业与职工、职业与职业间的关系。

社会主义职业道德是社会主义社会各行各业的劳动者在职业活动中必须共同遵守的基本行为准则。它是判断人们职业行为优劣的具体标准，也是社会主义道德在职业生活中的反映。

3. 法律素养

具有较好的法律素养，自觉遵守国家法律法规，自觉遵守企业规章制度。

4. 价值观

树立社会主义核心价值观，以建设富强、民主、文明、和谐的国家为目标，维护自由、平等、公正、法治的社会制度，做到爱国、敬业、诚信、友善。

小结

本章主要介绍了传统商务与电子商务的关系，以及电子商务的优势。从电子商务的载体引出商务网站的概念、类型、功能组成、项目建设与管理、项目策划等的主要工作内容。详细介绍了商务网站项目建设与管理的实施团队建设要求，商务网站项目策划的主要环节及相关事项，以及商务网站设计与开发的主要工作范畴及工作要求等。

习题

一、选择题

1. 商务活动按照采用的技术、方法和手段分为（　　）和电子商务。
   A. 现代商务
   B. 交易商务
   C. 买卖商务
   D. 传统商务

2. 电子商务将传统商务活动中的（　　）、资金流、信息流的传递利用网络科技进行整合，企业将重要的信息通过万维网（WWW）、内联网（Intranet）或外联网（Extranet）直接与分布在各地的客户、员工、经销商及供应商分享，以电子交易的方式进行交易和相关服务的活动，包括企业内部之间及企业与外部之间的商务活动。
   A. 物流
   B. 交易信息
   C. 买卖信息
   D. 商品信息

3. 电子商务的主要优势包括交易虚拟化、（　　）、交易效率高、交易透明化。
   A. 交易成本低
   B. 交易可随时终止
   C. 不需要以传统商务为基础
   D. 交易环节多

4. 互联网能够提供（　　）、电子邮件、文件传输、公告板系统、远程登录、菜单式信息查询、文件查询、域名查询、网络新闻组9种服务。
   A. 万维网
   B. 广域网
   C. 局域网
   D. 城域网

5. 典型的B2C商务网站功能主要由（　　）和后台系统两部分组成。
   A. 采购系统
   B. 分销系统
   C. 价格系统
   D. 前台系统

6. 属于典型的B2C商务网站的前台系统功能的是（　　）。
   A. 商品展示功能
   B. 订单管理功能
   C. 商品管理功能
   D. 促销管理功能

7. 属于典型的B2C商务网站的后台系统功能的是（　　）。
   A. 商品展示功能
   B. 信息检索功能
   C. 订单管理功能
   D. 客服服务功能

8. 商务网站按照商务目的和业务功能分类，可分为基本型商务网站、（　　）、客户型服务网站、完全电子商务运作型网站4种。

A. 宣传型商务网站 B. 行业电子商务网站
C. 企业电子商务网站 D. 政府电子商务网站

9. 商务网站按照电子商务模式分类，可分为 B2B 商务网站、（   ）、C2C 商务网站等。

A. B2C 商务网站 B. 行业电子商务网站
C. 企业电子商务网站 D. 政府电子商务网站

二、判断题

1. 广义的商务定义是指一切与买卖商品服务相关的商业事务，狭义的定义是指商业或贸易。
（   ）

2. 企业之间通过网络开通视频会商系统进行业务洽谈属于传统商务。 （   ）

3. 因为传真机需要接通电源才能工作，所以企业之间利用传真机收发信件属于电子商务。
（   ）

4. 物流是指物资的流通运输，不属于商务活动。 （   ）

5. 电子商务一方面是对传统商业活动各环节的电子化、网络化、信息化，另一方面又是利用信息技术对传统商务活动进行的优化和创新。 （   ）

6. 电子商务活动就是利用信息技术对传统商务活动进行翻版，传统商务活动必须原样照搬到电子商务活动中，不允许改动和优化。 （   ）

7. 电子商务与传统商务是截然不同的，没有任何关系。 （   ）

8. 电子商务的主要载体是商务网站。 （   ）

9. 互联网就是万维网，只是叫法不同。 （   ）

10. "淘宝网"就是淘宝网站的域名。 （   ）

11. 动态网页是指有动画显示的网页。 （   ）

12. 典型 B2C 商务系统的前台系统是面向客户服务的，设计风格应当以吸引客户、方便客户、突出企业形象为重点。 （   ）

13. 典型 B2C 商务系统的后台系统主要是面向企业内部员工的，处理企业内部业务及协同应用等，设计风格应当以方便内部业务管理为重点，后台系统还应为前台系统提供支撑。（   ）

14. 在商务网站项目建设与管理过程中，网站策划不重要，可以忽略，重要的是网页制作。
（   ）

15. 商务网站项目建设与管理，主要涉及两个方面的工作：业务相关工作和技术相关工作。
（   ）

16. 商务网站项目建设与管理，主要涉及两个实施团队，即业务团队和信息技术团队。
（   ）

17. 网站项目需求调查与需求分析的工作性质是一样的，均以业务团队为主实施。 （   ）

18. 网站详细功能设计属于技术工作，完全由信息技术团队负责，与业务团队无关。（   ）

19. 网站的原型设计工作费时、费力，没有必要。 （   ）

20. 网站项目的投资估算不属于网站项目策划范畴的工作。 （   ）

21. 商务网站 SEO 营销就是市场营销。 （   ）

22. 网站 SEO 就是给搜索引擎服务商付费买流量和排名。 （   ）

商务网页设计与制作（第2版）（微课版）

三、简述题

1. 什么是电子商务？电子商务相对传统商务有哪些优势和劣势？
2. 举例说明电子商务和传统商务的关系。
3. 什么是商务网站？
4. 编制需求概要应当由信息技术团队还是业务团队牵头负责？为什么？
5. 网站项目策划与建设的主要环节有哪些？
6. 简述 SEO 的主要途径。
7. 简述商务网站项目管理岗位的职业素养。

第2章
商务网页设计

商务网页是商务网站策划最终实现的形态和结果，是商务网站功能的依托。商务网页设计延续了商务网站策划与建设的核心思想，是整个商务网站建设的核心工作。

商务网页设计的重点是创意设计和功能布局，需要设计者掌握商务网页视觉设计、商务网页创意设计、商务网页原型设计等专业知识。

2.1 商务网页视觉设计

商务网页给人的视觉效果应当与企业经营的产品（项目、服务）特点相符。网页视觉效果好，可以激发客户的购买兴趣和欲望；反之，则会起到减分的效果，无法激发客户的购买热情。可见，网页的视觉设计是极其重要的。

2.1.1 商务网页赏析

商务网页没有固定的模式，每个企业均有自己独有的网页设计特点，并随着时代的发展而发展。商务网页设计得好，能够有效吸引客户，促进公司业务的发展；反之，则会对公司造成不利影响。那么，应该如何赏析商务网页呢？

赏析商务网页，通常从以下几个方面入手。

· 网页布局。

· 网页配色。

· 导航栏设计。

· 主横幅（Banner）设计。

· 企业标志（Logo）设计。

· 按钮、文字、多媒体资料。

· 综合分析网页布局与公司业务的关系。

【例：华为技术有限公司网站赏析】

华为技术有限公司（后文简称华为）网站[1]（见图 2.1）是一个非常典型的商务网站，拥有绝大部分商务网站需要具备的功能。其在网站设计方面也非常有特点。

图 2.1　华为技术有限公司网站

从华为的网站截图（精华部分）看，网页布局总体上采取上、中、下结构，属于常规商务网页布局方案。界面非常简洁、清爽；网页底色为白色，图片颜色以蓝色为主，彰显科技元素；导航栏设计非常有特点，偌大的网站只有"手机、笔记本＆平板电脑""解决方案＆服务""华为商城""华为云"4 项一级导航栏，一级导航栏下设二级导航栏，客户很容易通过导航栏找到所需的产品。同时，华为还别具一格地设计了一个副导航栏，由 3 个主题标签组成，分别是"个人用户""企业用户""运营商用户"，方便不同用户按照不同主题查找相关产品和信息；主横幅只有两张图片，一张是 Mate 20 系列的精美广告图，另一张为服务器及相关产品的精美广告图；华为的 Logo 非常有特点，由图案部分和字母部分组成。图案中 8 瓣花瓣由聚拢到散开，寓意着华为以客户为核心，事业蓬勃发展。8 瓣花瓣也代表华为的 8 个创始人。花瓣上加入光影元素向周边

———————————
[1] 本书展示的网站实例与当前网站可能不同。

散开，寓意华为开放、创新、稳健、和谐。字母部分由黑色的"HUAWEI"字母组成，在红色花瓣的映衬下，显得独立且吸引人，让华为显得更为出众，同时配上字母也是华为国际化战略的体现；为了保证网页的扁平化及整体的协调，网页中没有设计拟物化的按钮，文字为黑色和白色的黑体字，页面风格大气、清晰。

华为作为一家技术型的大企业，产品门类众多，技术先进，主要客户为个人、企业和电信运营商用户。公司网页布局、配色彰显科技至上、服务客户的寓意。

【例：长城汽车股份有限公司哈弗汽车网站赏析】

长城汽车股份有限公司是一家专业从事汽车研发与生产的企业，拥有哈弗、WEY、长城、欧拉四大车系。其中哈弗汽车在全国销量非常大，多年占据销售冠军的宝座，哈弗汽车网站（见图2.2）的设计也非常有特色。

图2.2　长城汽车股份有限公司哈弗汽车网站

从该网站截图可以看出，网站布局以上、中、下结构为主，辅以左中右结构；网页底色为淡淡的灰色，衬托网页主题。图片颜色以灰蓝为主，根据不同产品及场景配有红色图案，整个版面更显生动、活泼；导航栏设计简洁实用，编排了"首页""资讯""评测""视频""图库""经销商""社区""商城""客服"9个一级导航栏，未设二级导航栏，使得网站结构非常清晰、简洁。导航栏下方设置了一排精美的车型图片，作为辅助导航栏使用，方便客户按照车型查找信息；主横幅（当时情况）只有一张动画图片，画中一辆哈弗汽车在地球上行驶，地球也在不停地转动，使人感觉车辆动力强劲，Logo非常简洁，由字母和汉字两部分组成。字母部分由银灰色的艺术字母"HAVAL"组成，通过渐变色处理，具有较强的质感和高端气息。汉字部分由黑色的黑体字"SUV领导者"组成，略微倾斜，视觉冲击力较强。同时，"haval"也有自由翱翔的意思，代表哈弗汽车优异的性能和品质；网页中没有按钮，页面整体协调性较好。文字为黑色、白色和灰色的黑体字，页面风格简洁、清晰。

该网页在布局、配色方面，更加突出效率的理念，能让客户在第一时间找到相关信息。

网页设计没有固定的模式和风格，不同厂家、不同产品、不同时期设计的网页风格各异，但核心都是通过视觉设计，彰显公司的品牌形象，烘托产品的竞争力。

2.1.2　网页视觉设计概述

网站通过具体的网页向用户和网民提供信息，是企业开展电子商务活动的信息平台。互联网与传统媒体不同，互联网通过灵活丰富的网页可提供良好的多媒体体验，不仅具有很好的动态效果和视觉效果，还具有优异的互动性，能够按照用户的需要准确提供信息服务。因而，互联网在信息传播中具有比传统媒体更快、更有效的优势。网页创意设计，就是通过网页的视觉设计，将文字、图像、色彩、动画等视觉要素的特点运用到网页设计中，根据特定的内容和主题，在网页所限定的范围内，将设计的意图以视觉形式表现出来。

2.1.3　网页视觉设计的原则

网页视觉设计将技术与艺术结合，表达内容应与表达形式相统一。互联网是传播信息的一种载体，互联网网页同报纸、杂志等在设计上有很多共同之处，也一样遵循着一些设计的基本原则，不过由于运行方式、表现形式、社会功能等的不同，网页视觉设计有其自身规律和准则。

1. 针对性强

在进行网站制作之前，一定要对网站目标人群有一定的规划和了解，同时还要明确网站制作目的是什么，是宣传公司文化，还是宣传公司产品。这样网站的针对性就很明显了。最终网页设计师可根据不同网站制作目的中的内容和风格，设计出完美的网页效果图。

2. 主题鲜明

视觉的设计必须要有着明确的主题，并按照心理视觉的规律与形式将主题的内容与效果传达给观赏的人。在网页设计中，必须采用主题式的表现风格，追求简练、清晰、精确，强调艺术性，注重实际的冲击力以及独特的视觉风格，突出主题的内容及含义，让阅读者能够更快捷地接收网页传达的信息。

3. 界面与内容统一

在视觉设计中必须保持界面与内容的一致性，在字体、标签风格、颜色等方面确保一致。不要用无关的图片装点页面，要让别人明白设计者到底要突出什么内容、表达什么主题和意念。同时，网页的内容必须与网页设计目的相匹配，网页即使再漂亮，如果网页内容没有价值的话，也不会吸引目标客户的关注。因此内容填充也是网页设计的重要内容，即所谓的内容为主。

4. 美观

网页的美观与网页设计师有很大的关系。优秀的设计师会根据页面风格以及网站目标对象，运用醒目的图案、新颖的画面、美观的字体，吸引客户访问与交易，达到网站建设的目的。

5. 简洁

信息时代的一个显著特点是信息量巨大。因而网页必须更趋向简洁、精练。简洁的图片、醒目的文字、适宜的色块更符合大众审美要求和当今人们的欣赏趣味，给人以舒适、现代的感觉。形式简洁是网页应具有的外在特征。保持简洁的做法是限制网页中所用的字体与颜色的数目，一般每页使用字体不应该超过 3 种，色彩不能过于炫目，图片不能过于繁杂。网页视觉设计要保证视觉清晰度，条理清晰，图片、文字得当适宜。

6. 体验为王

用户体验是"王道"。没有好的用户体验，用户很难阅读网页的所有内容，往往会半途而废。如果网站管理者以为一般的用户会完完整整地阅读其网页，那么就错了。不管在网页中发布了多么有用的信息，如果希望用户阅读网页的内容，请在页面段落的第一句话就说明自己的观点。另外，还需要在整个页面中使用简短的段落以及有趣的标题。改善用户体验需要遵循以下原则。

（1）少等于多

使所有的句子尽可能短，使所有的段落尽可能短，使所有的章节尽可能短，使页面尽可能短。请在段落和章节之间使用较多的留白。充斥着冗长文字的页面会"赶走"用户。也不要在单一的页面上放置太多的内容。假如确实有必要传递大量的信息，请尽量把内容分为小块。

（2）合理导航

请不要使用文本段落内的超链接随意地把访问者带到别的页面，因为这样做有可能破坏导航结构。假如必须使用超链接，请把它们添加到段落的底部或站点的导航菜单中。

（3）访问速度

服务器的服务能力、接入带宽、网站技术等，都是影响访问速度的重要因素，必须在网站发布前解决好，保证用户良好的访问体验。

（4）保护用户数据安全

保证用户注册或退出方便，保护用户隐私数据安全，保护用户个人信息，避免对用户造成滋扰。

2.1.4 网页视觉设计对象

网页的构成要素主要有文字、图像、音频、视频、动画等，是视觉设计的主要对象。文字和图像是传播信息的重要载体，大部分网页的信息是通过文字与图像来传达的。处理信息形式之间的协调性和空间感，使它们呈现出一种可读性高、易被浏览者接受的状态是设计师主要的工作。从设计的角度来看，视觉设计对象既是信息内容，也是创作素材和创作依据，知晓其基础知识有助于设计师掌握创作要领。

1. 文字

文字是传递信息的主要元素。虽然利用网络多媒体的影音效果也可以达到同样的目的，但网页中文字的优势很难被取代。这首先因为以文字传达信息符合人们的接受习惯，其次因为文字所占的存储空间极小（一个汉字只占用 2 个字节），利于浏览及下载，许多网页都提供纯文字的页面形式以节省浏览者的时间和费用。

网站导航、正文标题等重要元素主要是由文字组成的，导航与标题的艺术设计将确立网站的整体风格定位，这些环节十分吸引浏览者的注意力。把文字设计与 Flash 动画结合起来，使文字作为视觉元素灵活运用在创意设计中，这可能远远超出了它原有的定位，很多精彩的网页就这样诞生了。

文字作为网站界面元素之一，按照功能上的不同分为以下几种类型。

（1）文字标题

网站的首页或一篇独立文章通常会有一个醒目的标题，用以告知浏览者该网站的名称或文章的题目。在首页之后的分页面中也常会出现标题。标题不一定是一句完整的句子，事实上，诸如"游戏天地""精品空间"等词组标题在网页中出现得更为频繁。文字标题要尽量简单明了、引人注目，这样才能得到浏览者的青睐。通常标题应安排在醒目的位置，使用较大的字体，在版面中做点或线的编排（见图 2.3）。

图 2.3 搜狐网站中的文字标题

（2）文字信息

文字信息是标题内容的展开，是传达信息的主体部分。文字信息的作用是动画、图像和影音等其他任何元素都不能取代的。文字信息是标题的详细阐述，浏览者在阅读标题之后，需要在文字信息中得到进一步的解答。在进行网站界面设计时，文字信息虽然简单，但其内容一定要适合标题，同时对文字的字体、字形、大小、颜色和编排方式等要进行精心的设置，甚至可以做成艺术图片的形式，以达到较好的浏览效果（见图2.4）。

图2.4　传祺汽车网站中的文字信息

（3）文字链接

文字连接是网页中常见的超链接，它能直观地呈现链接的相关信息，使浏览者对其所包含的信息一目了然。文字链接有网页中上部导航栏的链接、侧焦点链接栏的链接、中部分类信息主题链接等。文字链接可方便浏览者对信息的检索。在网站界面设计中，文字链接得到了广泛的应用，导航栏文字链接（见图2.5）是常见的文字链接形式之一。

图2.5　奔驰汽车网站中导航栏中的文字链接

2. 图像

以图像作为标题和链接可以使网页具有更好的视觉效果，图像配合文字更能增强网页的生动性和形象性，需要特别注意的是背景和主图的作用。以图像为背景能衬托主题，增加网页的层次感，使网页不再枯燥，且能融入设计者的风格。主图与背景的装饰性效果不同，背景衬托主题，主图则突出表现主题。主图是整个网页的视觉中心，它具有直观性强的特点，可以为单调的文字信息增加活力，不像文字那样需要逐句阅读，而且可以不受文化水平的限制，能给人强烈的视觉冲击。

图像的出现打破了初期网页单纯的文字界面形式，也带来了新的直观表现形式。在很多网页中，图像占据了大部分页面，有的甚至占据全部页面。图像往往能引起人们的注意，激发阅读兴趣，图像给人的视觉印象要优于文字，合理地运用图像可以生动、直观、形象地表现设计主题。网页中常用的图像格式包括 JPEG、PNG 和 GIF 等，这几种格式压缩比高，得到了绝大多数浏览器的支持，具有跨平台的特性，不需要浏览器安装插件即可直接查看，且下载速度快。图像元素包括标题、背景、主图、链接图标 4 种（见图 2.6）。

图 2.6　*VOGUE* 杂志网站中的图片

为企业客户建设网站常常会遇到客户要求把产品照片摆放在十分显眼的地方，完全不考虑页面排版的问题。其中一些照片不具有任何美感，会对页面效果产生恶劣的影响，即使设计者做了美化的处理，客户也不会接受，因为客户认为这妨碍了信息的传达。对这些企业来说，与其做精美的视觉处理，还不如直接把信息摆在页面上。但这样做的后果往往是网站设计没有美感，很难留住客户。

网站建设的经验告诉我们，设计网页时图像资料是必要的，但往往会遇到图像资料不充足的情况，需要网页设计与制作方组织拍摄一些图像资料作为素材。

3. 音频、视频和动画

音频、视频和动画元素是网页界面构成中极吸引人的部分。但是笔者始终认为网页应该以内容为主，任何技术的应用应该以信息的更好传达为中心，不能唯视觉化。在网站界面中加入这些元素可以在很大程度上增强对用户的吸引力。从网站界面的发展来看，引入新的媒体元素是一个必然的过程。用户希望在网上看到更具创造性、更具吸引力的网页，而这些新的媒体元素正是实现这一目标的重要手段。

（1）音频

音频在网页中出现的频率很高。我们在网上浏览时经常可以发现一些网页设置了背景音乐，让我们的网上冲浪成了更加惬意的休闲活动；除了背景音乐，有些网页还设置了操作提示音，以不同的声响提示用户的操作；另外，某些以音乐为主要内容的网站还提供了大量的音频下载及在线欣赏等功能。随着音频技术及语音控制技术的进一步发展和普及，以音频进行人机交互将逐步成为实现网站界面交互性的重要手段。

音乐的魅力在于铺开了想象的空间。抽象的画面配上相应的背景音乐，可以帮助人们解读画面。例如画面是红色的，而音乐是阴森森的曲子，这会让人把红色画面与恐怖的事情联系起来；又如画面还是红色的，音乐却换成了敲锣打鼓的欢快节奏，就会让人联想到喜庆的场面。音乐不只是为了帮助人们更好地解读画面，还能对网站（或企业）的形象产生引导、强化、扭曲等不同的作用。

在网页中使用的音频文件格式主要有 MID、WAV、AIF、MP3、RA、RAM、RPM。这些格式各具特点，使用时应注意区别对待。

（2）视频

视频具有信息丰富、传达便捷的特点。以视频为传达媒介的信息易于理解，对用户文化水平要求不高，同时形象、生动，具有较强的吸引力，在信息的层次深入方面也具有一定优势。网页中的视频多为某种特定信息的深入介绍。网上常见的视频文件格式主要有 MPEG、AVI、RM 等。如 1505 电影网（见图 2.7）提供了预告片欣赏，让用户可以通过视频了解电影的经典片段。

图 2.7　电影网站预告片

（3）动画

动画具有很强的视觉冲击力，能引导视觉中心。在传达重要信息时动画是有效的手段，在静态页面中适当加入动画，可达到动静相宜的良好视觉效果。从那些有着成功动画设计的网站中可以发现，以动画为主的表现手法往往能提高人们观赏页面的兴致，增加浏览的乐趣，并引导人们的思想意识。现今，动画日益成为网站界面中的热点，以动画为主的网站也成为最受浏览者青睐的作品之一。

Flash 是在建站方面应用最广泛的动画制作工具之一，越来越多的网站因其优秀的动画效果而驰名。Flash 动画效果对娱乐网站和电影官方网站设计都很有帮助，而如今几乎所有的电影网站首页都会配有 Flash 影片介绍，通过动画手段把电影本身的文化特点、故事情节、人物主线表达得淋漓尽致。但如果一个页面内运动的物体过多，会使浏览者目不暇接，造成视觉疲劳。合理安排页面上的动态信息对增加广告条的点击率也会大有帮助。

2.1.5　网页视觉设计要点

网页视觉设计是网页规划布局的重中之重。网页布局中，既要做好网页布局、网页配色工作，还要制作好导航栏、Logo、Banner、按钮等重点网页构件，并配以合适的图片、文字，从而达到吸引客户的目的。

1. 网页布局

网页布局就是针对网站的策划重点，合理规划功能区域，将导航栏、Logo、Banner、按钮，以及文字、图片、音频、视频、动画元素等有机协调在一起，以获得良好的视觉效果。

网页布局多种多样，常见的有"国"字型、拐角型、综合框架型、封面型等（见图2.8）。在网页布局中抓住客户的需求是很重要的。

（a）"国"字型

（b）拐角型

图 2.8　几种网页布局类型

（c）综合框架型

（d）封面型

图 2.8　几种网页布局类型（续）

2．网页配色

　　网页给人的第一印象来自视觉冲击，不同的色彩搭配产生不同的效果，并可能影响到访问者的情绪。

　　网页配色是网页设计中很重要的因素，一般以单一色彩为主，所有子网页都以该色彩为基调，配以其他或类似色彩，并按照从轻快到浓烈的顺序排列。网页底色通常采用清淡的颜色，如白色、淡灰色等。图片的颜色应当与网站的主题相符，使其融入网页中而不显突兀。一般来说，一个网页中的色彩不应超过 3 种，色彩太多则让人眼花缭乱。适合于网页配色的颜色有三大系列：蓝色；黄色、橙色；黑色、灰色、白色三大系列。其他色彩也可以使用，但应当只是作为点缀和衬托，绝不能喧宾夺主（见图2.9）。

图 2.9　京东网页配色

3. 导航栏

导航栏是指位于页面顶部或者侧边区域的，在页眉横幅图片上边或下边的一排水平或竖直导航按钮，它起着链接站点或者软件内的各个页面的作用。网站使用导航栏是为了让访问者更方便、准确地找到所需要的资源区域，如新浪网的导航栏（见图2.10）。

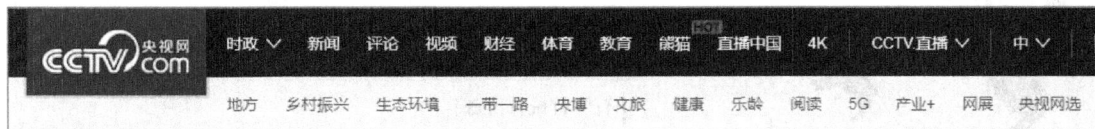

图 2.10　新浪网的导航栏

导航栏如果设计得恰到好处，会给网页本身增色很多，但导航栏通常不宜太花哨。导航栏有一排、两排、多排、图片导航和 Frame 框架快捷导航等各种形式。导航栏有时候是横排的，有时候则是竖排的。另外还有一些动态的导航栏，如 Flash 导航栏。

4. Logo（企业标志）

标志是人们在长期的生活和实践中形成的一种视觉化的信息表达方式，是具有一定含义并能够使人理解的视觉图像。其有简洁、明确、一目了然的视觉传递效果。Logo 设计是一门实用性很强的专门学科，涉及心理学、美学、色彩学等领域。Logo 在生活实践中经过提炼、抽象与加工，集中以图像的方式表现出来，传递特定的信息，并且表达一定的精神内涵。标志作为一种识别和传达信息的视觉图像，以其简约、优美的造型语言，体现品牌的特点和企业的形象。网站的 Logo 通常以企业 Logo 为基础进行美化设计，并放在网页的左上角（见图2.11）。

图 2.11　丰田汽车网站的 Logo

5. Banner

Banner 是网站页面的主横幅广告，主要用来体现主旨，形象、鲜明地表达主要的情感思想或宣传中心。Banner 通常放在页面顶部或中间位置，也可以根据页面布局需要将其放在其他合适的位置（见图 2.12）。

图 2.12　人邮教育社区网站的横幅广告

Banner 通常是采用 GIF 格式的动态图像文件，其常见尺寸（单位为像素，即 px）有：468×60（全尺寸 Banner）、392×72（全尺寸带导航条 Banner）、234×60（半尺寸 Banner）、125×125（方形按钮）、120×90（按钮类型 1）、120×60（按钮类型 2）、88×31（小按钮）、120×240（垂直 Banner），其中 468×60 的和 88×31 的这两类尺寸较常见。

6. 按钮

网页设计是新兴的行业，长期以来对按钮的定义也不是很明确。什么算按钮呢？如网页中的

"用户登录""导航栏""More""个性推荐"等，都可以被做成按钮。精美的网页按钮会给网页增加活跃的气氛，但扁平化的网站中，很少使用按钮。拟物化的网页中，精美的按钮是不可缺少的（见图 2.13）。

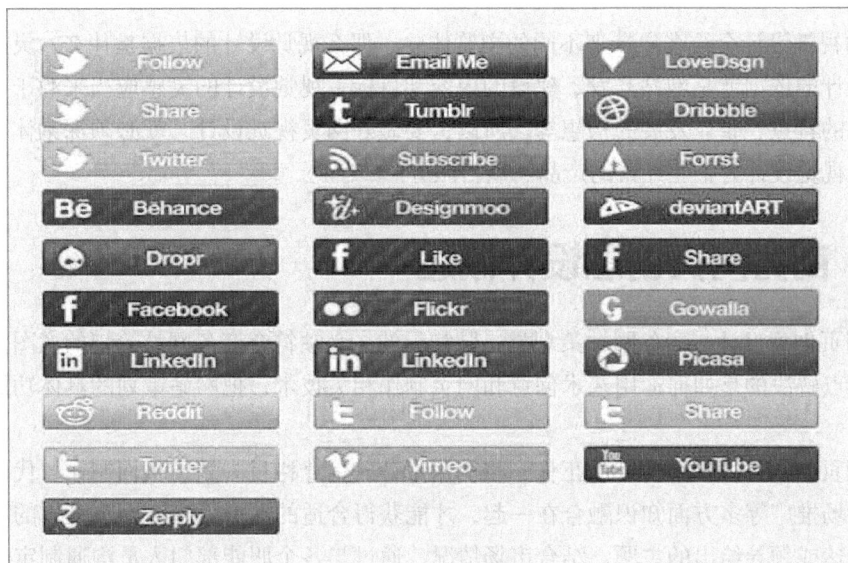

图 2.13 网页按钮图例

7. 文字、图片及其他

网页文字、图片都是网页设计中需要重点考虑的部分。网页文字既要简明扼要，又要具有良好的视觉效果，与网页整体风格相协调；图片必须抓住产品的特点，它具有增强产品宣传效果的特性，图片的视觉效果同样需要与网页整体布局相协调。请体会中国之窗网站的文字、图片效果（见图 2.14）。

图 2.14 中国之窗网站中的文字和图片

此外，网页中还有链接地址、浮动广告等其他要素，这些均需要与网页布局相协调。

2.2 商务网页创意设计

网页的视觉设计会给客户带来不同的浏览体验，那么视觉设计的依据是什么？灵感来自哪里呢？视觉设计的依据就是网站开发、建设的内容和目标，视觉设计的灵感应当来源于企业的经营特色、产品的特点、企业发展的构想等。所以，要做好网页视觉设计，就必须深刻体会网站策划的目的，让视觉设计为企业经营的产品、项目服务。

2.2.1 商务网页创意设计概述

商务网页创意设计与商务网站策划是一脉相承的，必须符合商务网站策划的意图。商务网页创意设计重点解决的是如何运用艺术创意和网页制作相关技术，把网站策划的具体功能体现在网页上。

商务网页策划是一项综合性的工作，将美术设计、信息栏目规划、页面制作、代码开发、用户体验、市场推广等多方面知识融合在一起，才能获得合适的网页效果。网页策划的主要任务是根据企业下达或领导给出的主题，结合市场情况，通过与各个职能部门人员沟通制定合理的网页设计方案。网页策划作为网站建设的关键环节，其优劣是网站能否获得高投资回报率的决定性因素。实际工作中，网站功能设计是网页策划的依据和前提，它决定网页策划的总体思路和内容要求；网页策划也是网站功能设计的深化、美化、实用化的必要步骤，它最终能将网站的具体功能通过网页展现出来。

2.2.2 商务网页创意设计的思路

商务网页策划是商务网站策划的具体实现，好的商务网页策划方案中的网页创意设计思路是服务于企业的市场策划、服务于目标客户的。

1. 服务于企业的市场策划

商务网站建设的主要目的就是为企业的市场策划服务，所以网页的创意设计必须满足市场策划的要求。做好商务网页创意设计，必须先从需求入手，深入体会《项目需求概要》内容，理解项目建设的目的是解决什么问题、达到什么样的建设目标、通过什么方式和方法来实现。只有深入理解这些事项，才能准确把握网页版面结构、功能布局和视觉设计方案。

信息技术团队的有关人员应当积极参与需求调查和《项目需求概要》编制工作，尽早熟悉业务、理解业务。只有准确掌握市场策划的具体业务需求和真实意图，才能准确把握网页的功能设计和创意设计。

2. 服务于目标客户

（1）目标客户概念

目标客户是指企业提供产品和服务的对象，是市场营销工作的前端。随着经济的发展和市场的日益成熟，市场的划分越来越细，以至于每项产品和服务都要面对不同的客户群体。企业应当根据每一项产品和服务选择不同的目标客户，只有确定了目标客户，才能有针对性地开展营销并获得成效。所以，发现目标客户很重要。

（2）目标客户市场分类

理解目标客户，首先应对客户进行分类，了解其消费习惯和特点。目标客户市场可以根据购买者和购买目的划分为消费者市场、生产者市场、中间商市场、政府市场、国际市场五大类。每类市场在消费需求和消费方式上都具有鲜明的特色。企业的目标客户市场可以是以上5种市场中的一种或几种。也就是说，一个企业的营销对象不仅可以包括广大的消费者，也包括各类组织机构。企业必须分别了解不同类型目标客户市场的需求特点和购买行为。

（3）目标客户的消费分析

目标客户是市场营销部门的主要营销对象，也是潜在的产品和服务的消费主体，设计者不仅需要准确了解目标客户的消费动机，对其购买意向、影响购买动机的因素、购买动机的类型等进行分析和了解，还要了解目标客户的消费行为，对不同消费者的不同购买行为、购买模式、影响消费者购买行为的社会因素及心理因素等进行综合了解、分析。对目标客户的消费分析是网站策划创意的灵感来源，应当准确掌握目标客户的消费需求，按照目标客户的消费体验、视觉体验等，设计网页的具体功能布局，符合用户的消费习惯和消费心理，达到建设网站的目的。

（4）吸引目标客户

明确了目标客户群体，对目标客户的消费分析也就清楚了，那么接下来如何吸引目标客户呢？

① 放大产品信息细节去抓住用户。

众所周知，广告会激发人们的购买欲望，如果某样东西被炒得火热，就会有很多人愿意购买。所以产品信息必须在保证真实的基础上，放大细节，尽可能地吸引人，这样才能更有效地吸引顾客。星巴克就是一个很好的例子，它的产品信息栏不仅有产品细节的展示，还有很多其他同类产品供用户选择。让用户有很大的选择空间，自然会提高用户的满意度。

② 用视频代替现场体验。

网购最大的缺点之一就是没有真实的现场体验。图像虽然能够展示产品细节，但图像的展示效果与真实的现场体验还有很大的差距。比如一个手提包，尽管网站配有非常漂亮的画面，并从多个角度予以展示，但这个手提包的大小与客户的身高匹配吗？将手提包挎在客户的肩上走起路来的姿态优美吗？平面的图像是解答不了这样的问题的，而视频就可以创造出现场体验感，让客户感觉到这个手提包是否适合自己。

③ 提供免运费服务。

免运费是非常好的一种满足客户消费心理的方法，它能够增加网站盈利。试想一下，一个人在准备支付选好的网购商品时，就在他准备按"支付"按钮的一刹那，突然看到还需另外支付运费的提示，那么本次购买很可能就终止了。Zappos 是 Amazon（亚马逊）旗下的网上鞋城，在这个鞋城买鞋时只要同时再买一点衣服，Zappos 就提供免运费服务，事实证明，Zappos 的做法非常成功。

④ 放大折扣信息。

一个优秀的电子商务网站必须时时刻刻吸引用户的眼球，所以我们要在主页上放大折扣信息、特价商品信息，让用户有种错过这次购物将后悔终生的感觉。

⑤ 提供尽可能多的支付方式。

在网购的过程中，用户最讨厌什么呢？其中之一肯定是支付方式太少。试想，当顾客已经准备好付款了，却没有网站提供的支付方式，这时他就很可能会放弃购买。多种支付方式包括支持多家银行的银行卡、支付宝、微信等。

2.2.3 商务网页创意设计的内容

商务网页创意设计就是运用网页视觉设计的方法，把网站策划的意图表达出来，达到增强效果、吸引客户、激发客户购买热情的目的。商务网页创意设计主要包括风格创意和形象设计两方面内容。

1. 风格创意

"风格"是抽象的，是指站点的整体形象给浏览者的综合感受。这个"整体形象"包括网页的标志、色彩、字体、标语、版面布局、浏览方式、交互性、内容价值等诸多因素。只要能让浏览者明确分辨出这些因素是这个网站独有的，也就形成了网站的"风格"。

风格是有个性的，我们通过上述因素就可以概括出一个站点的个性，例如：它是粗犷豪放的，还是清新秀丽的；是温文儒雅的，还是执着热情的；是活泼多变的，还是墨守成规的。

例如，销售茶叶的网站可以塑造绿色、健康、清新、自然的意境，或者可以打造古香古色、茶马古道的风格。

在明确网站想给人以怎样的印象后，就要设计出网站中有特色的东西，也就是能体现网站风格的东西。并把它作为网站的特色加以重点强化、宣传。总之，风格不是一次就可以定位而成的，可以在实践中不断强化、调整和改进。

好的网站要有合适的网站风格来体现，网站风格需要好的内容创意来实现。作为网页设计与制作者，苦恼的就是没有好的内容创意。网络上的很多创意都来自虚拟同现实的结合。创意的目的是更好地宣传与推广产品或服务，如果创意很好，却对市场发展毫无意义，那么，网站设计与制作者也应当放弃这个创意。另外，网页内容是网站的根本，如果内容空洞，即使页面制作得再怎样精美，仍然不会有多少用户。从根本上说，网站内容仍然影响着网站流量，内容为主依然是网站成功的关键。

导航栏设计是网页风格设计的一条轴线，是风格创意的重要组成部分。在充分理解《项目需求概要》《项目技术规格说明书》《项目原型设计》的基础上，应准确把握市场策划意图，抽象出各个栏目（子系统）以及各个功能模块，完成导航栏的设计。导航栏应当重点突出、功能完整、结构精简、使用方便。

2. 形象设计

网页形象设计重点包括以下几个方面。

（1）设计企业标志（Logo）

Logo 是指企业的标志，可以是汉字、字母，也可以是符号、图案等。标志的设计创意应当来自网站的名称和内容，以及企业的传统标志。比如，网站内有代表性的人物、动物、植物，可以用他们作为设计的蓝本，并对其加以卡通化或者艺术化；对于专业网站，可以将本专业有代表性的物品作为标志。较常用和较简单的方式是用自己网站的英文名称作为标志，采用不同的字体、字母的变形、字母的组合可以很容易制作好此类标志。

（2）设计网页字体

和标准色彩一样，标准字体是指用于标志、标题、主菜单的特有字体。网页较多使用宋体字、黑体字，默认的字体是宋体。为了体现站点的"与众不同"和特有风格，可以根据需要选择一些特别字体。制作者可以根据自己网站所表达的内涵，选择更贴切的字体。需要说明的是，使用非默认字体只能用图片的形式，因为浏览者的计算机里很可能没有安装特别字体，那么辛苦的设计与制作便可能付之东流了。

（3）设计网页宣传语

将网站的精神、主题与中心，或者网站的目标，用富有气势的话或者词语来高度概括。这样进行对外宣传，可以收到比较好的结果。

（4）设置背景音乐

背景音乐支持大多数主流音乐格式，如 WAV、MID、MP3 等。如果要顾及网速较低的浏览者，则可以使用 MID 格式的音乐作为网页的背景音乐，因为 MID 格式音乐文件小，这样在网页打开的过程中能很快加载并播放背景音乐。但是 MID 格式音乐文件也有不足的地方，它只能存放音乐的旋律，不能存放好听的和声以及唱词。如果网速较快，或是觉得 MID 格式音乐有些单调，也可以添加 MP3 格式的音乐。

2.3　商务网页原型设计

商务网页原型设计往往在制作网站原型时就已经开始，原型设计方案是准确表达网站创意设计与功能设计成果的重要辅助形式。商务网页原型设计的方法主要包括绘制网页草图、绘制网页效果图、制作网页原型方案和网页原型方案评审 4 个方面。

2.3.1　绘制网页草图

绘制网页草图是为了得到整体的页面结构，制作者通过网页草图与客户进行直观的沟通，从而确定网页外观、功能和一些特效，直到客户满意为止，大幅度提高网页设计的效率。绘制草图分徒手绘制、计算机绘制两种绘制方法，我们可根据个人的特点来确定使用哪种绘制方法。通常建议大家首先使用徒手绘制，因为徒手绘制更直接、快速，易于修改。待徒手绘制的草图确定后，再用计算机绘制更加精美的草图，准确把握市场策划的意图，渲染产品效果，烘托网站格调，最终确定网页布局与功能栏目设置。

1. 徒手绘制草图

徒手绘制草图是指采用传统的手工画笔绘制的方式制作草图。徒手绘制的草图更加直观，能够直接反映网页的整体效果，尤其是在图片设计上更加形象。在徒手绘制草图时需要先绘制框架（见图 2.15），然后绘制细节部分，直至完成草图制作。通常，对于一个网页，需要多次绘制才能选出满意的草图。

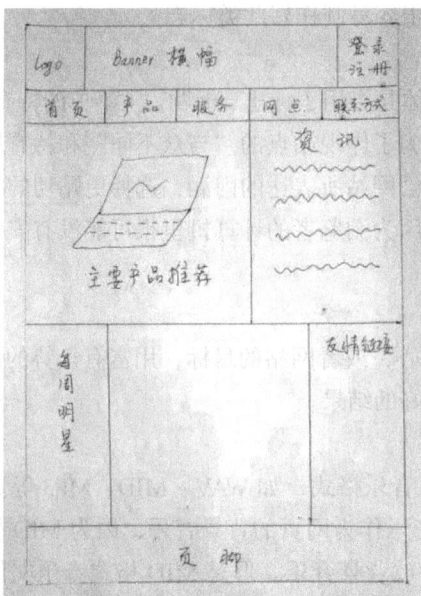

图 2.15　徒手绘制的草图

2. 计算机绘制草图

计算机绘制草图是指直接采用计算机进行草图绘制。可以采用网页设计工具（如Dreamweaver，甚至 Excel）来绘制。计算机绘制的草图（见图 2.16）虽然规整，但制作时间长、技术难度大，尤其在涉及图片渲染、效果图展示的情况下，更加费时、费力。建议计算机绘图水平一般的人不要直接使用计算机绘制草图，先徒手绘制草图，待徒手绘制的草图确定后再交由专业的人员使用计算机进行后期加工制作。

图 2.16　计算机绘制的草图

2.3.2 绘制网页效果图

网页草图确定后，应当由专业的人员进行效果图制作，包括必要的图片、动画等多媒体材料的制作，这些材料将用于更好地渲染网页效果（见图2.17）。绘制效果图必须包括绘制首页和其他重要的网页，但不必面面俱到。

图2.17　文登市民网首页效果图

因为商务网页设计与制作是一项直观性、主观性均很强的工作，与一般的功能型软件开发项目有较大区别，功能型软件更侧重于软件的功能是否全面、准确、实用，对界面的美观、风格、创意等方面要求较少；而商务网页设计与制作除了需要保证网页功能全面、准确、实用外，还要求网页具有高品质的创意，能够强烈地吸引目标客户，充分体现市场策划的意图。所以，制作主要网页的效果图更加重要且必要，只有得到项目建设单位及业务团队的认可，才能进入下一步的网站开发和制作阶段。

2.3.3 制作网页原型方案

网页草图、效果图的制作目的之一就是做好网页的原型。当主要网页的效果图确定之后，就可以全面开展网页原型设计工作了。

网页原型设计工作包括全部的功能网页的设计。有的人认为制作网页原型费时、费力，不可取。这种观点是不正确的。网页原型设计工作非常重要，有人将其视为项目开发的第一要素。它所起到的绝对不是"花拳绣腿"、点缀的作用，而是项目深入沟通、快速高效地确认详细功能设计方案的必经之路。俗话说：磨刀不误砍柴工。网页原型设计极其重要，如果原型界面设计错了，接下来的代码编写、数据库设计、页面布局方案等就得全部返工，重新进行网页设计与代码编写。

商务网站的开发、建设从《项目需求概要》上升到《项目技术规格说明书》，是从业务工作到技术工作的重大转移。这个过程中一定会存在一些理解不到位的地方，而且，《项目需求概要》是不可能细化到功能详细设计的程度的，按照它梳理出来的详细功能设计方案也可能存在偏差，所以，《项目技术规格说明书》必须得到项目建设单位及业务团队的确认。而网页原型设计是非常直接、非常有效、非常充分的详细功能设计方案与业务需求的核对过程，如果不采用网页原型方案的形式征求项目建设单位及业务团队的意见，只能采用商务网站《项目技术规格说明书》的形式，但项目建设单位的业务人员往往看不懂也没有时间去仔细审阅厚厚的说明书，反而愿意通过直观的原型界面来核实业务功能需求。所以，没有网页原型方案，《项目技术规格说明书》的内容是否正确就得不到真正的校验，这会严重影响下一步网页开发和制作的质量。从这点来看，制作网页原型就是"磨刀"，制作网页就是"砍柴"，刀磨快了，"砍柴"就会更加轻松、高效。

网页原型制作过程需要认真对照网站功能设计方案与网站原型方案，将各个网页有机地链接以形成功能完备的网站。简单的网页原型可采用 PPT 进行制作，对于复杂的网页，需要使用专业网页原型设计工具（如 Axure 等）进行制作。

2.3.4 网页原型方案评审

网页原型方案评审是一项必要的工作步骤，在进行网页代码开发和制作前，必须对网页原型方案进行评审，确保网页功能设计、创意设计满足业务团队（客户）的需求。网页原型方案评审的形式不是固定的，可采用评审会、网上评审等形式。为了兼顾网页原型方案评审的效果和效率，建议采用评审会的形式。网页原型方案评审至少需要业务团队的所有业务骨干、信息技术团队的核心人员参加。同时可邀请 1 ～ 3 名顾客代表参加评审，确保网页原型设计的服务功能符合顾客的预期。

网页原型方案评审结束后应当填写网页原型方案评审表，该表没有固定的格式，可根据公司的工作习惯自行制订并实施。下面是一个网页原型方案评审表的参考范例（见图 2.18）。

网页原型方案评审表

文案编号：

项目名称		提案编号	
原型设计负责人		审核日期	
设计说明	（概要介绍设计风格、创意、布局规划、顾客体验、市场策划等内容）		
评审意见			
审核结论：□ 通过审核　□ 改正通过审核　□ 未通过审核　评审小组成员签字：　　　　　　　　　　　　　　　　　　　　年　月　日			

图 2.18　网页原型方案评审表

小结

本章我们主要介绍了商务网页设计的主要工作内容。从商务网页赏析入手,介绍了商务网页视觉设计的概念、原则,重点对商务网页视觉设计对象进行了剖析,提出了商务网页设计要点。然后分别介绍了商务网页创意设计、商务网页原型设计的工作要求及方法等。

习题

一、选择题

1. 网页创意设计,就是通过网页的视觉设计,将( )、图像、色彩、动画等视觉要素的特点运用到网页设计中,根据特定的内容和主题,在网页所限定的范围内,将设计的意图以视觉形式表现出来。

    A. 图片　　　　　　　B. 动态图片　　　　　C. 背景图片　　　　　D. 文字

2. 网页视觉设计的对象包括( )、图像、音频、视频、动画等。

    A. 文字　　　　　　　B. 声音　　　　　　　C. 图形　　　　　　　D. 代码

3. 网页布局就是针对网站的策划重点,合理规划功能区域,将( )、Logo、Banner、按钮,以及文字、图片、多媒体等元素有机协调在一起,形成强大的视觉效果。

    A. 动画　　　　　　　B. 视频　　　　　　　C. 音频　　　　　　　D. 导航栏

4. 网页布局多种多样,常见的有( )、拐角型、综合框架型、封面型等。

    A. "国"字型　　　　B. "L"字型　　　　　C. "T"字型　　　　　D. "Z"字型

5. 网页策划是一项综合性的工作,将( )、信息栏目规划、页面制作、代码开发、用户体验、市场推广等多方面知识融合在一起。

    A. 导航栏设计　　　　B. 技术方案设计　　　C. 美术设计　　　　　D. 子网页设计

6. 目标客户市场可以根据购买者和购买目的划分为( )、生产者市场、中间商市场、政府市场、国际市场5类。

    A. 消费者市场　　　　B. 卖方市场　　　　　C. 交易市场　　　　　D. 买方市场

二、判断题

1. 网页底色通常采用清淡的颜色,如白色、淡灰色等。　　　　　　　　　　　　　( )

2. 网页创意设计就是运用网页视觉设计的方法,把网站策划的意图表达出来,达到增强效果、吸引客户、激发客户购买热情的目的。　　　　　　　　　　　　　　　　　　( )

3. 商务网页设计与制作属于纯技术性工作,其页面给人的视觉效果与企业经营的产品(或项目、服务)特点无关。　　　　　　　　　　　　　　　　　　　　　　　　　( )

4. 好的网站要用合适的网站风格来体现。　　　　　　　　　　　　　　　　　　( )

5. 网站提供尽可能多的支付方式与吸引目标客户没有什么关系。　　　　　　　　( )

6. 如果网站仅仅是宣传类型的,其主要功能应当以产品交易为主。　　　　　　　( )

7. 网页策划是纯技术性工作,就是研究如何编制网页代码的。　　　　　　　　　( )

8. 网站的"风格"是抽象的,是指站点的整体形象给浏览者的综合感受。　　　　( )

9. 导航栏应当重点突出、功能完整、结构精简、使用方便。 （ ）

10. 网站标志（Logo）是指企业的标志，可以是汉字、字母，也可以是符号、图案等。

（ ）

11. 网站标志（Logo）的设计创意应当来自网站的名称和内容，以及企业的传统徽标。

（ ）

12. 在网页原型设计过程中，徒手绘制的草图和计算机绘制的草图是相互对立的，采用徒手绘制的草图就不能使用计算机绘制的草图，反之亦然。 （ ）

13. 商务网页原型设计方法主要包括绘制网页草图、绘制网页效果图、制作网页原型方案和网页原型方案评审 4 个方面。 （ ）

三、简述题

1. 赏析商务网页，通常从哪些方面入手？
2. 简述网页视觉设计的原则。
3. 简述网页视觉设计的要点有哪些。
4. 网页原型设计有什么作用？

第3章

HTML网页制作技术

制作网页的语言很多，但基础的还是HTML。HTML是通过标记符号（即标签）来标记和显示网页的各个组成部分的。

3.1 网页基础知识

学习网页制作，应当了解网页的发展过程、存储形式、运行方式，以及网页制作语言HTML的语法特点和使用方法等。

3.1.1 网页源文件

网页是按照网页源文件的规则，把相关的图片、多媒体文件等，按照一定的规则组织起来，生成的具有一定功能的页面。可见，制作网页，实质上就是制作网页源文件，把文字、图像、多媒体文件等相关元素有机组织起来。

网页源文件是构成网页的基本文件，一个网页至少包括一个网页源文件。

1. 网页源文件的定义

网页源文件是什么样的文件？网页源文件其实是纯文本文件，是按照超文本标记语言的规范定义和显示网页内容（包括多媒体、动态数据）的文本文件。网页源文件中不含多媒体数据和数据库等非文本数据，而我们看到的网页，往往是图文并茂的网页，如何采用纯文本字符来定义网页的显示内容呢？这就需要制定一个普遍遵循的文本标记与显示规则。最终，超文本标记语言脱颖而出，成为基础的网页编写语言。后续产生的串联样式表（Cascading Style Sheets，CSS）语言、脚本语言等，都是在超文本标记语言的基础上进行功能扩充的。

网页源文件本身是纯文本文件，可以用记事本等文本编辑工具查看、编辑和保存。

2. 网页源文件的存储格式

网页源文件采用"超文本标记语言文件格式"进行存储，文件扩展名通常为 .html 或 .htm，动态网页通常采用 .jsp/.asp 等格式。如果网页中含有图片，在网页源代码中会以一定的形式标记图片的显示位置、到哪个位置找图片、按照多大的尺寸显示等。网页中的图片是存储在网页源文件之外的，其他多媒体文件的存储方式也是类似的。

3. 网页源文件的运行方式

网页源文件运行后才能得到图文并茂的网页，那么，网页源文件是怎样运行的呢？网页源文件实际是由网页浏览器（如 IE、火狐、Chrome 等）来解释、运行的，浏览器按照 HTML 规则翻译网页的内容和显示要求，然后进行显示。

形象地说，浏览器就是"翻译官"，HTML 就是"世界语"，假设每个国家都有懂世界语的翻译官，那么如果有一个人想环游世界，只要带一名懂世界语的翻译官即可。如果他不带懂世界语的翻译官，就需要各带一名懂各个语种的翻译官。全世界有 5000 多个语种，就需要带 5000 多名翻译官，那将耗费多少资源和成本？由此可见 HTML 在万维网发展中的重要地位和作用。

3.1.2 网页解释代码

1. 网页解释代码的产生

网页运行时会产生网页解释代码。浏览器运行网页时首先要读取网页源文件，然后进行识别、翻译以形成解释代码，进而按照解释代码运行、显示。网页解释代码是翻译出来的，是临时产生的与网页源文件功能相同的 HTML 代码。解释代码随着网页的打开而产生，并随着网页的关闭而消失。很多资料和书籍把解释代码称为"源代码"，这样很容易造成网页源代码与网页源文件代码概念的混淆，因而本书把翻译出来的 HTML 代码称为"解释代码"。

对于简单的静态网页，其网页源文件的内容和解释代码的内容应当是一样的。但由于网页制作工具、浏览器的不同，也会有网页源文件代码与解释代码不同的情况（但两者实现的网页功能和显示效果是一样的）。尤其在运行动态网页时，翻译出来的网页解释代码与源文件中的代码肯定不同，因为动态网页的一些功能是在服务器端执行的，并不是在浏览器中解释、执行的，浏览器只是得到了服务器执行后的结果，并将这些结果翻译成解释代码。

2. 网页解释代码的查看与保存

学习网页制作，通常需要学习、借鉴优秀的网页作品，需要查看与保存网页的解释代码。具体的方法：在网页上单击鼠标右键，选择快捷菜单中的"查看页面源代码"（以火狐浏览器为例），就可以看到网页的解释代码内容，如新浪网体育版首页解释代码（见图 3.1）。

解释代码文件是纯文本文件，可在记事本中查看、编辑、保存。

（a）新浪网体育版首页

（b）新浪网体育版首页解释代码片段

图3.1 查看网页解释代码

3.1.3 网页制作语言介绍

网页制作语言经过多年的发展，有很多技术流派，新技术不断涌现，但基础的仍然是HTML和CSS语言。在动态网页制作方面，JSP、ASP、PHP、JavaScript等比较流行。本书重点介绍HTML和CSS语言及相关网页制作技术。

1. HTML

（1）HTML定义

HTML是超文本标记语言，是标准通用标记语言下的一个应用，是一种标准规范，它通过标记符号（即标签）标记要显示的网页中的各个部分，是基础的网页制作语言。

所谓超文本，就是用超链接的方法，将各种不同空间的相关信息组织在一起的网状文本。超文本的核心特征就是超链接，它能够实现从一个文档到另一个文档的跳转，甚至实现对图片、声音、动画、视频等的链接、引用。超文本文件本身由纯粹的文本字符组成，但这些文本字符按照HTML规范，能够实现对图片、声音、动画、视频等的引用，生成图文并茂、生动的网页。

但需要注意的是，由于不同浏览器在遵守 HTML 规范方面表现不完全一致，导致一个网页文件在不同的浏览器中显示的效果不同，甚至产生混乱。建议选用规范性好的浏览器，如火狐浏览器等。

（2）HTML 发展

HTML 在 1993 年 6 月作为因特网工程任务组（IETF）工作草案发布，标志着 HTML 的诞生。由于当时有多种版本，未形成正式的统一标准，因而 HTML 没有 1.0 版本。随后，HTML 经历了多次版本的演进，从 HTML 2.0 一直发展到现在的 HTML 5.0（以下简称 HTML5）。

HTML5 经重大版本修订，增加了跨平台、自适应网页设计、即时更新、移动端支持等许多新特性，删除了一些不合理、过时的标签，赋予网页更好的意义和结构。

（3）HTML 与 XML、XHTML 的关系

① HTML 与 XML 的关系。

XML（Extensible Markup Language，可扩展标记语言）是标准通用标记语言的子集，是一种用于标记电子文件使其具有结构性的标记语言。XML 是一种很像 HTML 的标记语言，它的设计宗旨是传输数据而不是显示数据，其标签没有被预定义，需要自行定义，它被设计为具有自我描述性，是万维网联盟的推荐标准。

HTML 与 XML 都是标准通用标记语言的子集，两者既有区别又有联系。区别是两者的设计目的不同。XML 被设计用来传输和存储数据，其焦点是数据的内容；HTML 被设计用来显示数据，其焦点是数据的外观。联系是两者都是标记语言，XML 虽然是后来出现的，但不是 HTML 的替代品，而是用于对 HTML 进行补充。

② HTML 与 XHTML 的关系。

XHTML（Extensible Hyper Text Markup Language，可扩展超文本标记语言）是一种基于XML 的超文本标记语言，看起来与 HTML 有些相像，但二者有一些小而重要的区别：XHTML就是一种扮演着类似 HTML 角色的 XML，其目的就是取代 HTML，它结合了部分 XML 的强大功能及大多数 HTML 的简单特性。其表现方式与 HTML 的类似，不过在语法上更加严格。

但 XHTML 在发展过程中遇到了困难，原本计划推出的 XHTML 2.0 版本因故搁浅，而HTML 则发展到了 5.0 版本。从实际应用情况看，HTML5 已经成为主流的文本标记语言，XHTML 不但没有取代 HTML，反而有被 HTML5 淘汰的趋势。

2. CSS 语言

随着 HTML 的不断发展与完善，为了满足复杂页面设计的要求，HTML 添加了很多显示功能。但是随着这些功能的增加，HTML 变得越来越杂乱，HTML 页面也越来越臃肿。于是 CSS 技术应运而生。

CSS 语言是一种用来表现 HTML 或 XML 等文件样式的文本通用标记语言，其主要作用就是增强 HTML 网页的显示效果，更有效地对页面的布局、字体、颜色、背景和其他效果进行更加

精确、高效的控制，还能实现一些 HTML 无法实现的显示效果。CSS 语言用来设置网页的外观，其本质是一系列格式的设置规则。CSS 源文件与 HTML 源文件一样，也是纯文本文件。

3.1.4 HTML 基础知识

1. 网页元素

在 HTML 规范里，网页元素是指文本、图像、声音、视频、动画、超链接、菜单、表单和程序等网页基础单元。网页元素可以是一个基础的单元素，也可以是由多个元素组合而成的组合元素。网页组合元素有时也称为网页构件。

2. HTML 标签及其作用和特点

（1）HTML 标签的概念

什么是 HTML 标签？HTML 标签就是标记符号，专门用来定义网页元素，通常由元素的英文名称或者缩写来标识，并用尖括号"<>"括起来。尖括号连同括起来的文本字符的组合就是一个标签，形式为"<××××>"（如"<body>"），也可以把标签理解为用尖括号包围的关键词，其定义了后续的元素是什么。标签通常成对出现，有开始标签和结束标签，分别采用"<××××>""</××××>"形式表示。

由此可见，尖括号"<>"是 HTML 中重要的特殊字符。在制作网页时，除了定义标签之外，不要轻易使用尖括号，避免产生意想不到的错误。

HTML 标签大小写不敏感，例如 <body> 跟 <BODY> 表示的意思是一样的，但推荐使用小写字母（XHTML 中标签必须采用小写）。

元素和标签是一一对应的，因此很多书籍把元素等同于标签，请注意用语环境。

（2）HTML 标签的作用

网页源文件是由纯文本字符编写的，如何能让这样的纯文本字符显示出图文并茂的网页，甚至是可进行动态交互的网页呢？实现这种功能的唯一途径就是使用标签来标识和处理。如果没有标签，网页文件内容就是纯粹的文本，无法对其做任何设置，不可能形成丰富、生动的网页。下面是一个没有标签的网页文件，其运行效果非常不好。

网页代码如下：

```
        第 3 章    网页制作技术
        第 1 节    网页基础知识
    一、互联网的功能
        互联网的英文名称为 Internet，又称网际互联网，或音译为因特网。互联网始于 1969 年美国
研究的计算机实验网络（即阿帕网，ARPANET），当时只连接了 4 个节点：美国加利福尼亚大学、美国斯坦
福国际咨询研究所、美国加利福尼亚大学洛杉矶分校和美国犹他大学。这就是互联网最早的形态。之后逐
渐发展成为全球互连的庞大网络——互联网。这些网络与网络之间以一组通用的协议相连，形成逻辑上的单
一、巨大国际网络。
```

该网页运行效果如图 3.2 所示。

尽管在网页源文件中有一定的排版格式，但在运行时，这些排版格式没有了，变成一整段没有格式的流水字符串，显示效果很差。

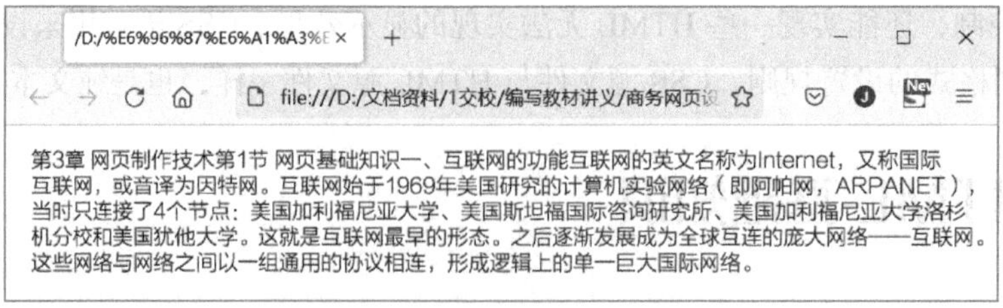

第3章 网页制作技术第1节 网页基础知识一、互联网的功能互联网的英文名称为Internet，又称国际互联网，或音译为因特网。互联网始于1969年美国研究的计算机实验网络（即阿帕网，ARPANET），当时只连接了4个节点: 美国加利福尼亚大学、美国斯坦福国际咨询研究所、美国加利福尼亚大学洛杉机分校和美国犹他大学。这就是互联网最早的形态。之后逐渐发展成为全球互连的庞大网络——互联网。这些网络与网络之间以一组通用的协议相连，形成逻辑上的单一巨大国际网络。

图 3.2 无标签网页运行效果

下面我们对网页进行改进，加入标签进行合理设置，以改善网页显示效果。改进后的网页代码如下：

```
<!doctype html>
<html>
    <head>
        <title>
                有标签网页
        </title>
    </head>
    <body>
        <h1 align= "center">
            <font color="blue"  face=" 黑体 " >
                第 3 章　网页制作技术
            </font>
        </h1>
        <h2 align= "center">
            <font color="blue"  face=" 幼圆 " >
                第 1 节　网页基础知识
            </font>
        </h2>
        <h3 align= "center">
            <font color="blue"  face=" 楷体 " >
                一、互联网的功能
            </font>
        </h3>
        <p>
            <font color="black"  face=" 宋体 ">
                   互联网的英文名称为 Internet，又称网际互联网，或音译为因
特网。互联网始于 1969 年美国研究的计算机实验网络（即阿帕网，ARPANET），当时只连接了 4 个节点：
美国加利福尼亚大学、美国斯坦福国际咨询研究所、美国加利福尼亚大学洛杉矶分校和美国犹他大学，这
就是互联网最早的形态。之后逐渐发展成为全球互连的庞大网络——互联网。这些网络与网络之间以一组通
用的协议相连，形成逻辑上的单一巨大国际网络。
            </font>
        </p>
    </body>
</html>
```

改进后的网页运行效果如图 3.3 所示。

由此可见，HTML 标签在网页中的地位和作用是基础性的。没有标签，网页就是一整段没有层次的文本，没有其他的功能，这样的网页是没有实用价值的。

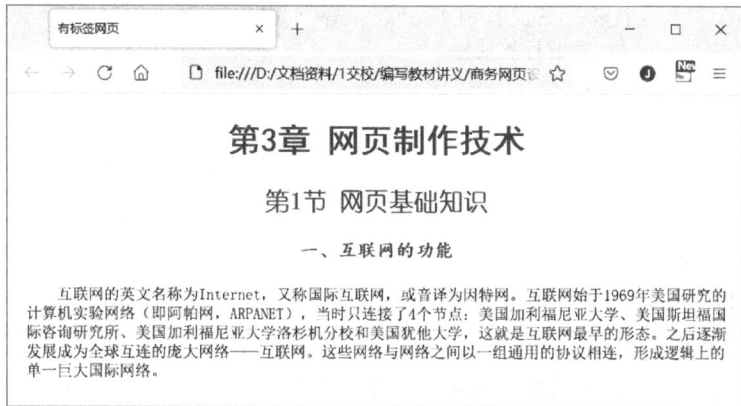

图3.3 有标签网页运行效果

（3）HTML 标签的特点

HTML 标签具有以下显著特点。

- 由尖括号包围的关键词，比如 <html>。
- 通常是成对出现的，比如 <div> 和 </div>。标签对中的第 1 个标签是开始标签，第 2 个标签是结束标签。开始标签和结束标签也被称为开放标签和闭合标签。
- 也有单独呈现的标签，如 <img src=" 企业 LOGO.jpg" /> 等。
- 对于一般成对出现的标签，标签的内容在两个标签中间。而对于单独出现的标签，内容则在标签属性中赋值。如 ：

```
<h1>标题 </h1>
<input type="text" value=" 按钮 " />
```

- 通常，网页的标题、字符格式、语言、兼容性、关键词、网页整体描述等信息嵌套在 <head> 标签中，而网页需展示的内容嵌套在 <body> 标签中。这是一种规范的编写习惯，虽然不按规范的编写习惯编写的代码也可以正常显示，但是从职业素养的角度讲，还是应该养成规范的编写习惯。

3. HTML 标签属性

标签是用于定义网页元素的，标签属性是用于描述网页元素的。打个比方，鱼是鱼类的标签，鱼的名称、品种、大小、形状、颜色、生活习性等就是某种鱼（或者某条鱼）的属性，这些属性决定该鱼具体是哪种鱼（或哪条鱼）。

如：我们用标签定义"理解标签属性"是"一级文档标题"，再采用标签属性进一步标明这个标题文字是黑体字、蓝颜色、6 号字（注 ：网页中的字体标签中字号与 Word 中字号在概念上是不一样的，1 号小于 2 号小于 3 号……）等。具体代码如下 ：

```
<!doctype html>
<html>
    <head>
        <title>体验标签属性</title>
    </head>
    <body>
        <p>
            <h1 align= "center">
```

```
                    <font color="blue" face=" 黑体 " size="6">
                        理解标签属性
                    </font>
                </h1>
            </p>
        </body>
    </html>
```

运行效果如图 3.4 所示。

从上例中可以看出，文字"理解标签属性"为黑体字、蓝颜色，字号较大（为 6 号、一级标题标签）。

每个 HTML 标签都有若干属性，大家可以从网上查找相关资源，或参考其他资料来具体认识这些属性。设置标签及标签属性是编写 HTML 文档的基本工作，也是本书的重点内容。

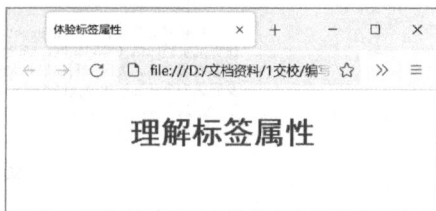

图 3.4　理解标签属性

4. HTML 全局属性

HTML 全局属性是所有 HTML 元素共有的属性。它们可以用于所有元素，即使该属性可能对某些元素不起作用。常见的全局属性如表 3.1 所示。

表3.1　常见的全局属性

属性	描述
accesskey	设置访问元素的快捷键
class	规定元素的类名（classname）
contenteditable	规定是否可编辑元素的内容
contextmenu	指定一个元素的上下文菜单。当用户右击该元素，出现上下文菜单
data-*	用于存储页面的自定义数据
dir	设置元素中内容的文本方向
draggable	指定某个元素是否可以拖动
dropzone	指定是否将数据复制、移动、链接或删除
hidden	规定对元素进行隐藏
id	规定元素的唯一 ID
lang	设置元素中内容的语言代码
spellcheck	检测元素是否拼写错误
style	规定元素的行内样式（inline style）
tabindex	设置元素的 Tab 键控制次序
title	规定元素的额外信息（可在工具提示中显示）
translate	指定一个元素的值在页面载入时是否需要翻译

5. HTML 事件

HTML4 中增加了通过事件触发浏览器中行为的能力，比如当用户点击某个元素时启动一段

JavaScript。

HTML 的事件能够增强网页的功能，可以与 C/S 架构客户端的交互能力相媲美。主要的事件分为 Windows 事件、表单事件、键盘事件、鼠标事件、媒介事件等。

HTML 事件技术适合高级网页制作人员学习，本书不做讲解。

6. 设置标签及标签属性的方法

图文并茂的网页都是通过设置标签及其属性来实现的，制作网页的重点就是掌握标签及其属性的设置方法。

设置标签及标签属性的格式必须正确，设置格式为

```
< 标签   标签属性 1=" 属性值 "   标签属性 2=" 属性值 "   标签属性 3=" 属性值 ">
      标签内容
</ 标签 >
```

一个标签包括多个属性时，在标签后面连续赋值，中间用空格分隔。

有的标签是不能嵌套的，有的则可以嵌套，这一点需要在学习中多加体会。如果需要嵌套标签，则标签的嵌套层次不能错乱，嵌套格式为

```
< 标签 1   标签 1 属性 =" 属性值 ">
      < 标签 2   标签 2 属性 =" 属性值 ">
            标签实例
      </ 标签 2>
</ 标签 1>
```

采用分行、缩进的方式编写代码，非常美观，且易于阅读。因为 HTML 文档本身是纯文本文件，所以代码是否分行、缩进并不影响运行效果。但合理利用分行、缩进编写代码是一种好的习惯，有助于文档的阅读和后续的代码维护。

关于标签及标签属性的设置，我们将在后文进一步讲解，此处仅做简单介绍。

7. HTML 基本结构

网页主体结构是用 HTML 编写的，下面是一个简单的网页文件的内容，其结构主要分头文档和主文档两大部分，头文档中对这个文档进行了一些必要的定义，主文档中才是要显示的各种文档信息。

```
<!DOCTYPE html>
<html>
    <head>
        <title> 这是网页标题区 </title>
    </head>
    <body>
        这里是网页正文区
    </body>
</html>
```

上述代码的含义如表 3.2 所示。

表3.2　HTML基本结构及含义

标记语言	含 义
头文档部分	
<!DOCTYPE html>	<!DOCTYPE html> 为 HTML5 声明的标签，告诉浏览器文件基于 HTML5 规范。该标签没有结束标签
<html>	<html> 为标记语言声明的标签，告诉浏览器文件基于超文本标记语言
<head>	<head> 是头文档的标签，网页头部及头部以上的信息不在网页中显示，其主要作用是描述整个网页、定义或声明 CSS 样式等。如网页标题、字符格式、语言、兼容性、关键词等
<title> 这是网页标题区 </title>	<title> 为网页标题的标签。指明 "这是网页标题区" 标题显示在浏览器标题栏中
</head>	</head> 是头文档结束的标签
主文档部分	
<body> 　这里是网页正文区 </body>	<body> 是网页主文档正文开始的标签。所有网页需要显示的内容，均应在此标签后面处理。本例中的正文内容是 "这里是网页正文区"。 </body> 是网页主文档正文结束的标签
</html>	</html> 是超文本标记语言结束的标签，表示网页结束

运行效果如图 3.5 所示。

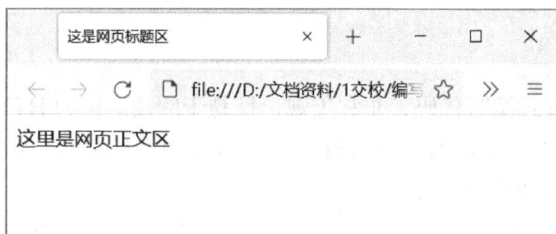

图 3.5　简单的网页

3.1.5　HTML 标签的种类

HTML 标签的种类很多，目前没有规范的分类方法。基于实用的角度，总体上可分为以下 12 个种类：基础标签、格式标签、表单标签、框架标签、图像标签、视音频标签、链接标签、列表标签、表格标签、样式 / 节标签、元信息标签、编程标签（示例见表 3.3～表 3.14）。

表3.3　基础标签

标签	描述	标签	描述
<!DOCTYPE>	用来声明使用的 HTML 版本	<h1> ~ <h6>	定义文档标题
<html>	定义 HTML 文档	<p>	定义段落
<head>	头文档标签	 	定义简单的换行
<title>	定义网页标题	<hr>	定义水平线
<body>	定义文档的主体	<!--…-->	定义注释

表3.4　格式标签

标签	描述	标签	描述
\<acronym\>	HTML5 不再支持。定义只取首字母的缩写	\<meter\>	定义度量衡。仅用于已知最大和最小值的度量
\<abbr\>	定义一个缩写	\<pre\>	定义预格式文本
\<address\>	定义文档作者或拥有者的联系信息	\<progress\>	定义运行中的任务进度（进程）
\<b\>	定义粗体文本	\<q\>	定义短的引用
\<bdi\>	允许用户设置一段文本，使其脱离其父元素的文本方向设置	\<rp\>	定义不支持 ruby 元素的浏览器所显示的内容
\<bdo\>	定义文本的方向	\<rt\>	定义字符（中文注音或字符）的解释或发音
\<big\>	HTML5 不再支持。定义大字体文本	\<ruby\>	定义 ruby 注释（中文注音或字符）
\<blockquote\>	定义块引用	\<s\>	定义加删除线的文本
\<center\>	HTML5 不再支持。HTML 4.01 中已废弃。定义居中文本	\<samp\>	定义计算机代码样本
\<cite\>	定义引用（citation）	\<small\>	定义小号文本
\<code\>	定义计算机代码文本	\<strike\>	HTML5 不再支持。HTML 4.01 中已废弃。定义加删除线的文本
\<del\>	定义被删除文本	\<strong\>	定义语气更为强烈的强调文本
\<dfn\>	定义项目	\<sub\>	定义下标文本
\<em\>	定义强调文本	\<sup\>	定义上标文本
\<font\>	HTML5 不再支持。HTML 4.01 中已废弃。定义文本的字体、尺寸和颜色	\<time\>	定义一个日期 / 时间
\<i\>	定义斜体文本	\<tt\>	HTML5 不再支持。定义打字机文本
\<ins\>	定义被插入文本	\<u\>	定义下画线文本
\<kbd\>	定义键盘文本	\<var\>	定义文本的变量部分
\<mark\>	定义带有记号的文本	\<wbr\>	规定在文本中的何处适合添加换行符

表3.5　表单标签

标签	描述
\<form\>	表单标签，定义表单区域
\<label\>	用于标注输入项的标签
\<input\>	输入项标签，定义一个输入项
\<textarea\>	多行文本标签，定义一个多行文本框
\<button\>	按钮标签，定义一个按钮
\<select\>	下拉列表标签，定义一个下拉列表，需要配合 \<option\> 标签使用
\<option\>	列表项标签，定义下拉列表中的列表项，需要配合 \<select\> 标签使用
\<fieldset\>	表单元素分组标签，将内容相关的表单元素分成一个组，用边框包围该组。通常与 \<legend\> 标签配合使用，为这个组冠名
\<legend\>	分组标题标签，定义一个表单元素分组的名称，需要配合 \<fieldset\> 使用
\<datalist\>	数据列表标签，用来定义一组数据列表，需要配合 \<input\> 使用
\<output\>	输出结果标签，用来输出需要显示的内容
\<progress\>	进度条标签，通过进度条形象显示当前进度，也可以在表单域之外使用

表3.6 框架标签

表3.6 框架标签

标签	描述	标签	描述
<frame>	定义框架集的窗口或框架，HTML5 不支持	<noframes>	定义针对不支持框架的用户的替代内容，HTML5 不支持
<frameset>	定义框架集，HTML5 不支持	<iframe>	定义内联框架

表3.7 图像标签

标签	描述	标签	描述
<img>	定义图像	<canvas>	通过脚本（通常采用 JavaScript）来绘制图形（比如图表和其他图像）
<map>	定义图像映射	<figcaption>	定义 caption for a <figure> element
<area>	定义图像地图内部的区域	<figure>	figure 标签用于对元素进行组合

表3.8 视音频标签

标签	描述	标签	描述
<audio>	定义音频	<source>	定义媒介源
<video>	定义视频	<track>	定义用在媒体播放器中的文本轨道

表3.9 链接标签

标签	描述	标签	描述
<a>	定义锚	<main>	定义文档的主体部分
<link>	定义文档与外部资源的关系	<nav>	定义导航链接

表3.10 列表标签

标签	描述	标签	描述
<ul>	定义无序列表	<dt>	定义列表中的项目
<ol>	定义有序列表	<dd>	定义列表中项目的描述
<li>	定义列表的项目	<menu>	定义命令的菜单 / 列表
<dir>	定义目录列表（不推荐使用）	<menuitem>	定义用户可以从弹出菜单调用的命令 / 菜单项目
<dl>	定义列表	<command>	定义命令按钮

表3.11 表格标签

标签	描述	标签	描述
<table>	定义表格	<thead>	定义表格中的表头内容
<caption>	定义表格标题	<tbody>	定义表格中的主体内容
<th>	定义表格中的表头单元格	<tfoot>	定义表格中的表注内容（脚注）
<tr>	定义表格中的行	<col>	定义表格中一个或多个列的属性值
<td>	定义表格中的单元	<colgroup>	定义表格中供格式化的列组

表3.12 样式/节标签

标签	描述	标签	描述
<style>	定义文档的样式信息	<article>	定义文章内容

标签	描述	标签	描述
<div>	定义文档中的节（用子块级元素）	<aside>	定义其所处内容之外的内容
<span>	定义文档中的节（用子行内元素）	<details>	定义用户可见的或者隐藏的需求的补充细节
<header>	定义主文档中的头段部分	<dialog>	定义一个对话框或者窗口
<footer>	定义文档底部	<summary>	定义一个可见的标题。当用户点击该标题时会显示出详细信息
<section>	定义文档的某个区域		

<div align="center">表3.13 元信息标签</div>

标签	描述	标签	描述
<head>	定义头文档	<base>	定义页面中所有链接的默认地址或默认目标
<meta>	在头文档中定义元数据	<basefont>	HTML5 不再支持，HTML4.01 中已废弃。定义页面中文本的默认字体、颜色或尺寸

<div align="center">表3.14 编程标签</div>

标签	描述	标签	描述
<script>	定义客户端脚本	<embed>	定义一个容器，用来嵌入外部应用或者互动程序（插件）
<noscript>	定义针对不支持客户端脚本的用户的替代内容	<object>	定义嵌入的对象
<applet>	HTML5 不再支持，HTML4.01 中已废弃。定义嵌入的 applet	<param>	定义对象的参数

3.1.6 HTML5 新特点

HTML 自 1990 年诞生到 2014 年 10 月发布了 HTML5 稳定版本，经历了约 24 年的时间打磨。

早期的互联网网站只是为了展示内容，网站访问者是网站内容的接收者。现今的网站访问者不仅是网站内容的接收者，也是网站内容的互动者，对网站的互动要求原来越高。HTML5 可以通过交互式表单、评论等功能来满足这一需求。直接加载到浏览器中的在线游戏便是典型的例子，而在 HTML5 之前的版本中，所有这些都只能通过使用外部插件来实现。

HTML5 具有里程碑意义，在 HTML 4.01 基础上合理取舍，按照当代互联网的发展趋势和发展要求编制而成，具备良好的跨平台特性，使桌面应用和移动平台的内容无缝衔接，是互联网的下一代标准。HTML5 包含语义化标签、多媒体元素以及很多交互功能［应用程序接口（API）］，可以结合 JavaScript 来使用，将 Web 带入一个崭新的发展阶段。

HTML5 具有以下十大新特点。

1. 语义化标签

语义化标签既使标签有自己的含义，使界面的代码结构清晰，方便代码的阅读、使用和维护，也有利于搜索引擎优化（SEO）。

如：

<header>   定义文档的头部区域；

<footer>   定义文档的尾部区域；

<nav>   定义文档的导航；

<article>   定义文章；

<aside>   定义页面以外的内容。

2. 增强型表单

（1）新增 5 个表单标签

<datalist>：用户会在输入数据时看到域定义选项的下拉列表。

<progress>：进度条，展示连接 / 下载进度。

<meter>：刻度值，用于某些计量，例如温度、重量等。

<keygen>：提供一种验证用户的可靠方法，生成一个公钥和一个私钥。

<output>：用于不同类型的输出，比如脚本输出。

（2）新增表单属性

required：验证输入项是否允许为空的属性。当设置某输入项 required="required" 时，表示其内容不能为空。

placeholder：输入项提示属性。当输入项处于未输入状态时，在其框中显示提示信息。

autofocus：自动获得焦点的属性，一个页面只能有一个焦点。

autocomplete：自动记录填充属性。通过设置其属性值为"on"或"off"，来开启或关闭自动记录填充功能。

multiple：允许一次提交多个输入值的属性，如一次提交多个文件名称、多个邮件地址等。

（3）新增输入类型

HTML5 新增了 13 个输入类型，见表 3.15。

表3.15   HTML5新增的输入类型

输入类型	描述	输入类型	描述
color	主要用于选取颜色	range	一定范围内数值的输入域
date	从一个日期选择器中选择一个日期	search	用于搜索域
datetime	选择一个日期（UTC 时间）	tel	定义输入电话号码字段
datetime-local	选择一个日期和时间（无时区）	time	选择一个时间
email	包含 E-mail 地址的输入域	url	URL 的输入域
month	选择一个月份	week	选择周和年
number	数值的输入域		

3. 音频和视频

HTML5 使用 <audio>、<vedio> 标签分别标识音频和视频，不必再借助浏览器插件来实现多媒体展示。

4. Canvas 绘图

canvas 元素负责在页面中设定一个区域，然后通过 JavaScript 动态地在这个区域中绘制图形。

5. SVG 绘图

SVG（可缩放矢量图形）绘图是一种使用 XML 描述二维图形的语言，SVG 在放大或改变尺寸的情况下其图形质量不会有损失。当 SVG 对象的属性发生变化时，浏览器会重新渲染该图形。

6. 地理定位

支持地理定位，使用 getCurrentPosition() 方法来获取用户的位置信息，可以基于此计算距离。

7. 拖放 API

增加拖放 API 功能，当元素的 draggable 属性值为 true 时开启拖放功能。

8. 增加 Web Worker 功能

Web Worker 是在主线程之外运行的，用于解决 JS 单线程中，持续时间较长的计算，而影响用户的交互。

9. 新增 Web Storage 功能

Web Storage 是 HTML5 引入的一个帮助解决 Cookie 存储本地缓存的重要功能。

10. 新增 WebSocket 功能

WebSocket 协议为 Web 应用程序客户端和服务端之间提供一种全双工通信机制。握手阶段采用超文本传输协议（Hypertext Transfer Protocol，HTTP），在服务端与客户端初次握手时，将 HTTP 升级成 WebSocket 协议，当链接成功时就可以在全双工模式下来回传递信息。没有同源限制，客户端可以与任意服务端通信。

11. HTML5 不支持的元素和属性

对于很多废除的元素、属性，虽然 HTML5 不支持了，但这些元素、属性还可以正常使用，如 <font> 标签及其 face、color、size 属性等。请具有较强制作网页能力的人尽可能不使用这些被废除的元素、属性，改用 CSS 技术。但初学者需要先学习 HTML，然后学习 CSS，因此有些被废除的元素、属性还是比较适合初学者学习使用。

（1）废除的元素

① 能用 CSS 代替的元素

<basefont>、<big>、<center>、<font>、<s>、<strike>、<tt> 和 <u>。这些元素纯粹是为画面展示服务的，HTML5 中提倡把画面展示放在 CSS 中统一编辑。

② 不再使用框架。

移除 <frameset>、<frame> 和 <noframes>。HTML5 中不支持 <frame> 框架，只支持 <iframe> 框架，或者用服务器方创建的由多个页面组成的符合页面的形式，删除以上这 3 个标签。

③ 只有部分浏览器支持的元素。

包括 <applet>、<bgsound>、<blink> 和 <marquee> 等元素。

④ 其他被废除的元素。

废除 <rb>，使用 <ruby> 替代。

废除 <acronym>，使用 <abbr> 替代。

废除 <dir>，使用 <ul> 替代。

废除 <isindex>，使用 <form> 与 <input> 相结合的方式替代。

废除 <listing>，使用 <pre> 替代。

废除 <xmp>，使用 <code> 替代。

废除 <nextid>，使用 <guids> 替代。

废除 <plaintext>，使用 "ext/plian"（无格式正文）替代。

⑤ 被重新定义的元素。

<b>：代表内联文本，通常是粗体，没有传递表示重要的意思。

<i>：代表内联文本，通常是斜体，没有传递表示重要的意思。

<dd>：可以和 details 与 figure 一同使用，定义包含文本，djalog 也可用。

<dt>：可以和 details 与 figure 一同使用，汇总细节，dialog 也可用。

<menu>：重新定义用户界面的菜单，配合 command 或者 menuitem 使用。

<small>：表示小字体，例如注释或者法律条款。

<strong>：表示重要性而不是强调符号。

（2）废除的元素属性

HTML5 废除了很多元素的属性。如 <font> 元素的呈现属性如 face、color、size，相关元素的 align、valign、bgcolor、background、border 等属性，等等。

总之，HTML5 鼓励将一切能用 CSS 呈现的，均交由 CSS 处理，实现 HTML 编码团队集中力量处理业务、CSS 美工团队集中力量处理显示效果的分离，提高模块化、协同化制作网页的效率和专业化水平，降低制作成本。

3.2　头文档设置方法

3.2.1　头文档作用

头文档是用于定义或描述网页各种属性和信息的，包括定义网页标题、定义元数据信息（如关键词、概要、作者等）、定义样式表、定义客户端脚本、定义本网页文档与其他相关文档的关系等。头文档包含的数据和信息不会直接作为内容显示在网页中，但与网页的显示和使用相关。

头文档用 <head> 标签来定义，夹在 <head>、</head> 中间的内容均为头文档的内容。<head> 标签是头文档中所有元素的容器标签，其中可包括 <title>、<meta>、<base>、<link>、<script>、<style> 等头文档元素。此处仅以 <title> 为例讲解网页标题的设置方法，其他头文档元素设置方法将在后续章节中讲解。

3.2.2　设置网页标题

网页标题显示在浏览器顶端的标题栏中（见图 3.6，以火狐浏览器为例）。

图 3.6　网页标题位置

网页标题是对该网页内容的精练概括，有的还带有一定的广告效果。网页标题的命名没有固定的要求，通常根据本网页的主要内容进行高度归纳、概括而成。一般来说，网站首页的标题就是网站的正式名称，子页面的标题可以为该子页面的精练概括。当然这种原则并不是固定不变的，在实际工作中会按照 SEO 的需要做相应调整。

设置网页标题，需要使用网页标题 <title> 标签，设置方法为

```
<title> 网页标题实例 </title>
```

设置网页标题的代码如下：

```
<!DOCTYPE  html>
<html>
    <head>
        <title> 网页标题介绍 </title>
    </head>
    <body>
            网页标题是对该网页内容的精练概括，有的还带有一定的广告效果。网页标题命名没有固
定的要求，通常根据本网页的主要内容进行高度归纳概括而成。一般来说，网站首页的标题就是网站的正
式名称，子页面的网页标题可以为该子页面的精练概括。当然这种原则并不是固定不变的，在实际工作中
会按照 SEO 的需要做相应调整。
    </body>
</html>
```

运行效果如图 3.7 所示。

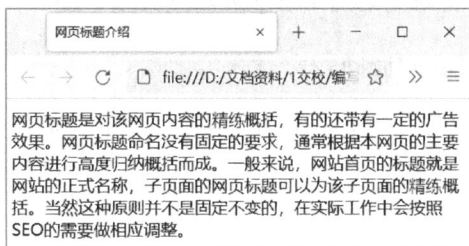

图 3.7　设置网页标题

3.3 文本设置方法

网页中文字（文本）是最重要的元素之一，设置好文本，让网页文字符合网站主题，是网页设计与制作的基本工作。设置文本主要包括以下几个方面：文字属性、文本排版、文档标题、文本列表等。

3.3.1 设置文字属性

文字元素用 <font> 标签来标识，夹在 <font>、</font> 中间的内容被浏览器当作文字来显示。想要美化网页文字的显示效果，就要设置文字标签 <font> 及其 face 属性、size（字号）属性、color（文字颜色）、（这些属性在 HTML5 中建议分别使用 CSS 的 font-family、color、font-size 属性替代）。网页源文件中凡是没做任何元素标签标识的内容，均被当作文字来处理，并使用文字的默认属性值。

1. 设置字体

设置字体需要使用 <font> 标签及其 face 属性，设置方法为

```
<font face=" 属性值 "> 文字实例 </font>
```

字体常用的属性值有宋体、黑体、楷体、仿宋体、幼圆、方正行楷等，而且设置的字体必须是在客户计算机中已经安装的字体，如果设置的字体不存在，则使用默认值。默认值表示客户计算机系统的默认字体。

设置字体的示例如下：

```
<!DOCTYPE  html>
<html>
    <head>
        <title> 字体设置 </title>
    </head>
    <body>
        <font   face=" 楷体 "> 什么字体 -- 楷体 </font>
        <br>
        <font   face=" 宋体 "> 什么字体 -- 宋体 </font>
        <br>
        <font   face=" 黑体 "> 什么字体 -- 黑体 </font>
        <br>
        <font   face=" 仿宋 "> 什么字体 -- 仿宋 </font>
        <br>
        <font   face=" 幼圆 "> 什么字体 -- 幼圆 </font>
        <br>
        <font   face=" 方正行楷 "> 什么字体 -- 方正行楷 / 默认字体 </font>
    </body>
</html>
```

运行效果如图 3.8 所示。

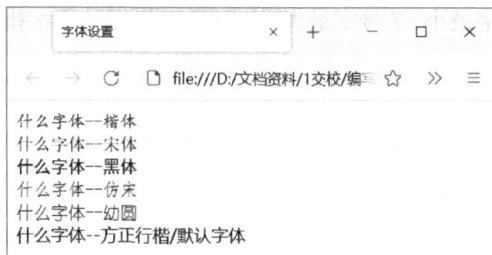

图 3.8　设置字体

2. 设置字号

设置字号需要使用 <font> 标签及其 size 属性，设置方法为

```
<font size=" 属性值 "> 文字实例 </font>
```

其中，属性值是数字 1 ～ 7 中的任何一个。默认值为系统的默认字号。

设置字号的示例如下：

```
<!DOCTYPE  html>
<html>
    <head>
        <title> 设置文字字号示例 </title>
    </head>
    <body>
        <font size="7"> 第三章　网页制作技术 </font>
        <br>
        <font size="6"> 第三章　网页制作技术 </font>
        <br>
        <font size="5"> 第三章　网页制作技术 </font>
        <br>
        <font size="4"> 第三章　网页制作技术 </font>
        <br>
        <font size="3"> 第三章　网页制作技术 </font>
        <br>
        <font size="2"> 第三章　网页制作技术 </font>
        <br>
        <font size="1"> 第三章　网页制作技术 </font>
    </body>
</html>
```

运行效果如图 3.9 所示。

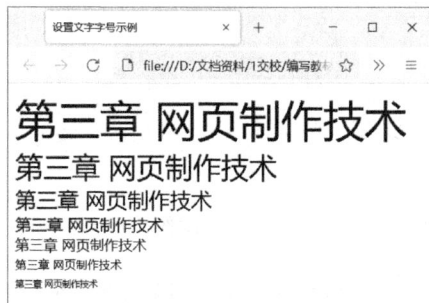

图 3.9　设置字号

从上例可以看出，1 号字最小，7 号字最大，与日常工作中的文字排版字号在概念上是不同的。

3. 设置文字颜色

设置文字颜色需要使用 <font> 标签及其 color 属性，设置方法为

```
<font color=" 属性值 "> 文字实例 </font>
```

其中，"color" 的属性值（代表一种颜色）有 3 种表达形式，即颜色名称（如 red、green、blue、yellow 等）、十六进制数形式颜色值（如 "#FF00FF" "#0099CC" 等比较常用）和 RGB 颜色代码（如 RGB(255,0,0)、RGB(0,255,255) 等）。颜色的默认值为黑色。

有关 "十六进制数形式颜色值" 或者 "RGB 颜色代码" 的内容需要阅读有关资料，本书不做重点介绍。本书仅介绍通用的 216 种颜色及其对应的十六进制数形式颜色值（见图 3.10）。

000000	000033	000066	000099	0000CC	0000FF
003300	003333	003366	003399	0033CC	0033FF
006600	006633	006666	006699	0066CC	0066FF
009900	009933	009966	009999	0099CC	0099FF
00CC00	00CC33	00CC66	00CC99	00CCCC	00CCFF
00FF00	00FF33	00FF66	00FF99	00FFCC	00FFFF
330000	330033	330066	330099	3300CC	3300FF
333300	333333	333366	333399	3333CC	3333FF
336600	336633	336666	336699	3366CC	3366FF
339900	339933	339966	339999	3399CC	3399FF
33CC00	33CC33	33CC66	33CC99	33CCCC	33CCFF
33FF00	33FF33	33FF66	33FF99	33FFCC	33FFFF
660000	660033	660066	660099	6600CC	6600FF
663300	663333	663366	663399	6633CC	6633FF
666600	666633	666666	666699	6666CC	6666FF
669900	669933	669966	669999	6699CC	6699FF
66CC00	66CC33	66CC66	66CC99	66CCCC	66CCFF
66FF00	66FF33	66FF66	66FF99	66FFCC	66FFFF
990000	990033	990066	990099	9900CC	9900FF
993300	993333	993366	993399	9933CC	9933FF
996600	996633	996666	996699	9966CC	9966FF
999900	999933	999966	999999	9999CC	9999FF
99CC00	99CC33	99CC66	99CC99	99CCCC	99CCFF
99FF00	99FF33	99FF66	99FF99	99FFCC	99FFFF
CC0000	CC0033	CC0066	CC0099	CC00CC	CC00FF
CC3300	CC3333	CC3366	CC3399	CC33CC	CC33FF
CC6600	CC6633	CC6666	CC6699	CC66CC	CC66FF
CC9900	CC9933	CC9966	CC9999	CC99CC	CC99FF
CCCC00	CCCC33	CCCC66	CCCC99	CCCCCC	CCCCFF
CCFF00	CCFF33	CCFF66	CCFF99	CCFFCC	CCFFFF
FF0000	FF0033	FF0066	FF0099	FF00CC	FF00FF
FF3300	FF3333	FF3366	FF3399	FF33CC	FF33FF
FF6600	FF6633	FF6666	FF6699	FF66CC	FF66FF
FF9900	FF9933	FF9966	FF9999	FF99CC	FF99FF
FFCC00	FFCC33	FFCC66	FFCC99	FFCCCC	FFCCFF
FFFF00	FFFF33	FFFF66	FFFF99	FFFFCC	FFFFFF

通用 216 种颜色及其对应的十六进制数形式颜色值

图 3.10　通用 216 种颜色及其对应的十六进制数形式颜色值

设置文字颜色的示例如下：

```
<!DOCTYPE  html>
<html>
    <head>
        <title> 设置文字颜色示例 </title>
    </head>
    <body>
        <font color="red"> 第三章　网页制作技术 </font>
        <br>
        <font color="#003399"> 第三章　网页制作技术 </font>
        <br>
```

```
        <font color="rgb(0,255,0)"> 第三章    网页制作技术 </font>
    </body>
</html>
```

运行效果如图 3.11 所示。

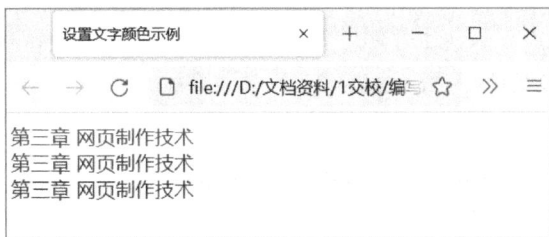

图 3.11　设置文字颜色

我们看到了 3 种不同的文字颜色：红色、蓝色、绿色。

3.3.2　设置文本排版

文本排版是制作网页的必备技术，包括段落、粗体字、斜体字、下画线、删除线、水平线、换行、大字号、小字号、注释等。

与文本排版相关的常用标签如下。

\<p\>：段落标签。放在 \<p\> 与 \</p\> 之间的内容为文档段落。段落标签是一个容器类标签，里面不仅可以排版文本内容，也可以混排图片、视频等。

\<b\>：粗体字标签。放在 \<b\> 与 \</b\> 标签之间的文本将以粗体方式显示。

\<i\>：斜体字标签。放在 \<i\> 与 \</i\> 标签之间的文本将以斜体方式显示。

\<u\>：下画线标签。放在 \<u\> 与 \</u\> 标签之间的文本将以下画线方式显示。

\<del\>：删除线标签。放在 \<del\> 与 \</del\> 标签之间的文本将以删除线方式显示。

\<hr\>：水平线标签，用于美化界面。

\<br\>：换行标签。

\<big\>：大字号标签。放在 \<big\> 与 \</big\> 标签之间的文本将以大字号形式显示。

\<small\>：小字号标签。放在 \<small\> 与 \</small\> 标签之间的文本将以小字号形式显示。

\<!--……--\>：注释标签，用于注释文档内容。注释标签中的内容不会显示出来。

因为 HTML 源文件是纯文本文档，会忽略空白符、换行符。如果不使用文本排版标签，文档就会连续显示且显示效果单一，需要合理使用文本排版标签制作出美观、重点突出、样式"活泼"的网页。

文本排版通常以段落为排版单元，可在段落中嵌入段落标签、粗体字标签、换行标签等其他标签，达到美化网页的目的。段落标签会自动在段落前后换行显示。

设置文档段落应当使用段落标签 \<p\> 及其 align 属性（align 属性在 HTML5 中建议使用 CSS 的 text-align 属性替代），其设置方法为

```
<p align=" 属性值 "> 文档段落实例 </p>
```

其中，align 水平对齐属性值有 left、center、right、justify。设置段落后，浏览器会自动在段落前后增加空行，无须使用换行标签 \<br\>。

上述起修饰作用的标签，没有属性值，设置方法与常规的标签设置方法一样，将被修饰的内容放在开始标签和结束标签之间。

以下是设置文档排版的代码示例：

```
<!DOCTYPE  html>
<html>
    <head>
        <title> 文档排版 </title>
    </head>
    <body>
        <h2 align="center"> 文档排版示例 </h5>
        <p align="left">
            <big>
                第 1 段：因为 HTML 源文件是纯文本文档，在浏览器中显示时会忽略源代码中的
空白符、换行符。如果不使用排版标签，文档就会连续显示且显示效果单一，需要合理使用文本排版标签
制作出美观、重点突出、样式活泼的网页。
            </big>
            <hr>
        </p>
        <p align="center">
            <font face=" 楷体 " size="5">
                <u>
                    第 2 段：文档排版通常以段落为排版单元，可在段落中嵌入文字标签、粗
体字标签、换行标签等其他标签，达到美化网页的目的。段落标签会自动在段落前后换行显示。
                </u>
            </font>
            <hr>
        </p>
        <p align="right">
            <font face=" 仿宋 " size="5">
                <i>
                    第 3 段：一个段落可以居左、居中或居右显示。
                </i>
            </font>
            <hr>
        </p>
        <font face=" 宋体 ">
            <del>
                文档排版示例结束
            </del>
        </font>
    </body>
</html>
```

运行效果如图 3.12 所示。

3.3.3　设置文档标题

为了美化网页的界面，通常要设置网页的文章标题及章节标题。我们把这些文章标题和章节标题统称

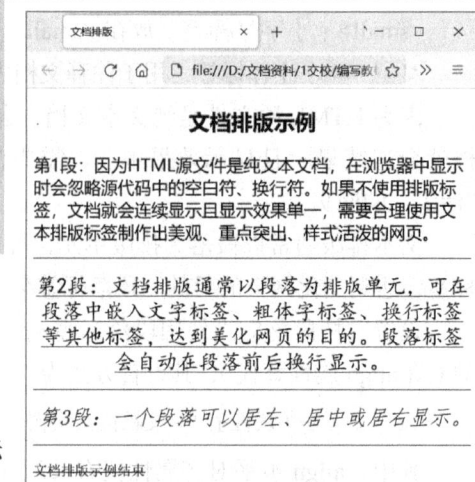

图 3.12　文档排版示例

为标题。为了与网页标题区分，本书把这些标题称为文档标题。

如果把一本书的书名比作网页标题，那么书中各章节标题就可被比作文档标题。很多时候在网页设计与制作中提及的标题均指文档标题。

文档标题设置比网页标题设置要复杂一些，因为文档标题是文档的构成部分，在主页面中显示，具有文本的一切属性。文档标题一共分 6 级，分别用 <h1>、<h2>、<h3>、<h4>、<h5>、<h6> 这 6 个标签表示。<h1> 为级别最高的文档标题标签，<h6> 为级别最低的文档标题标签。

下面是 6 级文档标题的演示范例：

```
<!DOCTYPE html>
<html>
    <head>
        <title>六级文档标题</title>
    </head>
    <body>
        <h1>这是标题一</h1>
        <h2>这是标题二</h2>
        <h3>这是标题三</h3>
        <h4>这是标题四</h4>
        <h5>这是标题五</h5>
        <h6>这是标题六</h6>
    </body>
</html>
```

运行效果如图 3.13 所示。

图 3.13　设置文档标题

设置文档标题必须使用文档标题标签 <h1> ～ <h6>，通常结合文字标签 <font> 等共同设置。文字标签 <font> 的设置方法同 3.3.1 小节"设置文字属性"。

1. 设置文档标题的水平位置

设置文档标题的水平位置需要使用文档标题标签 <h1> ～ <h6> 及其对齐属性 align（align 属性在 HTML5 中建议使用 CSS 中的 text-align 属性替代），下面以 <h1> 标签为例介绍其设置方法：

```
<h1 align= " 属性值 ">一级文档标题实例</h1>
```

常用的属性值有 left（左）、center（居中）、right（右）3 个，默认值是 left。

例如 align="center"，代表标题居中显示。

2. 综合设置文档标题

要求采用文字属性并结合文档标题进行设置，采用不同的显示风格显示文档标题。要求显示的文档标题样式如图 3.14 所示。

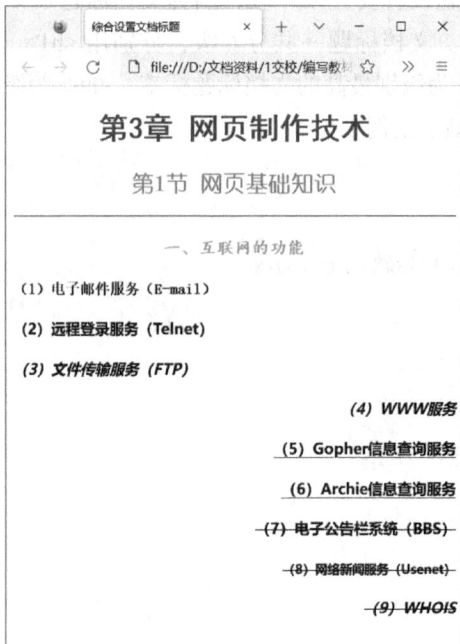

图 3.14　要求显示的文档标题样式

从样式中可以看出，标题采用了一级、二级、三级、四级，而且各级标题显示的风格也不相同，需要综合运用文档标题、文字属性的设置方法。

示例代码如下：

```
<!DOCTYPE html>
<html>
    <head>
        <title>综合设置文档标题</title>
    </head>
    <body>
        <h1 align= "center">
            <font color="blue"  face=" 黑体 " >
                第 3 章　网页制作技术
            </font>
        </h1>
        <h2 align= "center">
            <font color="green"  face=" 幼圆 " >
                第 1 节　网页基础知识
            </font>
        </h2>
        <hr>
        <h3 align= "center">
            <font color="gray"  face=" 楷体 " >
                一、互联网的功能
            </font>
```

```
    </h3>
    <h4 align="left">
        <b>
            <font color="black"  face=" 宋体 ">
                （1）电子邮件服务（E-mail）
            </font>
        </b>
    </h4>
    <h4 align="left">
        <b>（2）远程登录服务（Telnet）</b>
    </h4>
    <h4 align="left">
        <i>（3）文件传输服务（FTP）</i>
    </h4>
    <h4 align="right">
        <i>（4）WWW 服务 </i>
    </h4>
    <h4 align="right">
        <u>（5）Gopher 信息查询服务 </u>
    </h4>
    <h4 align="right">
        <u>（6）Archie 信息查询服务 </u>
    </h4>
    <h4 align="right">
        <del>（7）电子公告栏系统（BBS）</del>
    </h4>
    <h4 align="right">
        <small>
            <del>（8）网络新闻服务（Usenet）</del>
        </small>
    </h4>
    <h4 align="right"><b><i><del>（9）WHOIS</del></i></b></h4>
    </body>
</html>
```

代码运行后，会得到与图 3.14 所示样式非常相近的页面效果。

3.3.4　设置文本列表

文档中有时需要显示文本列表，虽然通过文本段落的合理设置也能实现文本列表的效果，但 HTML 中有文本列表标签，使用文本列表标签更加高效、便捷。

文本列表分为无序列表和有序列表。无序列表是指没有数字标识顺序的列表，常在列表项的前面使用 "●、○、■" 等符号增强显示效果；而有序列表就是指有数字标识顺序的列表，例如 "1、2、3……"。

1．设置无序列表

设置无序列表使用列表标签 <ul>、列表项标签 <li> 及其 type 属性，设置方法为

```
<ul>
```

```
        <li type="属性值">列表项实例</li>
    </ul>
```

type 属性有 3 个值可选：disc（实心圆）、circle（空心圆）、square（小方块）。默认值是 disc。

下面是设置无序列表的代码：

```
<!DOCTYPE html>
<html>
    <head>
        <title>无序列表设置</title>
    </head>
    <body>
        <ul>
            <li>默认无序列表效果</li>
            <li type="disc">设置 type="disc"（默认）效果</li>
            <li type="circle">设置 type="circle" 效果</li>
            <li type="square">设置 type="square" 效果</li>
        </ul>
    </body>
</html>
```

运行效果如图 3.15 所示。

2. 设置有序列表

设置有序列表需要使用列表标签 <ol> 及其 type 和 start 属性，以及列表项标签 <li> 及其 Value 属性（强制指定序号），设置方法为：

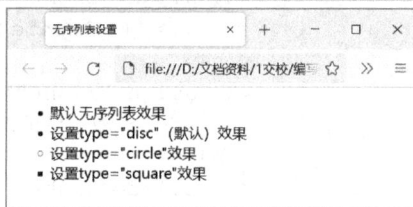

图 3.15 设置无序列表

```
<ol type=属性值1 start=属性值2>
    <li>列表项实例 1</li>
    <li>列表项实例 2</li>
    <li>列表项实例 3</li>
</ol>
```

其中，type 属性指定有序列表项的符号的类型，如用英文字母编号、数字编号等。start 属性指定列表项开始的数值。如 start=2 表示从 2 开始编号，如果从 1 开始编号可以省略 start。

有序列表 type 的属性值及其含义如表 3.16 所示。

表3.16 有序列表type的属性值及其含义

属性值	含义描述
1	指定列表项用阿拉伯数字编号（如：1、2、3）
a	指定列表项用小写英文字母编号（如：a、b、c）
A	指定列表项用大写英文字母编号（如：A、B、C）
i	指定列表项用小写罗马数字编号（如：i、ii、iii）
I	指定列表项用大写罗马数字编号（如：Ⅰ、Ⅱ、Ⅲ）

设置有序列表的代码如下：

```
<!DOCTYPE html>
```

```html
<html>
    <head>
        <title>有序列表设置</title>
    </head>
    <body>
        <ol>
            <li>默认有序列表效果</li>
            <li>默认有序列表效果</li>
            <li>默认有序列表效果</li>
        </ol>
        <ol type=A start=3>
            <li>列表一</li>
            <li>列表二</li>
            <li>列表三</li>
            <li Value= 9>列表四</li>
        </ol>
        <ol type= i start=1>
            <li>列表一</li>
            <li>列表二</li>
            <li>列表三</li>
        </ol>
    </body>
</html>
```

运行效果如图 3.16 所示。

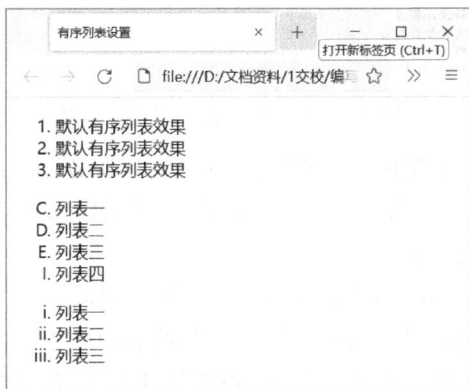

图 3.16 设置有序列表

3.3.5 制作文本网页综合范例

前面我们已经学习了关于文本设置的方法，如何才能活学活用这些方法呢？需要大家根据网页的实际需求，合理编排、设计，制作出美观的网页。

文本网页综合范例的显示样式如图 3.17 所示。

页面分析如下。

"第 3 章 网页制作技术"应当为一级标题，绿色字、宋体、粗体，字号为 6，文字位于中央。

"第 1 节 网页基础知识"应当为二级标题，蓝色字、幼圆、粗体，字号为 5，文字位于中央。其下方有一条水平线用于美化界面。

微课视频

制作 HTML 文本网页综合范例

"一、互联网的功能"应当为三级标题，红色字、黑体、粗体，字号为 4，文字位于左侧。

"互联网的英文名称为……巨大国际网络。"为一个文本段落，灰色字、楷体，字号为 3，左侧对齐。其下方有一条水平线用于美化界面。

"（一）主要功能"应当为四级标题，红色字、楷体、粗体，字号为 3.5，文字位于左侧。

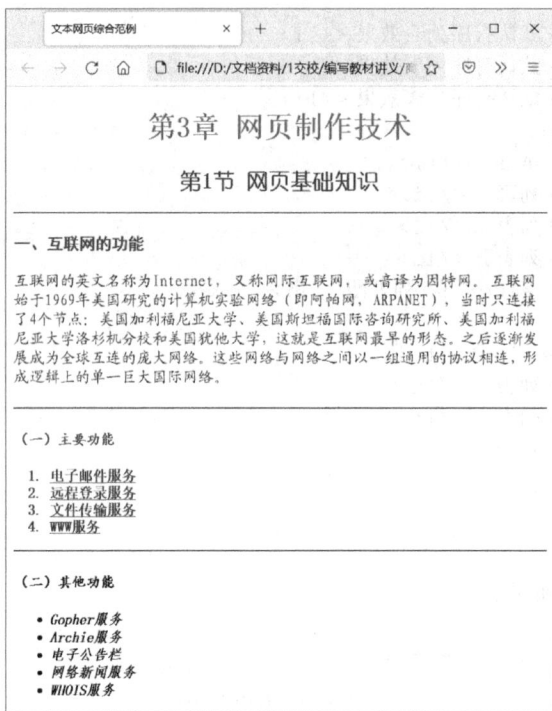

图 3.17　文本网页综合范例的显示样式

"1.电子邮件服务""2.远程登录服务""3.文件传输服务""4.WWW 服务"为有序列表，粉色字、宋体、有下画线，字号为 3。列表项采用阿拉伯数字编号，从 1 开始编号，位于左侧。其下方有一条水平线用于美化界面。

"（二）其他功能"应当为四级标题，黑色字、楷体、粗体，字号为 3.5，位于左侧。

"Gopher 服务""Archie 服务""电子公告栏""网络新闻服务""WHOIS 服务"为无序列表，黑色字、仿宋、斜体，字号为 3。列表项采用实心圆强调显示，位于左侧。

基于上述分析，编制的 HTML 代码如下：

```
<!DOCTYPE html>
<html>
    <head>
        <title> 文本网页综合范例 </title>
    </head>
    <body>
        <h1 align= "center"><font color="green"  face=" 宋体 " size=6><b> 第 3
章　网页制作技术 </b></font></h1>
        <h2 align= "center"><font color="blue"  face=" 幼圆 "  size=5> 第 1 节
网页基础知识 </font></h2>
        <hr>
        <h3 align= "left"><font color="red"  face=" 黑体 " size=4> 一、互联网的功
能 </font></h3>
```

```
<p><!-- 采用段落标签，自然产生空行 -->
    <font color="gray" face=" 楷体 " size=3>
        互联网的英文名称为 Internet，又称网际互联网，或音译为因特网。互联网始于
1969 年美国研究的计算机实验网络（即阿帕网，ARPANET），当时只连接了 4 个节点：美国加利福尼亚大学、
美国斯坦福国际咨询研究所、美国加利福尼亚大学洛杉机分校和美国犹他大学，这就是互联网最早的形态。
之后逐渐发展成为全球互连的庞大网络。这些网络与网络之间以一组通用的协议相连，形成逻辑上的单一
巨大国际网络。
    </font>
</p>
<hr>
    <h4 align="left"><b><font color="red"  face=" 楷体 " size=3.5>（一）主
要功能 </font></h4>
    <!-- 标题与列表项之间存在分隔空间，故此处无须设置 <br> 标签 -->
    <ol type= 1 start=1>
        <font color="blue"  face=" 宋体 " size=3>
            <u
                <li> 电子邮件服务 </li>
                <li> 远程登录服务 </li>
                <li> 文件传输服务 </li>
                <li>WWW 服务 </li>
            </u>
        </font>
    </ol>
    <hr>
    <h4><font color="black"  face=" 楷体 " size=3.5>（二）其他功能 </font></h4>
    <!-- 标题与列表项之间存在分隔空间，故此处无须设置 <br> 标签 -->
    <ul>
        <font color="black"  face=" 仿宋 " size=3>
            <b>
                <i>
                    <li type="disc">Gopher 服务 </li>
                    <li type="disc">Archie 服务 </li>
                    <li type="disc"> 电子公告栏 </li>
                    <li type="disc"> 网络新闻服务 </li>
                    <li type="disc">WHOIS 服务 </li>
                </i>
            </b>
        </font>
    </ul>
    </body>
</html>
```

代码运行后，会得到与图 3.17 所示样式非常接近的网页效果。

3.4 图像设置方法

图像（含动态图像，下同）是网页中重要的元素，网页如果没有图像，就与电子书没有什么
区别。有了图像，网页才会生动、有趣，吸引客户。

网页中，文本是直接存放在（写进）网页源文件中的，图像、多媒体等则不能直接存放在网页源文件中，需要以独立文件形式存储，通过标签来引用。

3.4.1　图像文件的存储管理

网站中通常有很多图像文件，需要对这些图像文件进行有效的管理。一是需要起好文件名称，文件名称应当有助于理解图片内容，言简意赅。二是需要规划好图像文件存储目录，通常将一个子系统中的所有图像文件单独存放在一个目录下，与网站文件整体存储目录结构保持一致。本书推荐使用图 3.18 所示的文件存储目录结构。

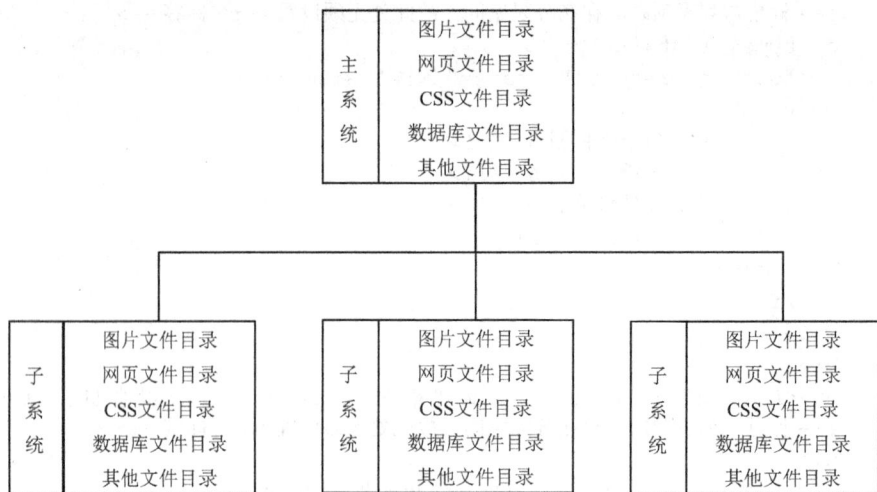

图 3.18　文件存储目录结构

这样存储网站文件的优点有 3 个：一是利于模块化设计，每个模块的功能相对独立，其关联的文件也能集中存放在一起，可以独立进行模块化设计与制作；二是利于团队协作，大型网站往往需要一个团队共同制作，这种模块化、结构化的目录结构使得团队沟通、协调更高效，模块组合、集成更高效；三是利于后期运维，模块化、结构化的文件存储目录，利于后期网站运维，提高运维效率。

计算机中所称的文件目录，也称路径、文件夹，是在计算机存储盘上建立的一种分层分类的标签，用来协助人们管理计算机文件的。每一个计算机目录就像一扇房门一样，目录名称就好比是房间的门牌号，想要找到房间里的某个物品就必须先找到这个房间的门牌号，然后才能进入房间找到该物品。房间里面可能设有 2 道门，2 道门里面可能设有 3 道门……每道门里面都可能存放若干各种类型的物品（文件）。

计算机中所有的数据资料都是以计算机文件的形式存储的，成千上万的计算机文件如何高效存储和快速查找？通过分级分类设立目录索引体系是非常高效、非常简捷的方法。目录的名称通常应有一定的含义，让人们容易了解和记忆该目录名称，如 "D:\school\grade\class"。不要贪图省事简单命名文件或目录如 "1.html" "a\b\c" 等，这种命名方式没有任何含义，时间久了就会忘记该文件名或目录名具有哪些含义，不利于团队合作和后续项目运维。同时建议不要使用汉字命名目录和文件，因为一些计算机语言和软件工具对汉语的支持不够全面，使用汉字名称可能导致无法识别、不能正常运行等问题，宜采用英文字母和阿拉伯数字来命名。

3.4.2 图像引用

在网页中引用图像，很多时候都是指在网页中嵌入图像，在生成网页时直接将图像嵌入网页中，作为该网页的组成部分一同显示。也有其他使用图像的场景（如在新窗口中打开图像、下载图像等），本节所说的引用图像，都是指嵌入图像。嵌入图像时必须知道图像的存储目录，必须保证引用图像文件的目录是正确的，否则会造成图像引用失败，无法正常显示的情况。

图像元素用标签 <img> 来标识，通过 <img> 引用图像文件可采用绝对路径和相对路径两种方式。绝对路径是指文件存储在计算机存储目录下的绝对位置，也就是直接到达目标的位置，通常是从存储盘盘符（如 C:）开始的目录；相对路径是指从当前位置到达目标文件的目录，是相对于当前位置而言的。所谓当前位置，是指正在运行的网页所在的位置。例如：图像文件"logo.jpg"存储在 D 盘中 school 目录下的 wuliu 子目录下，则其绝对路径为"D:/school/wuliu/logo.jpg"；如果正在运行的网页是"D:/school/class.html"，则当前目录为"D:/school"，则引用"logo.jpg"的相对路径为"wuliu/logo.jpg"。

引用文件通常都使用相对路径，以利于模块化设计和源文件迁移（例如：更换开发机器、发布网站等都会引起源文件的位置迁移）。引用本网站之外的文件，才需要考虑绝对路径方式。

在 HTML 中引用文件时，使用"/"符号表示目录层级，有的系统和语言使用"\"表示目录层级。

1. 相对路径引用

在 HTML 中，当前目录用"./"表示。如果省略目录，也指当前目录，与使用"./"效果相同；上级目录用"../"表示，再上级目录用"../../"表示，以此类推；下级目录用"./ 目录名 / 图像实例文件名"表示，再下级目录同样也要写清楚目录名称，如"./ 下一级目录名 / 下二级目录名 / 图像实例文件名"，以此类推。

采用相对路径引用图像文件需要使用图像标签 <img> 及其 src（文件 URL）属性。

① 引用当前目录下的文件，引用方法为

```
<img src="图像实例文件名" /> 或 <img src="./图像实例文件名" />
```

其中，"./"表示当前目录。如果未指明"./"，也表示从当前目录开始。

引用当前目录下的图像文件的示例如下：

```
<!DOCTYPE html>
<html>
    <head>
        <title> 当前目录引用图像 </title>
    </head>
    <body>
        <h1 align= "center">采用相对路径方式引用图像 </h1>
        <font color="black"  face=" 宋体 " size=5>这是云之雷企业 Logo</font>
        <br>
        <img src="sdlogo.png"/>
        <img src="./sdlogo.png"/>
    </body>
</html>
```

运行效果如图 3.19 所示。

图 3.19　引用当前目录下的图像文件

② 引用下级目录下的图像文件，需要直接标明下级目录，引用方法为

```
<img src="images/ 图像实例文件名 " /> 或 <img src="./images/ 图像实例文件名 " />
```

其中，"images"是下级目录的名称，在实际引用图像时应当根据实际的目录名称来确定。
引用下级目录下的图像文件的示例如下：

```
<!DOCTYPE html>
<html>
    <head>
        <title> 引用下级目录图像 </title>
    </head>
    <body>
        <h1 align= "center"> 从当前目录引用下级目录图像 </h1>
        <img src="book/book1.jpg"/>
        <img src="./book/book3.jpg"/>
    </body>
</html>
```

运行效果如图 3.20 所示。

图 3.20　引用下级目录下的图像文件

③ 引用上级目录下的图像文件，引用方法为

```
<img src="../ 图像实例文件名 " />
```

其中，"../"表示上级目录，"../../"表示上两级目录，以此类推。

引用上级目录下的图像文件的示例如下：

```
<!DOCTYPE html>
<html>
    <head>
        <title>引用上级目录图像</title>
    </head>
    <body>
        <h1 align= "center">从当前目录引用上级目录图像</h1>
        <img src="../computer2.jpg"/>
    </body>
</html>
```

运行效果如图 3.21 所示。

④ 引用上两级目录下的子目录 images 中的文件，引用方法为

```
<img src="../../images/图像实例文件名" />
```

2. 绝对路径引用

不提倡使用绝对路径引用图像文件的方式，除非是必须使用绝对路径的场景。

采用绝对路径引用图像文件需要使用图像标签 <img> 及其 src 属性，引用方法为

```
<img src="绝对路径/图像实例文件名" />
```

其中，src 的属性值必须为完整的存储目录和文件名称。

图 3.21　引用上级目录下的图像文件

假定 banji.jpg 文件存储在 D:/school/class 目录下，则采用绝对路径引用图像文件的代码为：

```
<img src="file:///D:/school/class/banji.jpg" />
```

其中，"file://"为目标计算机地址，本例中为本客户机的地址，故采用"file://"形式表示；如果为互联网地址，可以表示为"http://www.qq.com""123.151.148.111"等。

采用绝对路径引用图像文件的示例代码如下：

```
<!DOCTYPE html>
<html>
    <head>
        <title>绝对路径引用图像</title>
    </head>
    <body>
        <h1 align= "center">采用绝对路径方式引用图像文件</h1>
        <font color="black"  face="宋体" size=5>这是云之雷公司 Logo</font>
        <br>
        <img src="sdlogo1.png"/>
        <br>
        <font>采用相对路径引用图像成功</font>
        <br>
        <img src="D:/chapter3/task3.4/computer2.png"/>
        <br>
```

```
        <font>采用绝对路径引用图像未成功</font>
    </body>
</html>
```

运行效果如图 3.22 所示。

图 3.22　采用绝对路径引用图像文件

从图 3.22 可以看出，采用相对路径方式引用图像文件，无论该项目的目录整体被复制到哪里，均能找到图像文件并正常显示。而采用绝对路径方式引用图像文件，一旦项目整体目录更换存储硬盘或转到其他目录下面，就无法找到该图像文件，从而无法正常显示。

以上我们介绍了几种文件引用的方法，引用文件必须描述清楚文件的目录和名称。为了简化叙述，以下将文件目录和名称统称为"URL"，如"图像 URL""网页 URL""样式 URL"等。

3.4.3　设置图像显示尺寸

从上面引用图像的效果看，图像大小不一，因为我们没有设置图像的显示尺寸，浏览器加载图像时是按照图像的原始尺寸进行显示的。

如果需要将原始尺寸不同的图像统一按照一个固定的尺寸显示，就需要使用图像标签 <img> 及其 width（宽度）、height（高度）属性。

> **注意**　控制图像显示尺寸的 width、height 属性主要是用来微调图像尺寸的，如果图像的原始尺寸与显示尺寸差距过大，应当使用图像处理工具将图像原始尺寸处理成接近显示尺寸，然后用 width、height 属性精确控制以实现显示尺寸。这样做可以有效防止图像失真，或图像过大影响网页打开速度。

设置图像显示尺寸的方法如下：

```
<img src="图像 URL" width="属性值"  height="属性值" />
```

其中，宽度、高度的属性值有两种表示方法：绝对像素值和百分比法。使用像素法时，属性值可以是任意像素值，但必须在显示器可显示的像素范围内；使用百分比法时，是按照图像显示容器（如浏览器窗口、表格等）尺寸的百分比来计算的，图像显示尺寸随着容器显示尺寸的变化而变化，属性值通常位于 1% ~ 100% 之间。

设置图像显示尺寸的示例代码如下：

```
<!DOCTYPE html>
<html>
    <head>
        <title> 图像尺寸设置 </title>
    </head>
    <body>
        <h1 align= "center"> 设置图像尺寸 </h1>
        <font color="black"  face=" 宋体 " size=5> 这是云之雷公司的 Logo</font>
        <br>
        <img src="sdlogo.png" width="80" height="80"/>
        <!-- 第一个图像按照固定的 80px×80px 的尺寸显示 -->
        <img src="sdlogo.png" width="50%" height="50%"/>
        <!-- 第二个图像按照显示窗口的 30% 显示 -->
    </body>
</html>
```

运行效果如图 3.23 所示。

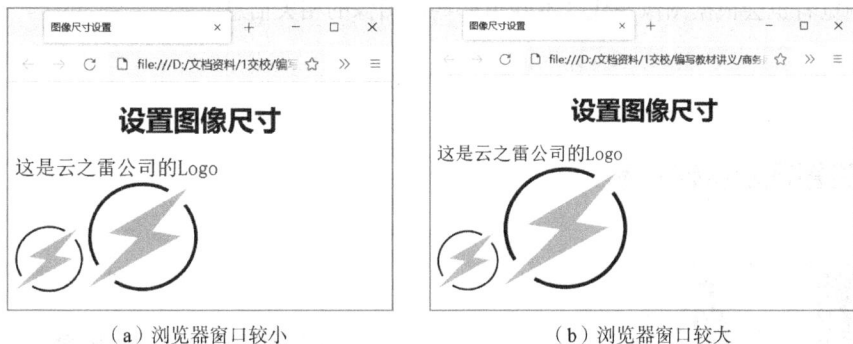

（a）浏览器窗口较小　　　　　　　　（b）浏览器窗口较大

图 3.23　设置图像显示尺寸

网页中有两张图像，第 1 张图像是按照固定尺寸显示的，第 2 张图像是按照浏览器窗口尺寸的 50% 比例来显示的。当窗口变化时，第 1 张图像尺寸保持固定不变，而第 2 张图像尺寸随窗口的变化而同步变化。

3.4.4　设置图像替代文本

有时因为图像引用错误、图像丢失、浏览器限制等，浏览器端无法正常显示图像。如果无法显示图像，浏览器将显示图像替代文本。

使用图像替代文本的好处是即使无法看到图像，也能知道图像的内容是什么。此外，图像替代文本还是搜索引擎抓取的重要内容，是 SEO 运营的重要方面，应当为每一个核心产品或服务的图像设置图像替代文本。

设置图像替代文本需要使用图像标签 <img> 的 alt 属性，设置方法如下：

```
<img src=" 图像 URL"  alt=" 替代文本内容实例 " />
```

图像替代文本的内容可以是任何文本内容，但需要言简意赅地表达图像的内容或意义。

设置图像替代文本的示例代码如下：

```
<!DOCTYPE html>
<html>
    <head>
        <title>图像替代文本</title>
    </head>
    <body>
        <h1 align= "center">设置图像替代文本</h1>
        <br>
            <img src="computer2.jpg" width="400" height="300" align="left"
alt="计算机——台式机图片"/>
    </body>
</html>
```

如果图像的文件目录及文件名称引用均正确，也没有其他限制因素，图像就能够正常显示，运行效果如图 3.24 所示。

如果由于引用的图像不存在、目录错误、文件名称错误，以及网络质量差等原因导致图像无法显示，浏览器会在图像的位置显示图像替代文本，运行效果如图 3.25 所示。这样，即使图像无法显示，浏览者也会根据图像替代文本知道一些该图像的相关信息。

图 3.24　图像替代文本未起作用

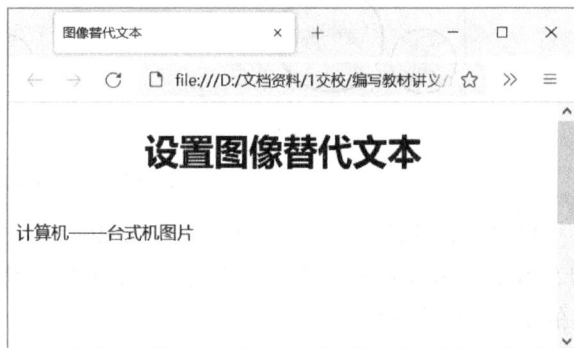

图 3.25　图像替代文本起作用

3.4.5　设置网页背景图像与背景颜色

1. 设置网页背景图像

漂亮的网页通常采用图像作为背景，来烘托网站主题。

设置网页背景图像需要使用文档主体标签 <body> 及其 "background" 属性（该属性在 HTML5 中建议使用 CSS 的 background-image 属性替代），设置方法为

```
<body background=" 图像名 ">
```

其中，<body> 的 "background" 属性值为图像 URL。

设置网页背景图像的示例如下：

```
<!DOCTYPE html>
<html>
    <head>
        <title>网页背景图像示例</title>
    </head>
    <body  background="img1.jpg">
    </body>
</html>
```

运行效果如图 3.26 所示。

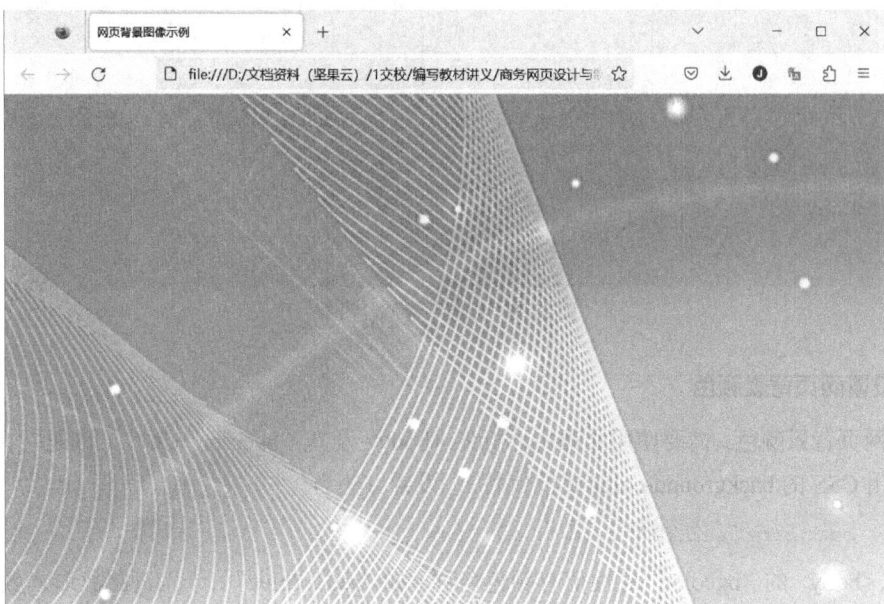

图 3.26　设置网页背景图像

由图 3.26 可见，设置了网页背景，网页就会变得更加漂亮且不单调。

2. 设置平铺背景图像

设置平铺背景图像的方法与设置背景图像的方法完全相同，关键是准备一张尺寸小、适合平铺的图像。下面我们以一块地板样图（见图 3.27）为例，介绍在网页中设置平铺背景图像的方法和运行效果。

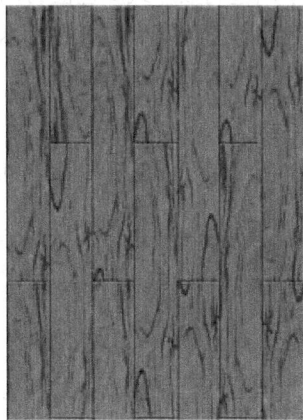

图 3.27　地板样图

设置平铺背景图像的示例如下：

```
<!DOCTYPE html>
<html>
    <head>
        <title>网页平铺背景图像示例</title>
    </head>
```

```
    <body  background="img2.jpg">
    </body>
</html>
```

网页运行效果如图 3.28 所示。

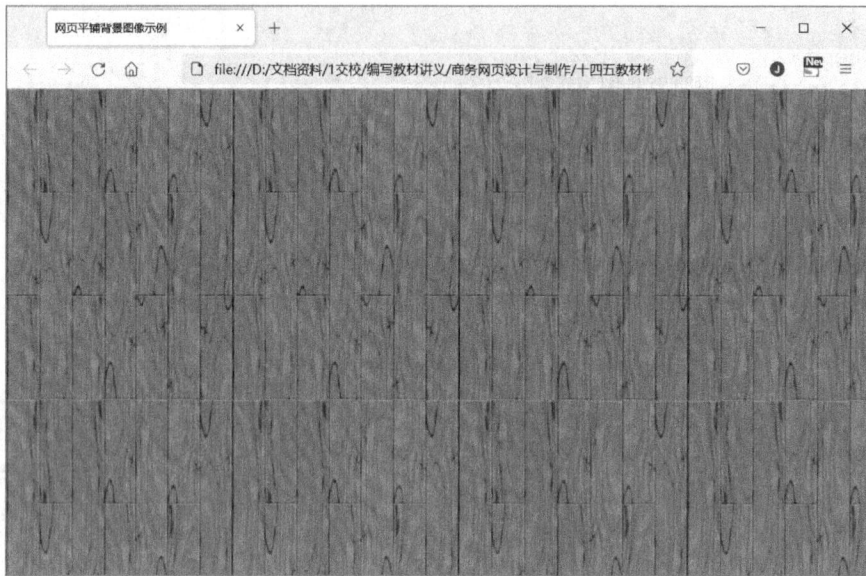

图 3.28　设置平铺背景图像

3. 设置网页背景颜色

设置网页背景颜色，需要使用文档主体标签 <body> 及其 "bgcolor" 属性（该属性在 HTML5 中建议使用 CSS 的 background-color 属性代替），设置方法为

```
<body bgcolor=" 属性值 ">
```

其中，<body> 的 "bgcolor" 属性值有颜色名称（如 "red" "blue"）、十六进制数形式颜色值（如 "#FFFF33" "FF66CC" 等）和 RGB 颜色代码（如 RGB(255,0,0)、RGB(0,255,0) 等）。本书主要以十六进制数形式颜色值为例进行讲解。

设置网页背景颜色的示例如下：

```
<!DOCTYPE html>
<html>
    <head>
        <title> 网页背景颜色示例 </title>
    </head>
    <body  bgcolor="#66CCFF">

    </body>
</html>
```

运行效果如图 3.29 所示。

网页整体背景被设置成了淡蓝色，网页看起来就不单调。

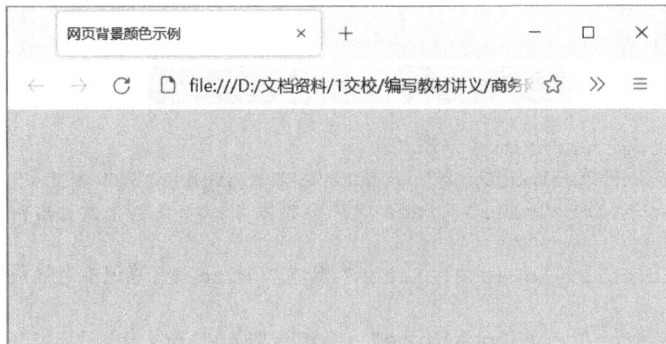

图 3.29　设置网页背景颜色

3.4.6　制作图文网页综合范例

通过前面对文本设置、图像设置等的学习，我们已经可以制作简单的图文网页了。

项目需求：

云之雷科技有限公司是一家新兴的高新技术企业，主要生产台式机、笔记本电脑两大系列产品，现在公司准备开发一个网站做产品宣传，网页效果如图 3.30 所示。

制作 HTML 图文网页综合范例

图 3.30　图文网页综合范例样式

网页设计分析：

网页需要展示企业 Logo，介绍笔记本电脑、台式机系列等产品，要求图文并茂。

下面是网页代码：

```
<!DOCTYPE html>
```

```
<html>
    <head>
        <title> 云之雷科技 </title>
    </head>
    <body background="img1.jpg">
        <img src="sdlogo.png" width="80" height="80" alt=" 企业 logo"/>
        <font color="blue"  face=" 微软雅黑 " size=12>云之雷科技有限公司 </font>
        <hr>
        <font color="black"  face=" 黑体 " size=4>笔记本电脑系列 </font>
        <p>
        <img src="book/book1.png" width="260" height="200" alt=" 计算机——笔
记本电脑图片 "/>
        <img src="book/book2.png" width="260" height="200" alt=" 计算机——笔
记本电脑图片 "/>
        <img src="book/book3.png" width="260" height="200" alt=" 计算机——笔
记本电脑图片 "/>
        </p>
        <hr>
        <font color="black"  face=" 黑体 " size=4>台式机系列 </font>
        <p>
         <img src="computer1.png" width="260" height="200" alt=" 计算机——台
式机图片 "/>
          <img src="../computer2.png" width="260" height="200" alt=" 计算机
——台式机图片 "/>
          <img src="../computer3.png" width="260" height="200" alt=" 计算机
——台式机图片 "/>
        </p>
        <font color="black"  face=" 宋体 " size=3 >============= 云之雷科技有限
公司 =============</font>
    </body>
</html>
```

运行后会得到与图 3.30 所示样式非常接近的网页。

3.5　超链接设置方法

网站是由网页组成的，那么若干网页是如何组织起来，形成具有一定功能的网站的呢？其中，超链接发挥了基础的、不可替代的作用。网页源文件之间、网页源文件和其他相关文件之间，基本都是通过超链接有机联系在一起的。也可以说，没有超链接，也就没有真正意义上的网站。

3.5.1　超链接的概念及类型

1. 超链接的概念

简单来讲，超链接就是指从一个网页指向一个目标的链接关系。超链接在本质上属于网页的重要组成部分，它允许网页之间或者网页与站点之间进行内容链接。

超链接的链接目标可以是一个网站、一个网页、一段文本、一张图片、一段音频、一段视频、一个邮箱地址，甚至是一个应用程序、一个文件等。当浏览者单击已经设置超链接的文字或图片后，链接目标将显示在浏览器上，并且根据目标的类型来打开、运行或保存。

超链接的载体是指承载超链接任务的载体，可以是文字、图片、多媒体资料以及设置的热点等。原则上，在网页上的任何一个位置均可以设置超链接。

2. 超链接的类型

超链接总体上可分为内部链接和外部链接。内部链接是指网站内部网页之间、网页与文件（如图片文件、多媒体文件等）之间、一个网页的内部内容之间的链接，也可以是空链接；外部链接是指指向网站外部的跳转链接，通常指向一个外部网站、外部网页、外部邮箱地址等。

3. 超链接的标签及属性

超链接的标签为 <a>，其常见属性如表 3.17 所示。

表3.17　超链接标签<a>的常见属性

属性	值	描述
href	URL	规定链接指向的目标 URL
download	filename	规定被下载的超链接目标
target	_blank _parent _self _top framename	规定在何处打开链接的目标

3.5.2　指向网站内部的超链接

1. 指向网站内部文件的超链接

指向网站内部文件（包括网页文件、图片文件等）的超链接是指在网页与该网站内部文件之间的链接关系。在建立指向网站内部文件的超链接时，要明确哪个页面是当前页，哪个页面是超链接的目标文件。这种超链接一般采用相对路径。

设置指向网站内部文件的超链接，需要使用超链接标签 <a> 及其"href"属性，设置方法为

```
<a href=" 网页文件名 "> 链接网页文件的实例 </a>
<a href=" 图像文件名 "> 链接图像文件的实例 </a>
<a href=" 其他文件名 "> 链接其他文件的实例 </a>
```

设置指向网站内部文件的超链接的示例如下：

```
<!DOCTYPE html>
<html>
    <head>
        <title>链接内部文件</title>
    </head>
    <body>
        <br>
```

```
        <a href="book/books.html">链接网页文件</a>
        <br>
        <a href="book/book1.jpg">链接图片文件</a>
        <br>
        <a href="book/pdf1.pdf">链接 PDF 文件</a>
        <br>
        <a href="book/test.apk">链接 APK 文件</a>
    </body>
</html>
```

运行效果如图 3.31 所示。

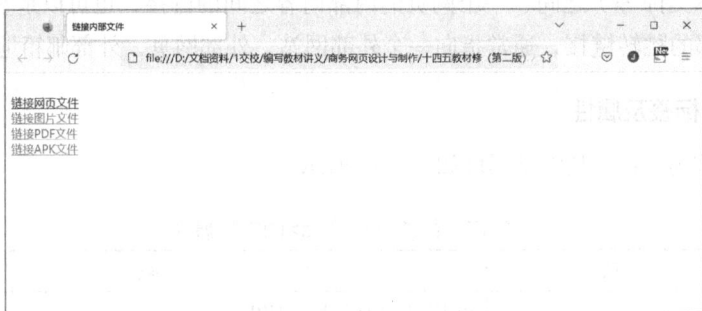

图 3.31　设置指向网站内部文件的超链接

当单击"链接网页文件"的超链接后，转到了 books.html 网页（见图 3.32）。

图 3.32　被链接的 books.html 网页

当单击"链接图片文件"的超链接后，由于链接的是一张图像，浏览器直接打开一个新的网页，新网页只显示该图像，这个新网页根据设置可能新建一个窗口或替换原窗口，如图 3.33 所示。

图 3.33　被链接的图像打开新窗口并替换原窗口

当单击"链接 PDF 文件"的超链接后，如果该文件是浏览器可识别、显示的，就直接显示该文件，就像链接图像文件的效果一样；如果该文件是浏览器不能识别、显示的，会调出保存该文件的提示界面。本例中，由于浏览器安装了 PDF 插件，故在单击"链接 PDF 文件"后，直接显示该 PDF 文件（见图 3.34）；如果浏览器中没有安装 PDF 插件，就会出现保存文件对话框。

图 3.34　被链接的 PDF 文件在浏览器中显示

在单击"链接 APK 文件"的超链接后，如果用户使用的是 Windows 系统，不能运行 APK 文件，会出现保存该文件的对话框（见图 3.35）。

这里大家要体会一下引用图像文件和超链接图像文件的区别。引用图像文件是指把图像当作当前网页的组成部分，显示在当前网页中；而超链接图像文件则是指跳出当前网页，新打开一个网页窗口（或者覆盖当前窗口）来显示这张图像。

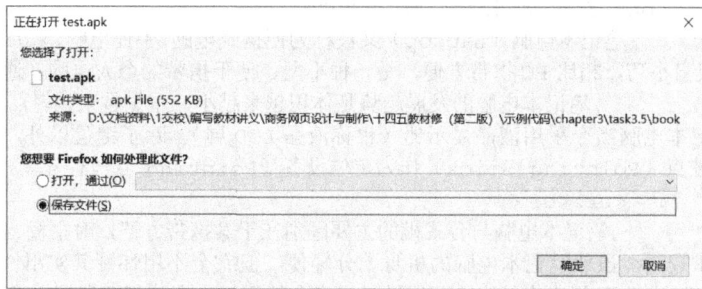

图 3.35　被链接的 APK 文件调出保存文件对话框

2. 指向本页面中特定位置的链接

指向网页的特定位置，就是指链接到代码中一个预先定义好的位置。一般用于网页内容较长、一屏无法全面展示的应用场景。

如若要实现此功能，需要在代码中给相应位置的标签（如标题标签、文字标签、图片标签等）增加 id 属性并赋值，即增加锚点，然后建立超链接指向该 id 的属性值，即可实现指向该锚点的位置。

设置指向本页中的锚点，需要使用元素标签（如文本标签、标题标签、图像标签等）的 id 属性，设置锚点的方法为

```
<标签名称 id=" 锚点属性值 "> 文档锚点实例 </ 标签 >
```

设置指向锚点的超链接，需要使用超链接标签 <a> 的"href"属性，用"href"指向锚点，设置方法为

```
<a href="# 锚点属性值 "> 指向文档锚点的超链接实例 </a>
```

下面以文本标签为例介绍建立锚点及指向锚点的示例。

首先，选择位于网页顶部区域的文本"云之雷科技有限公司"，给其增加一个 id 属性为"top"

的锚点，然后在网页的底部区域，增加一个"返回顶部"的超链接，指向"top"的锚点。

示例代码如下：

```
<!DOCTYPE html>
<html>
    <head>
        <title> 锚点设置与链接 </title>
    </head>
    <body>
        <img src="sdlogo.png" width="80" height="80" alt=" 企业 logo"/>
        <font color="blue"  face=" 微软雅黑 " size=12 id="top"> 云之雷科技有限公
司 </font>
        <hr>
        <font color="black"  face=" 黑体 " size=4> 笔记本电脑系列 </font>
        <p>
            <img src="book/book1.jpg" width="260" height="200" alt=" 计算机
——笔记本电脑图片 "/>
            <img src="book/book2.jpg" width="260" height="200" alt=" 计算机
——笔记本电脑图片 "/>
            <img src="book/book3.jpg" width="260" height="200" alt=" 计算机
——笔记本电脑图片 "/>
            <br>
            <font face=" 宋体 " size="5">
            笔记本电脑（Laptop）又被称为便携式电脑、手提电脑、掌上电脑或膝上型电脑，
其最大的特点就是机身小巧，相比 PC 携带方便，是一种小型、便于携带的个人电脑，通常重 1 ～ 3 千克。
            笔记本电脑的发展趋势是体积越来越小，重量越来越轻，而功能却越发强大。
为了缩小体积，笔记本电脑当今采用液晶显示器（也称液晶 LCD 屏）。除了键盘以外，有些还装有触控板
（Touchpad）或触控点（Pointing Stick）作为定位设备（Pointing Device）。
            <br><br>
            笔记本电脑与台式机的主要区别在于其携带方便，对主板、CPU、内存、显卡、
硬盘等的能耗比要求较高。虽然笔记本电脑的机身十分轻便，但完全不用怀疑其实用性，在日常操作和基
本商务、娱乐、运算操作中，笔记本电脑完全可以胜任。当今的笔记本电脑正在根据用途分化出不同的类型，
上网本趋于日常办公以及电影功能，商务本趋于稳定、低功耗，获得更长久的续航时间，家用本拥有不错
的性能和很高的性价比，游戏本则是专门为了满足少数人群游戏需求，具有发烧级配置，娱乐体验效果好，
当然其价格也不低，电池续航时间也不理想。
            <br><br>
            目前，在全球市场上有多种品牌的笔记本电脑，排名前列的有联想、华硕、戴尔
（Dell）、ThinkPad、惠普（HP）、苹果（Apple）、宏碁（Acer）、索尼、东芝、三星等。
            </font>
        </p>
        <hr>
        <font color="black"  face=" 黑体 " size=5> 台式机系列 </font>
        <p>
            <img src="computer1.jpg" width="260" height="200" alt=" 计算机
---- 台式机图片 "/>
            <img src="../computer2.jpg" width="260" height="200" alt=" 计算
机 ---- 台式机图片 "/>
            <img src="../computer3.jpg" width="260" height="200" alt=" 计算
机 ---- 台式机图片 "/>
            <br>
            <font face=" 宋体 " size=5>
            台式计算机，相对于笔记本电脑和上网本来说体积较大，主机、显示器等设备一般都
是相对独立的，一般需要放置在电脑桌或者专门的工作台上，因此被命名为台式机。
```

```
            <br><br>
         台式机的优点就是耐用、性能强，以及价格实惠。和笔记本电脑相比，在相同价格的
前提下，台式机配置更高、散热性较好。缺点就是笨重、耗电量大。计算机（Computer）是一种利用电子
学原理根据一系列指令来对数据进行处理的机器。计算机可以分为两部分：软件系统和硬件系统。第一台
计算机 ENIAC 于 1946 年 2 月 14 日宣告诞生。
            </font>
         </p>
         <a href="#top"> 返回顶部 </a>
         <br>
         <p align="center">
            =================== 云之雷科技有限公司 ===================
         </p>
      </body>
</html>
```

由于网页内容太长，一屏显示不下，用标签 <font> 及其 id 属性，在网页顶部的"云之雷科技有限公司"文本中设置锚点"top"（<font id="top"）。然后在文档底部设立一个"返回顶部"的超链接，用超链接标签及其属性（<a href="#top">）指向这个锚点。当浏览网页到达底部的时候，如果希望快速返回顶部，单击"返回顶部"超链接直接返回网页顶部锚点位置。

运行效果如图 3.36 所示。

（a）网页顶部设置锚点

（b）网页底部指向锚点

图 3.36　指向锚点的超链接

当单击"返回顶部"时，立即指向了网页顶部设置的锚点（云之雷科技有限公司）。原则上，在网页的任何位置都可以设置锚点，但锚点应当设置在有一定意义、对浏览网页有帮助的地方。

3. 指向空链接

空链接是指链接对象为空的链接，可用于为页面中的对象附加一些行为。

空链接通常不会单独出现，总是伴随着附加行为（附加行为通常为脚本程序）同时出现。当单击该空链接后，因为是空链接，所以网页没有指向链接目标，但是启动了关联的脚本程序，以实现脚本程序里的功能。

设置空链接需要用到超链接标签 <a> 的"href"属性，设置方法为

```
<a href="#"> 空链接标签实例 <a>
```

或者

```
<a href="javascript:void(0);"> 空链接标签实例 </a>
```

其中，后一种方法是采用脚本语言实现的，脚本语言属于高级网页设计与编程范畴，不是本书的讲述重点。两者实现的效果上存在细小的差别，请酌情使用。

3.5.3 指向网站外部的超链接

1. 指向其他网站的超链接

指向网站外部的超链接，是指跳转到当前网站之外，指向其他网站中的页面的链接关系。这种链接的 URL 一般采用绝对路径，要有完整的 URL，包括协议名、主机名、文件所在主机上的存储目录及文件名等。

设置指向网站外部的超链接需要使用超链接标签 <a> 及其"href"属性，设置方法为

```
<a href=" 外部网站域名或者具体网页实例 "> 指向网站外部超链接实例 <a>
```

设置指向网站外部的超链接的示例如下：

```
<!DOCTYPE html>
<html>
    <head>
        <title> 链接外部网站 </title>
    </head>
    <body>
        <br>
        <a href="http://www.ptpress.com.cn/"> 指向人民邮电出版社网站的超链接 </a>
        <br>
        <a href="http://www.ryjiaoyu.com/"> 指向人邮教育社区网站的超链接 </a>
        <br>
    </body>
</html>
```

运行效果如图 3.37 所示。

单击"指向人民邮电出版社网站的超链接"后，浏览器打开了人民邮电出版社的网站；单击"指向人邮教育社区网站的超链接"后，浏览器打开了人邮教

图 3.37 指向网站外部的超链接

育社区的网站。

2. 指向电子邮箱的超链接

在 HTML 页面中，可以建立指向电子邮箱的超链接。当浏览者单击该超链接后，系统会自动启动本地默认的邮箱系统发送邮件。

设置电子邮箱超链接需要使用超链接标签 <a> 及其"href"属性，设置方法为

```
<a href="mailto: 电子邮箱名称 "> 指向电子邮箱的超链接实例 </a>
```

设置指向电子邮箱的超链接的示例如下：

```
<!DOCTYPE html>
<html>
    <head>
        <title>链接电子邮箱</title>
    </head>
    <body>
        <a href="mailto:testmail2018@126.com">联系邮箱</a>
    </body>
</html>
```

运行效果如图 3.38 所示。

单击"联系邮箱"的超链接后，浏览器自动启动了本地计算机默认的邮箱系统。本例中启动的是微软的 Outlook 邮箱系统（见图 3.39）。

图 3.38　指向电子邮箱的超链接

图 3.39　启动默认的邮箱系统

3.5.4　给文本设置超链接

给文本设置超链接，就是把文本当成超链接的载体，形式上是将文本放在超链接的开始标签 <a> 和结束标签 </a> 之间。

给文本设置超链接需要使用超链接标签 <a> 及其"href"属性，设置方法如下：

```
<a href=" 链接地址 "> 文本超链接实例 <a>
```

前文的几个超链接示例中，均是给文本设置超链接。

3.5.5　给图像设置超链接

给图像设置超链接，就是把图像当成超链接的载体，形式上是将图像放在超链接的开始标签 `<a>` 和结束标签 `</a>` 之间。

给图像设置超链接，需要使用超链接标签 `<a>` 及其"href"属性，以及图像标签 `<img>` 及其"src"属性。设置方法如下：

```
<a  href=" 链接目标实例 "><img  src=" 图像实例文件名 " /></a>
```

给图像设置超链接的示例如下：

```
<!DOCTYPE html>
<html>
    <head>
        <title> 给图像设置超链接 </title>
    </head>
    <body>
        <br>
        <a href="http://www.ptpress.com.cn/">
            <img src="ptpress.png"/>
        </a>
    </body>
</html>
```

运行效果如图 3.40 所示。

由于"人民邮电出版社"图像已经设置了指向人民邮电出版社网站的超链接，单击"人民邮电出版社"的图像后，即打开了其指向的人民邮电出版社网站。

在设置图像超链接时，仍然可以使用图像标签 `<img>` 的其他属性控制图像显示的位置、大小等，以美化图像超链接的显示效果。

图 3.40　给图像设置超链接

3.5.6　设置超链接的打开窗口

在打开超链接的时候，有时候需要在原浏览器窗口中打开新的链接内容，有时候需要在新的窗口中打开链接的内容。如何分别实现这两种方式呢？

超链接标签 `<a>` 有一个"target"属性，这个属性用于控制超链接的打开窗口。target 的属性值及其描述如下（见表 3.18）。

表3.18　超链接标签<a>的"target"的属性值及其描述

值	描述
_blank	在新窗口中打开被链接文档
_self	默认值。在相同窗口中打开被链接文档
_parent	在父窗口中打开被链接文档
_top	在整页窗口中打开被链接文档
framename	在指定的框架中打开被链接文档

商务网页设计与制作（第2版）（微课版）

表 3.18 中，"_blank""_self"较常用。需要注意的是，前 4 个属性值是固定的，以下画线"_"开头，指定超链接打开窗口的位置；而最后一个属性值表示一个框架（HTML5 不建议使用框架）的名称，这个框架的名称由网页制作人员执行拟定。

1. 设置超链接打开窗口

设置超链接打开窗口，需要使用超链接标签 <a> 及其"target"属性，设置方法为

```
<a  href=" 属性值 " target=" 属性值 "> 超链接实例 </a>
```

设置超链接打开窗口的示例如下：

```
<!DOCTYPE html>
<html>
    <head>
        <title> 超链接打开窗口示例 </title>
    </head>
    <body>
        <br>
        <a href="book/books.html"  target="_self"> 在相同窗口打开 </a>
        <br>
        <a href="book/books.html"  target="_blank"> 在新窗口中打开 </a>
        <br>
        <a href="book/books.html"  target="_parent"> 在父窗口中打开 </a>
        <br>
        <a href="book/books.html"  target="_top"> 在整页窗口中打开 </a>
        <br>
        <a href="book/books.html"  target="newframe"> 在指定框架中打开 </a>
    </body>
</html>
```

运行时，首先出现的是初始窗口，如图 3.41（a）所示，当单击"在相同窗口打开"的超链接时，被链接的目标会在本窗口（即相同的窗口）中打开，覆盖本窗口，如图 3.41（b）所示；当单击"在新窗口中打开"的超链接后，被链接的目标会打开一个新窗口，如图 3.41（c）所示；当单击"在父窗口中打开""在整页窗口中打开"的超链接时，因为本网页比较简单，没有显示出实际效果，与"在相同窗口打开"的效果一样，但实际上是不同的；当单击"在指定框架中打开"的超链接时，由于本网页没有定义框架，浏览器找不到该框架名，就会打开一个新的窗口来显示链接目标的内容。

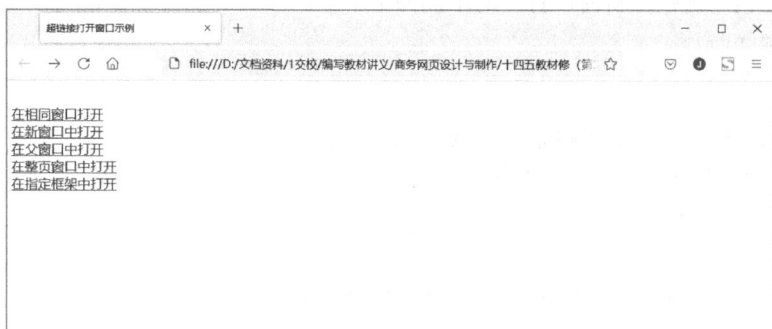

（a）初始窗口

图 3.41　超链接打开窗口示例

（b）同窗口打开界面

（c）打开一个新窗口

图 3.41　超链接打开窗口示例（续）

2. 设置全网默认打开窗口

一个网站中，超链接打开窗口的方式通常都相同，例如都以新窗口打开。如果每个超链接都要设置打开窗口的方式，则会烦琐、效率低。HTML 提供了一种设置全网默认打开窗口的方法，以提高网页制作的效率。

设置全网采用同一种方式打开超链接窗口，需要使用基准网址标记标签 <base> 及其 target 属性，并在头部标签 <head> 中完成设置。设置方法为

```
<base target=" 属性值 "/>
```

<base> 标签的 "target" 属性值与超链接标签 <a> 的 "target" 属性值的概念和作用是相同的。

统一设定全网超链接以新窗口打开的示例如下：

```
<!DOCTYPE html>
<html>
    <head>
        <title> 全网设置超链接打开窗口 </title>
        <base target="_blank"/>
    </head>
    <body>
        <br>
        <a href="book/books.html"> 打开 books.html</a>
        <br>
        <a href="http://www.ptpress.com.cn/"> 打开人民邮电出版社网站 </a>
        <br>
```

```
        <a href="http://www.rymooc.com/">打开人邮学院网站 </a>
        <br>
        <a href="http://www.ryjiaoyu.com/">打开人邮教育社区网站 </a>
    </body>
</html>
```

运行后出现初始网页，如图 3.42（a）所示，当单击"打开 books.html""打开人民邮电出版社网站""打开人邮学院网站""打开人邮教育社区网站"的超链接后，分别打开一个新的窗口，如图 3.42（b）所示。

（a）初始网页

（b）分别打开超链接新窗口

图 3.42　统一设置全网打开超链接窗口

从上例中可以看出，新打开的窗口以网页标签的形式并列排放置在网页浏览器的标签栏中。

3.5.7　制作图文超链接网页综合范例

下面我们以设计与制作"云之雷科技有限公司"网站为样例，对公司旗下的 3 个笔记本电脑系列产品、3 个台式机系列产品进行宣传。同时，链接人民邮电出版社、人邮学院和人邮教育社区。为了方便客户联系，设立了联系邮箱。网页的样式如图 3.43 所示。

微课视频

制作 HTML 图文超链接网页综合范例

图 3.43 图文超链接网页综合范例样式

对于笔记本电脑系列，分别对代表该系列笔记本电脑的图像 book1.jpg、book2.jpg、book3.jpg 设置超链接，使其对应各自的笔记本电脑介绍文档 book1.html、book2.html、book3.html；同样，分别对台式机系列的图像 computer1.jpg、computer2.jpg、computer3.jpg 设置超链接，并使其对应各自的台式机介绍文档 computer1.html、computer2.html、computer3.html。

最后，向客户提供联系方式，包括联系电话、联系邮箱。

范例代码如下：

```
<!DOCTYPE html>
<html>
    <head>
        <title> 云之雷科技 </title>
        <base target="_blank"/>
    </head>
<body bgcolor="#CCCCCC">
    <img src="sdlogo.png" width="80" height="80" alt=" 企业 logo"/>
    <font color="blue"  face=" 微软雅黑 " size=6.5> 云之雷科技有限公司 </font>
    <hr>
    <h3> 笔记本电脑系列 </h3>
    <a href="book/book1.html">
        <img src="book/book1.png" width="230" height="130" alt=" 笔记本电脑
图片 "/>
    </a>
    <a href="book/book2.html">
        <img src="book/book2.png" width="230" height="130" alt=" 笔记本电脑
图片 "/>
    </a>
    <a href="book/book3.html">
```

```
            <img src="book/book3.png" width="230" height="130" alt=" 笔记本电脑
图片 "/>
        </a>
        <hr>
        <h3> 台式机系列 </h3>
        <a href="book/computer1.html">
            <img src="computer1.png" width="230" height="130" alt=" 台式机图片 "/>
        </a>
        <a href="book/computer2.html">
            <img src="../computer2.png" width="230" height="130" alt=" 台式机图
片 "/>
        </a>
        <a href="book/computer3.html">
            <img src="../computer3.png" width="230" height="130" alt=" 台式机图
片 "/>
        </a>
        <p>
        友情链接：
        <a href="http://www.ptpress.com.cn/">（人民邮电出版社）</a>
          
        <a href="http://www.rymooc.com/">（人邮学院）</a>
          
        <a href="http://www.ryjiaoyu.com/">（人邮教育社区）</a>
        </p>
        <hr>
        联系我们：云之雷科技有限公司    电话（传真）：02460000006
        <a href="mailto:testmail2018@126.com"> 联系邮箱 </a>
    </body>
</html>
```

运行后得到与图 3.43 所示样式非常相近的网页，当浏览者分别单击电脑图片时，会打开其说明文档，如图 3.44（a）所示；单击人民邮电出版社、人邮学院、人邮教育社区时，会打开指向外部网站的超链接，如图 3.44（b）所示；单击联系邮箱时，会启动桌面计算机默认的邮箱系统，指向邮箱地址。

（a）打开内部链接文档

图 3.44　图文超链接网页示例

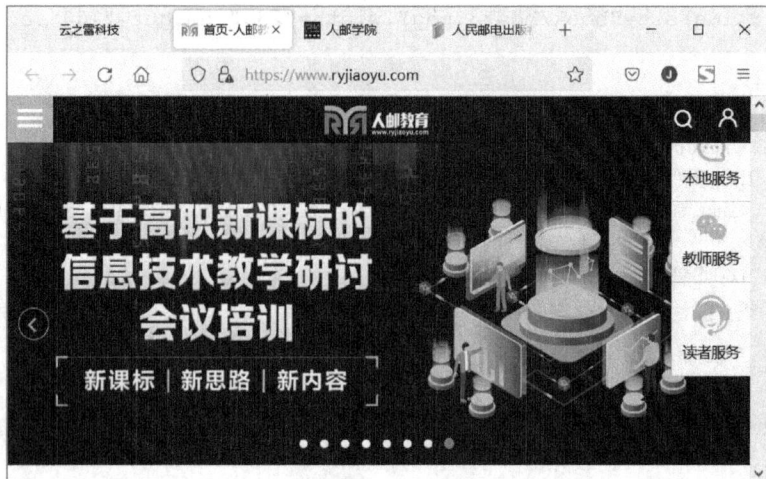

（b）打开外部网站

图 3.44　图文超链接网页示例（续）

3.6　表格制作方法

表格是我们在日常生活、学习和工作中经常见到和使用的一种数据信息形式，是一种格式化的、可视化的数据整理手段。网页中的表格与现实生活中的表格类似，但在用途与概念上有一些区别。网页中的表格除了展示格式化的数据信息外，还具有美化网页的重要作用，常常用来排版网页。尽管使用表格排版网页的技术正逐渐被后来发展起来的“DIV+CSS”技术取代，但其排版数据的功能依然受到很多网页设计人员的喜爱。

可以说，在“DIV+CSS”技术出现之前，表格技术是唯一高效的网页排版技术，表格是网页设计与制作中不可或缺的元素。网页设计与制作人员可以利用表格技术快速地表示出价格列表、统计比较、图表等，还能高效、快捷地把图像、文本、数据和表单元素等有序地显示在页面上，设计出清晰的网页布局和漂亮的网页界面。

例如，在网页中显示学生的商务网页设计与制作课程成绩表，如图 3.45 所示：

商务网页设计与制作成绩表

序号	姓名	成绩
1	张一丰	99
2	王二小	95
3	田莉	93
4	李树青	83
5	高文军	82

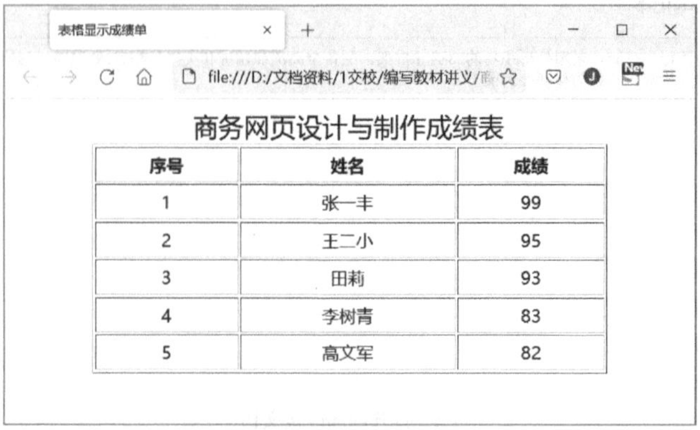

图 3.45　网页表格

如果不采用表格技术制作成绩表，就需要采用很多换行标签、格式控制符（如空格、表格线等）来制作。这样不仅代码量很大，费时、费力，而且修改成绩表各项数据的显示位置、长度等也非常困难。可见，在网页中运用表格技术展示数据信息具有很大的优势。

3.6.1 表格的代码结构

在网页中使用表格技术，需要了解表格基本的代码结构（见表 3.19）。

表3.19 表格基本的代码结构

代码	结构

```<table>```
   ```<tr>```
     ```<th>```
       表头实例
     ```</th>```
     ……
   ```</tr>```
   ```<tr>```
     ```<td>```
       单元格实例
     ```</td>```
     ……
   ```</tr>```
   ……
 ```</table>```
	表头／单元格 → 行 → 表

网页中的表格通过表格标签 <table> 创建表，再由行标签 <tr> 创建表格行，由表头标签 <th> 创建表头，最后通过单元格标签 <td> 创建表格的单元格。多行的单元格构成了一个完整的表格。从表格的代码结构上看，表格的数据实例放在单元格的开始标签和结束标签的中间。

3.6.2 创建表格的方法

生活中的表格可以用笔画，或者用 Excel 等工具创建，而网页中的表格必须用纯文本的方式来定义和描述。

创建表格应当使用表格标签 <table>、行标签 <tr>、表头标签 <th>、单元格标签 <td> 及其相关属性。创建表格首先要创建表，然后按照创建行、创建该行的单元格（或表头），再创建行、创建该行的单元格的顺序进行，直至所有单元格创建完毕。

创建表格的方法如表 3.20 所示。

表3.20 创建表格的方法

代码	代码说明

```<table>```
   ```<tr>```
     ```<th>``` 表头 1 实例 ```</th>```
     ```<th>``` 表头 2 实例 ```</th>```
     ……
	创建表
	 创建行
	 创建第 1 个表头（有的表格没有表头，可直接创建单元格）
	 创建第 2 个表头

代码	代码说明
<th> 表头 *n* 实例 </th>	创建第 *n* 个表头
</tr>	本行结束
<tr>	创建行
<td> 第 1 行单元格实例 1</td>	创建第 1 行第 1 个单元格
<td> 第 1 行单元格实例 2</td>	创建第 1 行第 2 个单元格
……	
<td> 第 1 行单元格实例 *n*</td>	创建第 1 行第 *n* 个单元格
</tr>	本行结束
<tr>	创建行
<td> 第 2 行单元格实例 1</td>	创建第 2 行第 1 个单元格
<td> 第 2 行单元格实例 2</td>	创建第 2 行第 2 个单元格
……	
<td> 第 2 行单元格实例 *n*</td>	创建第 2 行第 *n* 个单元格
</tr>	本行结束
……	以此类推创建第 *n* 行各个单元格
</table>	表结束

这时我们可以再来看一下"商务网页设计与制作成绩表"的示例,体会创建表格的方法。

3.6.3 制作单元格和表头内容

在表格中,所有表格数据信息均在单元格(或表头)中显示,所以,创建表格,就必须学会制作单元格(或表头)内容。制作单元格(或表头)内容,就是指在单元格(或表头)中引用文本、图像等。

1. 引用文本

引用文本比较简单,直接在单元格标签 <td>、</td>(或表头标签 <th>、</th>)之间放入文本即可,可按照前面学习的知识设置文本的字体、字号、颜色等。

嵌入文字的方法为

```
<td><font face=" 属性值 " color=" 属性值 " size=" 属性值 "> 文字实例 </font></td>
```

或

```
<th><font face=" 属性值 " color=" 属性值 " size=" 属性值 "> 文字示例 </font></th>
```

2. 引用图像

引用图像的方法与网页引用图像的方法基本相同,将图像嵌入单元格标签 <td>、</td>(或表头标签 <th>、</th>)之间,必须使用图像标签 <img> 及其"src"(图像源)属性,通常也需要使用"width"(宽度)"height"(高度)属性设置显示尺寸,设置方法为

```
<td><img src=" 图像 URL" width=" 属性值 "  height=" 属性值 "/></td>
```
或
```
<th><img src=" 图像 URL" width=" 属性值 "  height=" 属性值 "/></th>
```

其中,"width""height"的属性值有绝对像素值、百分比两种表达方式。需要注意:在单元格内引用图像时使用百分比赋值,则图像的百分比跟踪的是该单元格的尺寸,而不是浏览器窗口的尺寸。

表头与单元格的功能和作用非常相似,除了表头的字体是黑体、默认的水平对齐方式是居中这两点之外,两者没有其他区别。而且,两者在设置方法上也是相同的。因此在后文中,如无特殊说明,单元格的使用方法同样适用于表头,只是标签不同而已,故不再单独对表头设置做额外讲解。

3.6.4 制作一个表格网页

现在让我们按照前文的讲述来制作第一个表格网页,展示图 3.45 所示的表格数据。

第一步,按照常规的制作网页的方法,制作网页主体结构,代码如下:

```
<!DOCTYPE html>
<html>
    <head>
        <title>制作第一个表格网页</title>
    </head>
    <body>

    </body>
</html>
```

第二步,在主文档中采用表格标签 <table> 创建表域,同时用 border='1' 确定表格线为 1px 宽,代码如下:

```
<table border='1'>

</table>
```

第三步,在表域中采用行标签 <tr> 创建 6 个(示例中有 6 行)行域,代码如下:

```
<tr>

</tr>
<tr>

</tr>
<tr>

</tr>
<tr>

</tr>
<tr>
```

```
        </tr>
        <tr>

        </tr>
```

第四步，通常第一行是表头行，在第一行的行域中采用表头标签 <th> 分别制作表头行的 3 项表头内容，即把表头内容放在 <th>、</th> 之间，代码如下：

```
        <th> 序号 </th>
        <th> 姓名 </th>
        <th> 成绩 </th>
```

第五步，在第二行的行域中，采用单元格标签 <td> 分别制作数据区首行的 3 项单元格数据，即把单元格数据放在 <td>、</td> 之间。然后以此类推，分别制作完后续 4 行的单元格数据内容，代码如下：

```
        <td>1</td>
        <td> 张一丰 </td>
        <td>99</td>
```

第六步，参照第五步分别制作后续 4 行的单元格数据内容，完成表格网页的制作。该网页完整代码如下：

```
<!DOCTYPE html>
<html>
    <head>
        <title> 制作第一个表格网页 </title>
    </head>
    <body>
        <table border="1">
            <tr>
                <th> 序号 </th>
                <th> 姓名 </th>
                <th> 成绩 </th>
            </tr>
            <tr>
                <td>1</td>
                <td> 张一丰 </td>
                <td>99</td>
            </tr>
            <tr>
                <td>2</td>
                <td> 王二小 </td>
                <td>95</td>
            </tr>
            <tr>
                <td>3</td>
                <td> 田莉 </td>
                <td>93</td>
            </tr>
            <tr height="32">
                <td>4</td>
                <td> 李树青 </td>
                <td>83</td>
```

商务网页设计与制作（第2版）（微课版）

```
                    </tr>
                    <tr height="32">
                            <td>5</td>
                            <td>高文军</td>
                            <td>82</td>
                    </tr>
            </table>
    </body>
</html>
```

运行效果如图 3.46 所示。

从图 3.46 可以看出，表格网页虽然制作完成了，但与图 3.45 所示相比排版不美观：表格整体没有居中，页面布局不协调；单元格中数据内容靠左显示，效果不佳；行的高度、列的宽度不协调等。主要原因是我们尚没有学习更多的表格外观美化技术，相关技术将在后续陆续介绍。

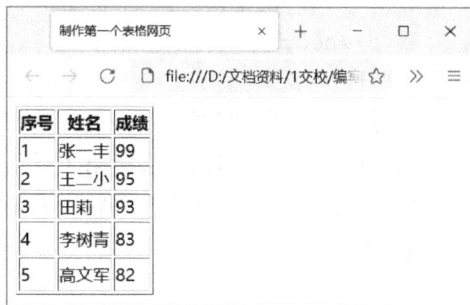

序号	姓名	成绩
1	张一丰	99
2	王二小	95
3	田莉	93
4	李树青	83
5	高文军	82

图 3.46　一个表格网页

3.6.5　单元格合并的方法

单元格合并分为多列单元格合并、多行单元格合并，以及多行多列单元格同时合并 3 种形式，需要使用单元格标签 <td> 的 "colspan" 属性、"rowspan" 属性。

1. 多列单元格合并

多列单元格合并是指当前单元格与右边连续多列单元格的合并，简称列合并，设置方法为

```
<td  colspan=" 属性值 ">
```

其中，colspan 的属性值为整数数字，如 1、2、3、4、5 等，表示当前单元格向右连续合并几列。列合并的示例如下：

```
<!DOCTYPE html>
<html>
    <head>
        <title>表格列合并</title>
    </head>
    <body>
        <table  border="1">
            <tr>
                    <th>项目 1</th>
                    <th>项目 2</th>
                    <th>项目 3</th>
                    <th>项目 4</th>
                    <th>项目 5</th>
            </tr>
            <tr>
                    <td colspan="2" >单元格 </td>
                    <td>单元格 </td>
                    <td>单元格 </td>
```

```
                <td> 单元格 </td>
            </tr>
            <tr>
                <td> 单元格 </td>
                <td> 单元格 </td>
                <td> 单元格 </td>
                <td> 单元格 </td>
            </tr>
        </table>
    </body>
</html>
```

运行效果如图 3.47 所示。

从运行效果可以看出，表格第 1 行（表头下边的第 1 行）的第 1 个单元格为合并后的单元格，只合并了指定的连续 2 列。

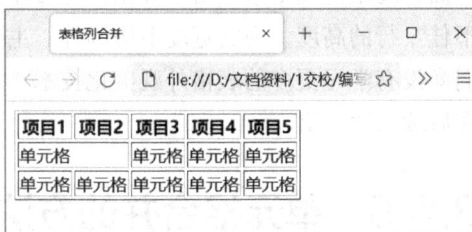

图 3.47　列合并

> **思考**　列合并后，当前行还应当创建几个单元格？下一行的单元格是否会受到影响？

2．多行单元格合并

多行单元格合并是指当前单元格与下边连续多行单元格的合并，简称行合并，设置方法为

```
<td  rowspan=" 属性值 ">
```

其中，rowspan 的属性值为整数数字，如 1、2、3、4、5 等，表示当前单元格向下连续合并几行。

行合并的示例如下：

```
<!DOCTYPE html>
<html>
    <head>
        <title> 表格行合并 </title>
    </head>
    <body>
        <table  border="1">
            <tr>
                <th> 项目 1</th>
                <th> 项目 2</th>
                <th> 项目 3</th>
                <th> 项目 4</th>
                <th> 项目 5</th>
            </tr>
            <tr>
                <td rowspan="2" > 单元格 </td>
                <td> 单元格 </td>
                <td> 单元格 </td>
                <td> 单元格 </td>
                <td> 单元格 </td>
```

```
        </tr>
        <tr>
            <td> 单元格 </td>
            <td> 单元格 </td>
            <td> 单元格 </td>
            <td> 单元格 </td>
        </tr>
    </table>
</body>
</html>
```

运行效果如图 3.48 所示。

从运行效果可以看出，第 1 行的第 1 个单元格与下一行的单元格合并，只合并了指定的 2 行。

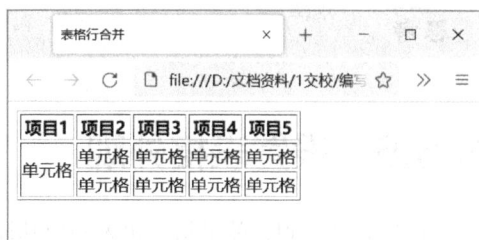

图 3.48　行合并

思考　行合并后，当前行还应当创建几个单元格？下一行单元格如何创建？从哪个位置开始？创建单元格的数量怎么计算？

表头的合并与单元格合并的方法完全相同，只是标签不同，本书不再做介绍。

3. 多行多列单元格同时合并

多行多列单元格同时合并是指一个单元格向右连续合并几列，然后将合并后的单元格向下连续合并几行，简称行列同时合并，设置方法为

```
<td  colspan=" 属性值 " rowspan=" 属性值 " >
```

其中，colspan 属性在前，rowspan 属性在后。行列同时合并的示例如下：

```
<!DOCTYPE html>
<html>
    <head>
        <title> 表格行列同时合并 </title>
    </head>
    <body>
        <table  border="1">
        <tr>
            <th> 项目 1</th>
            <th> 项目 2</th>
            <th> 项目 3</th>
            <th> 项目 4</th>
            <th> 项目 5</th>
        </tr>
        <tr>
            <td colspan="2"  rowspan="2" > 单元格 </td>
            <td> 单元格 </td>
            <td> 单元格 </td>
            <td> 单元格 </td>
        </tr>
        <tr>
```

```
                <td colspan="2"> 单元格 </td>
                <td> 单元格 </td>
            </tr>
        </table>
    </body>
</html>
```

运行效果如图 3.49 所示。

思考：行列同时合并后，单元格数量的变化规律。

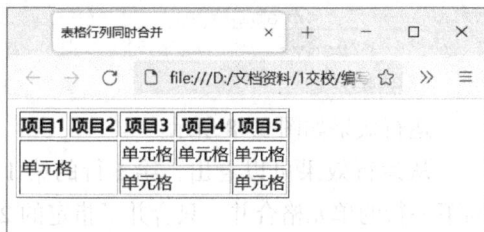

图 3.49　行列同时合并

3.6.6　设置表格外观

设置表格外观，就是指美化表格使其风格与网页风格融为一体，或者做网页布局。

设置表格外观至少需要用到以下标签及其属性。

表格标签 <table> 及其 "border"（边框）属性、"width"（表格宽度）属性等；

表格标题标签 <caption>；

行标签 <tr> 及其 "align"（行内容的水平对齐方式）属性、"valign"（行内容的垂直对齐方式）属性、"height"（高度）属性等；

表头标签 <th> 及其 "width"（宽度）属性、"height"（高度）属性、"align"（水平对齐）属性、"valign"（垂直对齐）属性、"border"（边框）属性等；

单元格标签 <td> 及其 "width"（宽度）属性、"height"（高度）属性、"align"（水平对齐）属性、"valign"（垂直对齐）属性、"border"（边框）属性等。

1. 设置表格的外观

（1）设置表格边框

表格中有两种边框。一种是表的边框，即表格四周的边框；另一种是单元格（含表头）的边框，即表格中间的线框。表的边框和单元格的边框应当分别设置。

设置边框的宽度能调整表格的显示效果，当表格边框的属性值为 "0" 时，边框是隐形的。隐形边框通常在布局网页时使用。

设置表的边框的宽度，需要使用表格标签 <table> 及其 "border" 属性，设置方法为

```
<table  border=" 属性值 ">
```

其中，"border" 的属性值为像素值，可为 0、1、2、3、4、5……，默认值为 "0"。

虽然表的边框和单元格的边框是不同的，需要分别设置，但两者也存在一些关联。比如，如果表的边框设置为 "0"，则单元格的边框也自动变为 "0"；如果表的边框设成 "1" 以上的数值而没有设置单元格边框的数值时，则单元格的边框值始终为 "1"，只有通过设置单元格边框的数值，单元格的边框才能改变等。

设置表的边框宽度的示例如下：

```
<!DOCTYPE html>
<html>
    <head>
        <title> 设置表的边框 </title>
    </head>
    <body>
        <table width="515" height="100" border="5" bgcolor="#EEEEEE">
            <caption>
                表的边框（5 像素）
            </caption>
            <tr>
                <th height="50"> </th>
                <th> </th>
                <th> </th>
            </tr>
            <tr>
                <td height="50"> </td>
                <td> </td>
                <td> </td>
            </tr>
        </table>
        <table width="515" height="100" bgcolor="#EEEEEE">
            <caption>
                表的边框（0 像素、默认值）
            </caption>
            <tr>
                <th height="50"> </th>
                <th> </th>
                <th> </th>
            </tr>
            <tr>
                <td height="50"> </td>
                <td> </td>
                <td> </td>
            </tr>
        </table>
        <table width="515" height="100" border="1" bgcolor="#EEEEEE">
            <caption>
                表的边框（1 像素）
            </caption>
            <tr>
                <th height="50"> </th>
                <th> </th>
                <th> </th>
            </tr>
            <tr>
                <td height="50"> </td>
                <td> </td>
                <td> </td>
            </tr>
        </table>
    </body>
</html>
```

运行效果如图 3.50 所示。

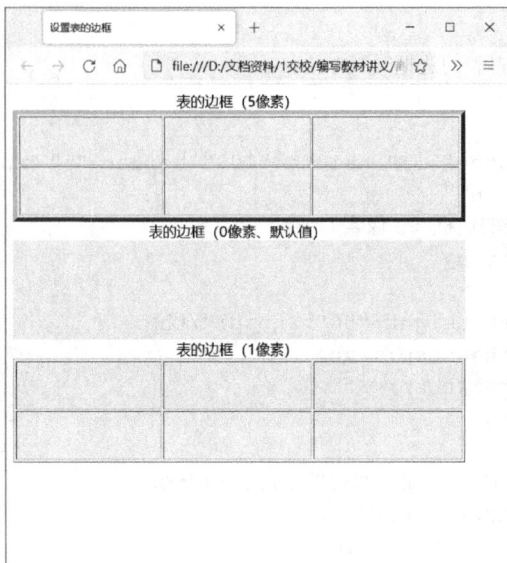

图 3.50　设置表格边框

从图 3.50 可以看出，第 1 个表格的表边框最宽（5px）；第 2 个表格的表边框像素值为 "0"，即 "无边框"，看不到表格的存在；第 3 个表格的表边框像素值为 "1"，这种设置比较常用。第 1 个表格与第 3 个表格内部的线框宽度是一样的。

微课视频
运用 HTML 表格技术布局网页综合范例（上）

微课视频
运用 HTML 表格技术布局网页综合范例（下）

（2）设置表的标题

表的标题位于表格的上方，就像日常的表格标题一样。

设置表的标题需要使用表格标题标签 <caption>，表的标题位于表域的最上边，设置方法为

```
<caption> 表的标题实例 </caption>
```

表的标题应当能够概括反映表的内容。

（3）设置表的宽度

设置表的宽度需要使用表格标签 <table> 及其 "width" 属性，设置方法为

```
<table width= " 属性值 ">
```

其中，属性值有两种表达方式：绝对像素值、百分比（表格的宽度占网页窗口宽度的百分比）。按照绝对像素值赋值的，浏览网页时表格的宽度保持不变，不随网页窗口宽度的变化而变化；按照百分比赋值的，浏览网页时表格的宽度是可变的，会随着网页窗口宽度的变化而相应变化。

设置表的宽度的示例如下：

```
<!DOCTYPE html>
<html>
<head>
<title> 设置表的宽度 </title>
</head>
<body>
<table  width="80%" border="1">
   <tr>
```

```
        <th> </th>
        <th> </th>
        <th> </th>
    </tr>
    <tr>
        <td> </td>
        <td> </td>
        <td> </td>
    </tr>
    <tr>
        <td> </td>
        <td> </td>
        <td> </td>
    </tr>
</table>
<br>
<table width="200" border="1">
    <tr>
        <th width="60"> </th>
        <th width="60"> </th>
        <th width="80"> </th>
    </tr>
    <tr>
        <td> </td>
        <td> </td>
        <td> </td>
    </tr>
    <tr>
        <td> </td>
        <td> </td>
        <td> </td>
    </tr>
</table>
</body>
</html>
```

注：" "表示的是空格符。

第 1 个表格采用百分比的形式为表格宽度赋值，第 2 个表格采用绝对像素值的形式为表格宽度赋值，运行后得到初始页面，如图 3.51（a）所示。因为当时浏览器的窗口宽度较宽，第 1 个表格按照窗口宽度的 80% 显示，总体宽度宽于第 2 个表格的宽度；当我们增大浏览器窗口宽度时，第 1 个表格的总体宽度同比增大，而第 2 个表格的宽度保持不变，如图 3.51（b）所示。

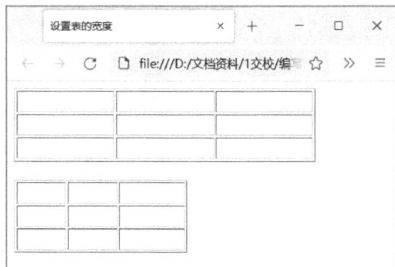

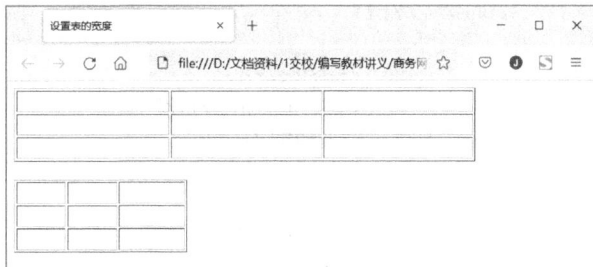

（a）初始网页　　　　　　　　　　　　　　　　　　（b）浏览器窗口宽度变大

图 3.51　设置表的宽度

体会：表的宽度如果以百分比赋值，不仅表格总体上的宽度会随网页窗口的宽度按照指定的比例变化，而且，各列的宽度也会按照百分比随着窗口宽度的变化而变化。

（4）设置表的高度

设置表的高度与设置表的宽度类似，需要使用表格标签 <table> 及其"height"属性，设置方法为

```
<table height= "属性值">
```

其中，属性值有两种表达方式：绝对像素值、百分比。按照绝对像素值赋值的，浏览网页时表格的高度保持不变，不随网页窗口高度的变化而变化；按照百分比赋值的，浏览网页时表格的高度是可变的，随着网页窗口高度的变化而相应变化。

表的高度通常不必设置，当以百分比的形式展示表格时需要设置表的高度。

（5）设置表的水平对齐方式

表只有水平对齐方式。设置表的水平对齐方式,需要使用表格标签 <table> 及其"align"属性，设置方法为

```
<table align=" 属性值 ">
```

其中，align 的属性值有 left（左）、right（右）、center（居中）这 3 个。

设置表的水平对齐方式的示例如下：

```
<!DOCTYPE html>
<html>
    <head>
        <title> 表格水平对齐示例 </title>
    </head>
    <body>
        <table align="center" width="235" border="1">
            <caption>
                商务网页设计与制作成绩表
            </caption>
            <tr>
                <th > 序号 </th>
                <th > 姓名 </th>
                <th > 成绩 </th>
            </tr>
            <tr>
                <td>1</td>
                <td> 张一丰 </td>
                <td>99</td>
            </tr>
            <tr>
                <td>2</td>
                <td> 王二小 </td>
                <td>95</td>
            </tr>
            <tr>
                <td>3</td>
                <td> 田莉 </td>
                <td>93</td>
            </tr>
```

```
        <tr>
            <td>4</td>
            <td> 李树青 </td>
            <td>83</td>
        </tr>
        <tr>
            <td>5</td>
            <td> 高文军 </td>
            <td>82</td>
        </tr>
    </table>
    </body>
</html>
```

运行效果如图 3.52 所示。

表在水平方向上居于中间的位置，无论网页窗口如何改变，表始终居于网页的中间。

（6）设置表的背景颜色

设置表格背景颜色需要使用表格标签 <table> 及其 "bgcolor" 属性。设置方法为

```
<table bgcolor=" 属性值 ">
```

其中，表格标签 <table> 的 "bgcolor" 的属性值有 3 种表达形式，与文字颜色的属性值相同。

图 3.52　设置表的水平对齐方式

因为背景颜色需要精准设计，所以建议大家使用"十六进制数形式颜色值"或者"RGB 颜色代码"来表示颜色的属性值。

（7）设置表的背景图像

表格背景图像通常来自网页的切片，能够融入整个网页的图像之中。

设置表的背景图像需要使用表格标签 <table> 及其 "background" 属性，设置方法为

```
<table  background=" 图像名 ">
```

其中，图像名应当包括图像的目录，建议采用相对路径。

设置表的背景图像的示例如下：

```
<html>
<head>
<!DOCTYPE html>
<html>
    <head>
        <title> 设置表的背景图像 </title>
    </head>
    <body>
        <table width="515" border="1" background="../computer3.jpg">
        <caption> 表的背景图像 </caption>
        <tr>
            <th height="62"> </th>
            <th> </th>
            <th> </th>
        </tr>
        <tr>
```

```
                <td height="80"> </td>
                <td> </td>
                <td> </td>
            </tr>
            <tr>
                <td height="76"> </td>
                <td> </td>
                <td> </td>
            </tr>
        </table>
    </body>
</html>
```

运行效果如图 3.53 所示。

从图 3.53 可以看出，表格的背景图像起到了很好的美化作用。

2. 美化单元格

美化单元格（含表头），主要是指设置单元格的对齐方式、大小、背景图像和背景颜色。单元格对齐方式有水平对齐方式（左、中、右、伸展、对准指定字符）、垂直对齐方式（上、中、下、基线对齐）；单元格的大小是指其宽度和高度。

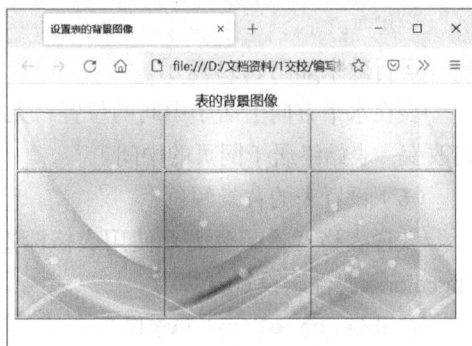

图 3.53 设置表的背景图像

（1）设置单元格水平对齐

设置单元格水平对齐需要使用单元格标签 \<th\> 及其 "align" 属性。

设置单元格水平对齐的方法为

```
<td  align=" 属性值 ">
```

其中，align 的属性值如表 3.21 所示。

表3.21 align的属性值

值	描述
left	左对齐内容
right	右对齐内容
center	居中对齐内容（默认值）
justify	对行进行伸展，这样每行都可以有相等的长度（就像在报纸和杂志中一样）
char	将内容对准指定字符

设置单元格水平对齐的代码如下：

```
<!DOCTYPE html>
<html>
    <head>
        <title> 设置单元格 / 表头水平对齐 </title>
    </head>
    <body>
        <table border="1">
            <caption>
```

128

```
                    课外图书目录
                </caption>
                <tr>
                    <th>序号</th>
                    <th>图书名称（作者、出版社）</th>
                    <th align="center">单价（元）</th>
                </tr>
                <tr>
                    <td align="center">1</td>
                    <td align="left">《稻草人》和其他童话 叶圣陶 中国少年儿童出版社</td>
                    <td align="right">21.89</td>
                </tr>
                <tr>
                    <td align="center">2</td>
                    <td align="left">《中国当代儿童诗歌选》张继楼、彭斯远 四川少年儿童
出版社</td>
                    <td align="right">55.60</td>
                </tr>
                <tr>
                    <td align="center">3</td>
                    <td align="left">《中外探险故事精选》 伊明选编 中国少年儿童出版社
</td>
                    <td align="right">138.35</td>
                </tr>
            </table>
        </body>
</html>
```

运行效果如图 3.54 所示。

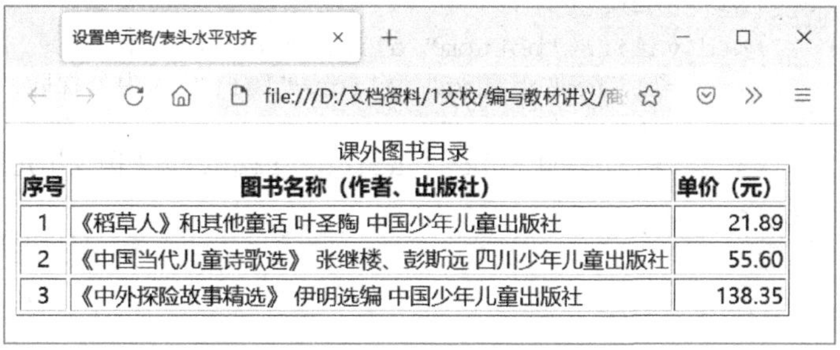

注：上述图书价格是编者为了展示显示效果自拟的，不是真实价格。

图 3.54　设置单元格水平对齐

从上例可以看出，表头全部居中对齐（表头 <th> 的 align 属性默认值为 "center"），符合常规美观要求；序号列居中对齐，符合常规审美要求；图书名称列因其内容较长且长短不一，所以通常选择居左对齐效果更好；单价列显示的是价格，通常居右对齐效果更好。

（2）设置单元格垂直对齐

设置单元格垂直对齐需要使用单元格标签 <td> 及其 "valign" 属性。

设置单元格垂直对齐的方法为

```
<td  valign=" 属性值 ">
```

其中，valign 的属性值为 top（上对齐）、middle（中部对齐）、bottom（下对齐）、baseline（与

基线对齐）。

设置单元格垂直对齐的示例如下：

```html
<!DOCTYPE html>
<html>
    <head>
        <title>设置单元格 / 表头垂直对齐</title>
    </head>
    <body>
        <table border="1">
            <caption>
                课外图书目录
            </caption>
            <tr height="40">
                <th>序号</th>
                <th>图书名称（作者）</th>
                <th valign="middle">出版社</th>
            </tr>
            <tr height="40">
                <td align="center">1</td>
                <td>《稻草人》和其他童话 叶圣陶</td>
                <td valign="middle">中国少年儿童出版社</td>
            </tr>
            <tr height="40">
                <td valign="top" align="center">2</td>
                <td valign="top" align="left">《中国当代儿童诗歌选》 张继楼、彭
斯远</td>
                <td valign="top" align="right">四川少年儿童出版社</td>
            </tr>
            <tr height="40">
                <td valign="bottom" align="center">3</td>
                <td valign="bottom" align="left">《中外探险故事精选》 伊明选编
</td>
                <td valign="bottom" align="right">中国少年儿童出版社</td>
            </tr>
        </table>
    </body>
</html>
```

运行效果如图 3.55 所示。

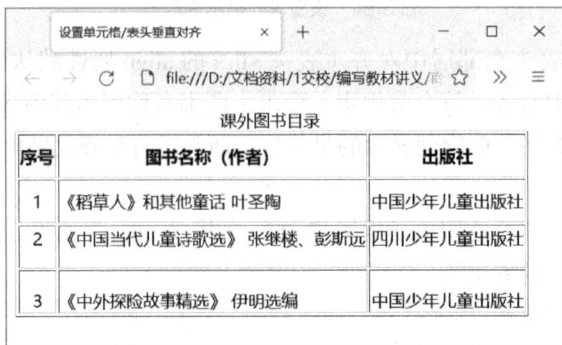

图 3.55　设置单元格垂直对齐

从图 3.55 可以看出，表头全部垂直居中，符合常规审美要求；第一行图书信息垂直居中，符合常规审美要求；第二行图书信息垂直靠上，不太美观；第三行图书信息垂直靠下，也符合常规审美要求。读者可以通过观察代码与运行效果，判断出 valign 属性的默认值为 "middle"。

（3）设置单元格的宽度和高度

设置单元格宽度和高度，需要使用单元格标签 <td> 及其 width、height 属性。

设置方法为

```
<td  width=" 宽度值 " height=" 高度值 ">
```

其中，宽度值、高度值均可以用绝对像素值表示，也可以采用百分比表示。

需要特别注意：单元格（或表头）宽度、高度设成百分比形式的前提是，其对应的表的宽度、高度已经设置了百分比的形式，否则单元格所在列不会以百分比的形式显示宽度，其所在的行也不会以百分比的形式显示宽度。

为了观察表头、单元格设置宽度与高度的规律，我们制作两个表格，一个是按照绝对像素值设置的，另一个是按照百分比设置的。设置单元格的高度和宽度，通常按照这样的规则设置：表格的第一行（第一行通常是表头）中各个表头均需设置宽度，表格的第一列的各个表头和单元格均需设置高度，其余单元格无须做任何设置。

HTML5 已经不支持单元格标签 <td>（或表头标签 <th>）的 width、height 属性，各个主流浏览器对单元格标签 <td>（或表头标签 <th>）的 width、height 属性的支持不佳，所以在源文件首行不能用 <!DOCTYPE html> 声明 HTML5 文档，否则运行效果不正常。

设置单元格宽度和高度的示例如下：

```html
<!DOCTYPE html>
<html>
    <head>
        <title> 设置表头和单元格的高度 </title>
    </head>
    <body>
        <table border="1">
            <caption>
                 按照绝对数值设置高度
            </caption>
            <tr>
                <th width="20%" height="20%"> 表头 1</th>
                <th width="30%"> 表头 2</th>
                <th width="50%"> 表头 2</th>
            </tr>
            <tr>
                <td height="30%"> 单元格 </td>
                <td> 单元格 </td>
                <td> 单元格 </td>
            </tr>
            <tr>
                <td height="50%" > 单元格 </td>
                <td> 单元格 </td>
                <td> 单元格 </td>
            </tr>
        </table>
```

```
<br>
<table width="100%" height="50%" border="1">
    <caption>
        按照百分比设置高度
    </caption>
    <tr>
        <th width="20%" height="20%">表头1</th>
        <th width="30%">表头2</th>
        <th width="50%">表头2</th>
    </tr>
    <tr>
        <td height="30%">单元格</td>
        <td>单元格</td>
        <td>单元格</td>
    </tr>
    <tr>
        <td height="50%">单元格</td>
        <td>单元格</td>
        <td>单元格</td>
    </tr>
</table>
</body>
</html>
```

运行后得到初始网页,如图 3.56(a)所示,然后放大、缩小浏览器窗口,观察两个表格的变化情况。第 1 个表格及各个单元格的宽度和高度没有任何变化,第 2 个表格及各个单元格的宽度和高度随着窗口宽度的变化而同比例变化,如图 3.56(b)所示。

（a）初始网页　　　　　　　　　　　　　　（b）浏览器窗口宽度和高度均增加

图 3.56　设置单元格的宽度和高度

同时,我们通过源代码可以看出,两个表格除了定义表格标签 <table> 时的属性设置有区别,表内各个表头、单元格的设置完全相同。但第一个表为何不随浏览器窗口的变化而变化?

体会:如果表格需要以百分比的形式展示,通常只需要将表格的宽度设置成百分比的形式即可,表头宽度设置成绝对像素值形式。显示的时候,表格中各列会自动折算本列的百分比,跟随表格宽度的变化而变化。同理，高度也可以这样设置。

（4）设置单元格背景图像

设置单元格的背景图像，与设置表的背景图像方法相似。

设置单元格的背景图像需要使用单元格标签 <td> 及其 "background" 属性，设置方法为

<td background=" 图像名称 "> 单元格实例 </td>

单元格引用图像与设置背景图像是有区别的。单元格引用的图像是该单元格的具体内容，不能在图像之上叠加其他文字、图像等。如果该单元格内还有其它文本、图像等信息，只能依次显示；单元格设置背景图像，就像设置背景颜色一样，只能作为背景衬托单元格，不能对其设置超链接等。而且，如果图像较小、单元格较大，就会出现"背景平铺"的效果。单元格设置背景图像后不会影响该单元格正常引用文字、图像、多媒体等内容。

单元格设置背景图像与引用图像的示例如下：

```html
<!DOCTYPE html>
<html>
    <head>
        <title> 单元格设置背景图像与引用图像 </title>
    </head>
    <body>
      <table border="1">
          <tr>
              <td width="300px" height="300px" background="../sdlogo1.png">
                  <h1 align="center"> 背景图像 </h1>
              </td>
              <td width="300px"><img src="../sdlogo1.png"/>
                  <h1 align="center"> 引用图像 </h1>
              </td>
          </tr>
      </table>
    </body>
</html>
```

运行效果如图 3.57 所示。

图 3.57　设置背景图像与引用图像

请对照源代码和运行效果，观察其不同之处。第一个单元格设置的背景图像，因图像较小出现平铺效果，该单元格引用的文本"背景图像"在应该显示的位置显示；第二个单元格引用了同

一张图像，又同时引用了文本"引用图像"，这两项内容依次排列显示，没有叠加、覆盖。

（5）设置单元格背景颜色

设置单元格背景颜色与设置表格背景颜色的方法相似，需要使用单元格标签 <td> 及其 "bgcolor" 属性。设置方法为

```
<td  bgcolor=" 属性值 "> 单元格实例 </td>
```

其中，单元格标签 <td> 的 "bgcolor" 属性值与表格背景的属性值完全一样，有颜色名称、十六进制数形式颜色值、RGB 颜色代码 3 种表达方式。

3. 统一设置列的宽度与行的高度

因显示的数据内容不同，有的列需要宽一些，有的列需要窄一些；有的行需要高一些，有的行需要矮一些。HTML 可以统一设置某列的宽度与某行的高度，不必逐个单元格去设置。

（1）统一设置列的宽度

统一设置列的宽度，应当按照当列"最宽原则"设置列宽。统一设置列宽可以通过设置列组标签 <colgroup> 和列标签 <col> 来实现，也可以通过合理设置首行各个单元格的列宽来实现。第二种设置方法请参见本节 "2. 美化单元格（3）设置单元格的宽度和高度" 内容，下面主要介绍使用列组标签 <colgroup> 和列标签 <col> 统一设置列宽的方法。

统一设置列的宽度，可在表域中增加列组标签 <colgroup> 和列标签 <col> 及其 "width" 属性，紧跟表格标题标签 <caption> 之后。没有表格标题标签 <caption> 的，紧跟表格标签 <table> 之后。设置方法为

```
<colgroup>
    <col width=" 属性值 "/>
    <col width=" 属性值 "/>
    ......

</colgroup>
```

其中，列宽的属性值与表格宽度的属性值一样，有绝对像素值、百分比两种表达形式。当列宽采用百分比的形式时，各列的百分比之和不应当超过 100%，否则会出现显示异常的情况。

（2）统一设置行的高度

统一设置行的高度，可以使用行标签 <tr> 及其 "height" 属性。设置方法为

```
<tr height=" 属性值 ">
```

height 的属性值同样有绝对像素值、百分比两种形式。当行高采用百分比的形式时，各行的百分比之和不应当超过 100%，否则会出现显示异常的情况。

统一设置列宽和行高的示例如下：

```
<!DOCTYPE html>
<html>
    <head>
        <title>统一设置列宽和行高 </title>
    </head>
    <body>
        <table border="1">
            <caption>
                <h2> 学生成绩表 </h2>
            </caption>
```

商务网页设计与制作（第2版）（微课版）

```
        <colgroup>
            <col width="100px"/>
            <col width="120px"/>
            <col width="260px"/>
            <col width="100px"/>
        </colgroup>
        <tr height="40px">
            <th  width="100">序号 </th>
            <th  width="100">姓名 </th>
            <th  width="150">课程名称 </th>
            <th  width="150">成绩 </th>
        </tr>
        <tr height="30px">
            <td></td>
            <td></td>
            <td></td>
            <td></td>
        </tr>
        <tr height="30px">
            <td></td>
            <td></td>
            <td></td>
            <td></td>
        </tr>
    </table>
</body>
</html>
```

运行效果如图 3.58 所示。

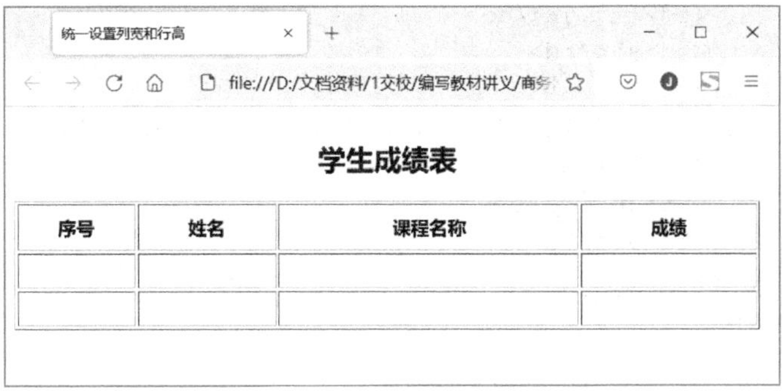

图 3.58　统一设置列宽和行高

4. 统一设置行的对齐方式

表格内容的对齐方式通常按照行来统一设置，以提高网页的制作效率。

（1）统一设置行的水平对齐方式

统一设置行的水平对齐方式，可以采用行标签 <tr> 及其 "align" 属性。设置方法为

```
<tr  align=" 属性值 ">
```

其中，行标签 <tr> 的 "align" 属性值与表头标签、单元格标签的 "align" 属性值相同，默认值为 "left"。

（2）统一设置行的垂直对齐方式

统一设置行的垂直对齐方式需要使用行标签 <tr> 及其 "valign" 属性，设置方法为

```
<tr valign=" 属性值 ">
```

其中，行标签 <tr> 的 "valign" 属性值与单元格标签的 "valign" 属性值相同，默认值为 "middle"。

统一设置行的水平、垂直对齐方式的示例如下：

```
<!DOCTYPE html>
<html>
    <head>
        <title> 统一设置行的对齐方式 </title>
    </head>
    <body>
        <table align="center" width="235" border="1">
            <caption>
                商务网页设计与制作成绩表
            </caption>
            <tr>
                <th> 序号 </th>
                <th> 姓名 </th>
                <th> 成绩 </th>
            </tr>
            <tr align="left" valign="top" height="30">
                <td>1</td>
                <td> 张一丰 </td>
                <td>99</td>
            </tr>
            <tr align="center" valign="middle" height="30">
                <td>2</td>
                <td> 王二小 </td>
                <td>95</td>
            </tr>
            <tr align="right" valign="bottom" height="30">
                <td>3</td>
                <td> 田莉 </td>
                <td>93</td>
            </tr>
        </table>
    </body>
</html>
```

运行效果如图 3.59 所示。

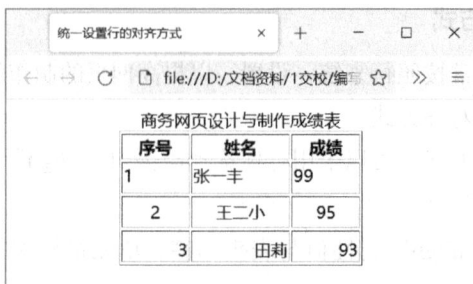

图 3.59　统一设置行的水平、垂直对齐方式

从图 3.59 可以看出，第 1 行单元格水平靠左、垂直靠上；第 2 行单元格水平居中、垂直居中；第 3 行单元格水平靠右、垂直靠下。

3.6.7　运用表格技术布局网页综合范例

我们再回过头来看看"云之雷科技有限公司"的图文网页（见图 3.60）。

微课视频

运用表格技术
布局网页综合
范例

图 3.60　图文网页样式

这是网页的雏形，它还有很多可以改善的地方，比如：

· 水平对齐方式不合适，所有内容全部靠左排列；

· 文字介绍太少。每一张计算机图片应当配有一段简洁的文字介绍；

· 整体排版效果差；

· 颜色单调；

……

下面，我们采用表格技术对网页进行重新排版、设计来美化网页。

Step 01　绘制网页草图。可采用 Excel 进行页面布局的初始设计。

为什么要使用 Excel？因为 Excel 本身就是电子表格制作软件，使用它可以很容易调整表格大小，合并、拆分表格单元非常方便，Excel 与网页表格单元设计存在很多直观的联系。而且，使用 Excel 能够非常容易地排列出表格单元的数量、大小，以及各个网页构件之间的比例关系等。设计好 Excel 初稿后就可以对照着它来设计网页表格单元，安排各个构件在网页中的位置。Excel 非常适合作网页初始页面布局的工具，即使学习并掌握了 Dreamweaver 等网页设计与制作工具，前期使用 Excel 做初始设计也是很必要的。使用 Word 也可以设计网页草图，但 Word 的版面是根据纸张大小设置的，有点不适合网页排版。

我们通过排版，得到一张网页草图（见图 3.61）。

通过这样的设计，网页的外观得到了较大的改善，网页内容显得更加丰富，吸引力增强。注意：分割线实际上是表格设置的背景色，它起到美化表格的作用，在设计网页时应当注意灵活使用表格单元来分割网页。

图 3.61　网页草图

Step 02 计算单元格行列分布及尺寸。

　　首先，仔细查清表格一共多少行、多少列。使用表格单元制作的分割线也应计算在内。经认真检查，该页面一共有 16 行、10 列，包括左右留白、上下留白。留白不是必需的，主要是考虑到页面美观而设置的，其具体大小应当根据网页整体安排来确定，达到页面整体布局协调、美观即可。

　　然后精准测量所有行、列的基础尺寸，必须精确到毫米。分割线因为很窄，可以按照 1 毫米来计算。使用格尺认真进行测量，并标记清楚尺寸（见图 3.62）。对于需要按照百分比（对照浏览器窗口尺寸）控制显示的，应当将其换算成显示比例，在下一步布局制作网页时使用。

图 3.62　标注草图尺寸

最后，逐行统计每一个需要独立控制显示的显示单元。如果显示单元存在横向、纵向合并单元格的情况，必须准确无误地统计清楚，为下一步制作网页做好准备。

Step 03 利用表格技术布局制作网页。

按照第二步测定、计算的单元格尺寸进行页面排版。因为浏览者的显示器大小不同、分辨率不同，建议按照百分比赋值的形式进行排版。

① 创建表格，确定表格的整体显示比例。如宽为90%，高为100%，设置背景颜色或背景图像。

② 创建首行，确定首行的高度百分比。然后依次创建首行各个单元格，确定各单元格的列宽百分比（也就确定了各列的宽度百分比）。

③ 依次创建各行，确定各行的高度百分比，统一设置各行的水平对齐方式、垂直对齐方式。然后依次创建各个单元格，注意单元格的合并创设方法。

对于需要嵌入文字、图像的，应当合理引用相关资源，设置好字形、字号、颜色以及图像的显示百分比等；对于需要加入超链接的，应当设置好超链接。

④ 完成表格创建与网页布局制作后，进行运行调试与修改完善，直到满意为止。

基于以上方法，利用表格技术对"云之雷科技有限公司"网页进行布局与制作的综合范例如下：

```html
<!DOCTYPE html>
<html>
    <head>
    <title>表格布局网页综合范例</title>
    <base target="_blank"/>
    </head>
    <body>
        <table align="center"  bgcolor="#E0E0E0" width="90%" height="100%"
border="0">
            <tr height="1">
            <td width="7%"></td>
            <td width="13%"></td>
            <td width="13%"></td>
            <td width="4%"></td>
            <td width="13%"></td>
            <td width="13%"></td>
            <td width="4%"></td>
            <td width="13%"></td>
            <td width="13%"></td>
            <td width="7%"></td>
            </tr>
            <tr height="11%" valign="middle">
            <td> </td>
            <td align="center" valign="middle">
                <img src="../task3.4/sdLogo.png" alt="企业logo" width="70%">
            </td>
            <td colspan="7" align="center" valign="middle">
                <font face=" 雅黑 " size="6" color="#000099">
                    <b>云之雷科技有限公司</b>
                </font>
```

```
            </td>
            <td> </td>
        </tr>
        <tr height="1" bgcolor="#666666">
            <td colspan="10"></td>
        </tr>
        <tr height="5%" align="left">
            <td> </td>
            <td colspan="8" bgcolor="#9999FF">
                <font face=" 华文新魏 " size="4">
                    <b>笔记本电脑系列 </b>
                </font>
            </td>
            <td> </td>
        </tr>
        <tr height="5%" align="center" valign="middle">
            <td valign="middle"> </td>
            <td colspan="2">
                <font face=" 宋体 "><b>T 系列 </b></font>
            </td>
            <td> </td>
            <td colspan="2">
                <font face=" 宋体 "><b>E 系列 </b></font>
            </td>
            <td> </td>
            <td colspan="2">
                <font face=" 宋体 "><b>S 系列 </b></font>
            </td>
            <td> </td>
        </tr>
        <tr height="17%" align="center" valign="middle">
            <td> </td>
            <td colspan="2">
                <a href="../task3.4/book/book1.html">
                    <img src="../task3.4/book/book1.png" alt=" 笔记本图
片 " width="90%"/>
                </a>
            </td>
            <td> </td>
            <td colspan="2">
                <a href="../task3.4/book/book2.html">
                    <img src="../task3.4/book/book2.png" width="90%"
alt=" 笔记本图片 "/>
                </a>
            </td>
            <td> </td>
            <td colspan="2">
                <a href="../task3.4/book/book3.html">
                    <img src="../task3.4/book/book3.png" width="90%"
alt=" 笔记本图片 "/>
                </a>
```

```
            </td>
            <td> </td>
        </tr>
        <tr height="8%" align="left" valign="middle">
            <td> </td>
            <td colspan="2">
                    <font face=" 幼圆 "> 性能卓越，品质优异。商务办公之首选！ </
font>
            </td>
            <td> </td>
            <td colspan="2">
                    <font face=" 幼圆 "> 物美价廉，接口丰富。工程施工之利器！ </
font>
            </td>
            <td> </td>
            <td colspan="2">
                <font face=" 幼圆 "> 时尚便携，气质优雅。尽显时尚达人之魅力！ </
font>
            </td>
            <td> </td>
        </tr>
        <tr height="1"  bgcolor="#666666">
            <td colspan="10"></td>
        </tr>
        <tr height="5%" align="left" valign="middle">
            <td> </td>
            <td colspan="8" bgcolor="#9999FF">
                <font face=" 华文新魏 " size="4"><b> 台式机系列 </b></font>
            </td>
            <td> </td>
        </tr>
        <tr height="5%" align="center" valign="middle">
            <td> </td>
            <td colspan="2"><font face=" 宋体 "><b> 闪电系列 </b></font></td>
            <td> </td>
            <td colspan="2"><font face=" 宋体 "><b> 闪光系列 </b></font></td>
            <td> </td>
            <td colspan="2"><font face=" 宋体 "><b> 闪雷系列 </b></font></td>
            <td> </td>
        </tr>
        <tr height="17%" align="center" valign="middle">
            <td> </td>
            <td colspan="2">
                <a href="../task3.4/book/computer1.html">
                        <img src="../task3.4/computer1.png" width="90%"
alt=" 台式机图片 "/>
                </a>
            </td>
            <td> </td>
            <td colspan="2">
                <a href="../task3.4/book/computer2.html">
```

```html
                            <img src="../computer2.png" width="90%" alt=" 台式
机图片 "/>
                        </a>
                    </td>
                    <td> </td>
                    <td colspan="2">
                        <a href="../task3.4/book/computer3.html">
                            <img src="../computer3.png" width="90%" alt=" 台式
机图片 "/>
                        </a>
                    </td>
                    <td> </td>
                </tr>
                <tr height="8%" align="left" valign="middle">
                    <td> </td>
                    <td colspan="2">
                        <font face=" 幼圆 ">
                            闪电系列电脑以性能强劲、兼容性好、稳定可靠著称！
                        </font>
                    </td>
                    <td> </td>
                    <td colspan="2">
                        <font face=" 幼圆 ">
                            闪光系列以节能环保、保护视力为特点，极具高性价比！
                        </font>
                    </td>
                    <td> </td>
                    <td colspan="2">
                        <font face=" 幼圆 ">
                            闪雷系列以性能强悍为主要特点，面向专业制图行家及游戏玩家！
                        </font>
                    </td>
                    <td> </td>
                </tr>
                <tr height="1"  bgcolor="#666666">
                    <td colspan="10"></td>
                </tr>
                <tr height="5%" align="left" valign="middle">
                    <td> </td>
                    <td> 友情链接：</td>
                    <td colspan="3">
                        <a href="http://www.ptpress.com.cn/">
                            人民邮电出版社
                        </a>
                    </td>
                    <td colspan="2">
                        <a href="http://www.rymooc.com/">
                            人邮学院
                        </a>
                    </td>
                    <td colspan="2">
```

```
            <a href="http://www.ryjiaoyu.com/">
                人邮教育社区
            </a>
        </td>
        <td> </td>
    </tr>
    <tr height="5%" align="left" valign="middle">
        <td> </td>
        <td>联系我们：</td>
        <td colspan="7">
            电话传真：02460000006   邮箱：
            <a href="mailto:TestMail2018@126.com">
                TestMail2018@126.com
            </a>
        </td>
        <td> </td>
    </tr>
    <tr height="1%">
        <td colspan="10"></td>
    </tr>
</table>
</body>
</html>
```

运行后会得到与图 3.64 所示网页非常接近的网页。可以看出，该公司的网页有了较多改进。再调整一下浏览器窗口大小，观察显示界面的变化。随着窗口变大，网页中图像也随之变大，一行显示的文字也变多；反之，图像变小，一行显示的文字就会减少。

3.7　多媒体引用方法

多媒体是网页中的重要元素之一，尤其是影视类、游戏类商务网站中，多媒体的应用十分重要。

多媒体是指视频和音频，以及动画和图像。其中，图像在前面的章节中我们已经介绍过，本节不再介绍。图像的设置方法与视频、音频、动画的区别较大，本节主要讲解视频和音频的引用方法。

3.7.1　设置视频

设置视频，建议使用 HTML5 新增加的视频标签 <video> 及其相关属性。其主要属性如表 3.22 所示。

表3.22　视频标签<video>的主要属性

属性	值	描述
width	pixels	设置视频播放器的宽度
height	pixels	设置视频播放器的高度

属性	值	描述
src	url	要播放的视频的URL
autoplay	autoplay	如果出现该属性（其值是固定的，为"autoplay"），则视频在就绪后马上播放
controls	controls	如果出现该属性（其值是固定的，为"controls"），则向用户显示控件，比如播放按钮
loop	loop	如果出现该属性（其值是固定的，为"loop"），则当视频完成播放后再次开始播放
muted	muted	如果出现该属性（其值是固定的，为"muted"），规定视频的音频输出被静音
poster	URL	规定视频下载时显示的图像，或者在用户点击播放按钮前显示的图像
preload	preload	如果出现该属性（其值是固定的，为"preload"），则视频在页面加载时进行加载，并预备播放。如果使用"autoplay"，则忽略该属性

1. 设置视频手动播放

设置视频手动播放，就是在浏览该网页时，引用嵌入的视频需要通过单击等手动干预才能播放。

设置视频手动播放，必须使用视频标签 <video> 及其"src"属性。为了控制视频显示的尺寸，建议使用"width""height"属性。"controls"及"poster"（海报）属性一般也建议设置，以美化视频在没有播放时的界面。

设置方法为

```
<video src=" 视频源文件名 " widwh=" 像素值 " height=" 像素值 " controls="controls" poster=" 海报图片名 "/>
```

2. 设置视频自动播放

设置视频自动播放，就是在浏览该网页时，引用嵌入的视频自动播放，无须单击。

设置视频自动播放，必须使用视频标签 <video> 及其"src""autoplay"属性。因为自动播放通常也要循环播放，需要使用"loop"属性。同时还建议使用"width""height""controls"属性，控制视频显示画面大小，提供视频交互控件。因为自动播放不需要设置海报画面，所以"poster"属性则没有必要设置。此外，有的浏览器设置了自动播放必须静音，此时还需使用"muted"属性设置静音，在自动播放过程中，我们可以通过交互控件打开音频。

设置方法为

```
<video src=" 视频源文件名 " muted="muted" autoplay="autoplay" widwh=" 像素值 " height=" 像素值 " controls="controls" loop="loop"/>
```

设置视频的示例如下：

```
<!DOCTYPE html>
<html>
    <head>
        <title> 设置视频示例 </title>
    </head>
    <body  background="img1.jpg">
        <font> 手动播放 </font>
        <video src="move1.mp4" width="480" height="320" controls="controls"
poster="img2.jpg"></video>
```

```
        <hr>
        <font> 自动播放 </font>
            <video src="move2.mp4" width="480" height="320" muted="muted"
controls="controls" autoplay="autoplay" loop="loop"></video>
        </body>
    </html>
```

运行效果如图 3.63 所示。

从上例中可以看出，第 1 个视频处于待播放状态，需要单击后才能播放，而且它还使用了一张精美的影视海报图片作为视频的封面。第 2 个视频自动进入播放状态，循环播放。

部分版本的 Firefox、Chrome、Edge 等浏览器默认禁止自动播放视频和音频，所以按照上述方法设置自动播放可能不会成功，需要读者自行修改浏览器设置。

另外，引用动画与引用视频是一样的，只是文件格式有些差异而已。

3. 隐藏视频

在引用视频时不使用"controls""poster"属性，即可实现隐藏视频功能。

图 3.63 设置视频

3.7.2 设置音频

设置音频，建议使用 HTML5 新增加的音频标签 <audio> 及其相关属性。

音频标签 <audio> 的常用属性与视频标签 <vedio> 的属性非常相似，其主要属性如表 3.23 所示。

表3.23 音频标签<audio>的主要属性

属性	值	描述
src	url	要播放的音频的 URL
autoplay	autoplay	如果出现该属性（其值是固定的，为"autoplay"），则音频在就绪后马上播放
controls	controls	如果出现该属性（其值是固定的，为"controls"），则向用户显示控件，比如播放按钮
loop	loop	如果出现该属性（其值是固定的，为"loop"），则音频循环播放
muted	muted	如果出现该属性（其值是固定的，为"muted"），规定音频输出应该被静音
preload	preload	如果出现该属性（其值是固定的，为"preload"），则音频在页面加载时进行加载，并预备播放。如果使用"autoplay"，则忽略该属性

1. 设置音频手动播放

设置音频手动播放，必须使用音频标签 <audio> 及其"src"属性。建议同时使用"controls"

属性，方便浏览者可以点击音频播放按钮。

设置方法为

```
<audio src=" 音频源文件名 " controls="controls"></audio>
```

2. 设置音频自动播放

设置音频自动播放，必须使用音频标签 <audio> 及其 "src" "autoplay" 属性。因为是自动播放，通常也要同时使用 "loop" 属性，同时还建议使用 "controls" 属性。此外，有的浏览器设置了自动播放必须静音，此时还需使用 "muted" 属性设置静音，在自动播放过程中，我们可以通过交互控件打开音频。

设置方法为

```
<audio src=" 音频源文件名 " muted="muted" autoplay="autoplay" controls="controls" loop="loop">
```

设置音频的示例如下：

```
<!DOCTYPE html>
<html>
<head>
    <title> 设置音乐示例 </title>
</head>
    <body>
        <font> 手动播放 </font>
        <audio src="song1.mp3" controls="controls" ></audio>
        <hr>
        <font> 自动播放 </font>
        <audio src="song2.mp3" muted="muted" autoplay="autoplay" controls="controls" loop="loop"></audio>
    </body>
</html>
```

运行效果如图 3.64 所示。

从上例可以看出，当浏览该网页时，第 1 个音频需要手动单击后才能播放，而第 2 个音频则直接自动播放了。

3. 隐藏音频

在引用音频的时候不使用 "controls" 属性，即可实现隐藏音频功能。

图 3.64　设置音频

4. 设置网页背景音乐

设置网页背景音乐，在网页打开的时候自动播放美妙的音乐，增添网站的吸引力。设置背景音乐应当使用音频标签 <audio> 及其相关属性。

使用音频标签 <audio> 设置背景音乐，需要使用该标签的 "src" "autoplay" "loop" "controls" 属性。

因为一些浏览器设置了自动播放音乐的限制，所以若使用上述方法，有些浏览器无法自动播放背景音乐，需要修改浏览器设置或采用 JavaScript 技术实现。

3.8 表单制作方法

几乎所有的网站都需要提供人机数据交互功能，比如在网站上注册会员、登录、留言、购买商品等。表单是由提供数据交互功能的多个标签组合实现的，如 <form>、<input>、<select>、<option> 等。制作表单常用标签如表 3.5 所示。

3.8.1 定义表单

表单是一个容器，其他表单元素均应放在表单里面，构成一个具有一定功能的表单。

定义表单，需要使用表单标签 <form> 及其相关属性。设置方法为

<form 属性 1=" 属性 1 的值 " 属性 2=" 属性 2 的值 " ……> 表单实例 </form>

表单标签 <form> 的常见属性如表 3.24 所示。

表3.24 表单标签<form>的常见属性

属性	属性值	描述
accept	MIME_type	HTML5 不支持。规定服务器接收到的文件的类型（文件是通过文件上传提交的）
accept-charset	character_set	规定服务器可处理的表单数据字符集
action	URL	规定当提交表单时向何处发送表单数据
autocomplete	nn off	规定是否启用表单的自动完成功能
enctype	application/x-www-form-urlencoded multipart/form-data text/plain	规定在向服务器发送表单数据之前如何对其进行编码（适用于 method="post" 的情况）。通常设为 "application/x-www-form-urlencoded"，是所有网页表单均可接收的类型
method	get post	规定用于发送表单数据的 HTTP 方法
name	text	规定表单的名称
novalidate	novalidate	如果使用该属性，则提交表单时不进行验证
target	_blank _self _parent _top	规定在何处打开 action URL

1. 设置 action 属性

action 属性非常重要，在网页实践中是不可或缺的表单属性。action 的作用是规定表单提交的数据交给谁去处理。不设置 action 属性，表单就没有数据交互功能了。表单的数据交互功能用于满足域内各个功能模块之间的数据交互需求，很少用其做跨域提交数据进行交互，而且跨域提

交涉及信息安全等问题，需要妥善处理，技术实现上既不安全也不方便。所以 action 通常指向域内某一具有数据接收、处理功能的地址或网页文件，由它们来接收、处理这些表单数据，比如 action="example/example.jsp"。接收、处理表单数据属于后端动态网页设计与制作范畴，通常采用 JSP、ASP、JS、JAVA、PHP 等技术编写网页或程序来接收处理表单数据。而 HTML、CSS 侧重于网页的前端设计与制作，故本书不对表单的接收、处理做介绍。

设置表单标签 <form> 的 action 属性的方法为

```
<form action="URL"> 表单实例 </form>
```

URL 可以采用相对地址形式，也可以采用绝对地址形式。

2. 设置 method 属性

表单标签 <form> 的 action 属性用于规定数据发往哪里，而表单标签 <form> 的 method 属性则用于规定采用何种方式来发送数据。

表单数据可被作为 URL 变量的形式来发送（method="get"），或者作为 HTTP post 事务的形式来发送（method="post"）。采用 get 方式是指把数据以明文的形式附加到 URL 中（长度大约3000 字符），不能发送敏感数据，该方法对于用户希望加入书签的表单提交很有用；采用 post 方式相对安全一些，将表单数据附加到 HTTP 请求的 body 内（数据不显示在 URL 中），没有长度限制，但通过 post 提交的表单不能加入书签。所以，对于希望向社会广而告之的数据信息如检索关键词等，建议采用 get 方式发送，其它信息建议采用 post 方式发送。

设置表单标签 <form> 的 method 属性的方法为

```
<form method="get/post"> 表单实例 </form>
```

method 属性的值只有两个，即 get 和 post，要么采用 get 方式，要么采用 post 方式。

3. 设置 name 属性

name 属性用于给表单定义名称，表单名称在页面中是唯一的。表单标签 <form> 的 name 属性用于标识本表单。

设置表单标签 <form> 的 name 属性的方法为

```
<form name=" 表单名称 "> 表单实例 </form>
```

表单名称可以自拟，可采用英文字母加数字的形式命名，建议使之具有一定含义，最好与表单的主要内容相符。

4. 设置表单 novalidate 属性

表单标签 <form> 的 novalidate 属性，在表单提交数据时，是否按照表单各个输入元素设置的规则校验数据。比如，输入元素的类型是手机号码，表单提交时，是否检查该输入元素的值（输入内容）是否符合手机号码的通用规则。

设置表单标签 <form> 的 novalidate 属性的方法为

```
<form novalidate> 表单实例 </form>
```

表单标签 <form> 的 novalidate 属性本身就是布尔值，无须赋值。引用 novalidate 属性意味着表单提交时不验证数据。

关于表单标签 <form> 的其他属性设置，请读者自行学习和练习。

3.8.2 定义输入项

表单的输入项在表单中非常常见，制作文本编辑框、单选按钮、复选框、日期时间编辑框、数字框等，均是使用输入项标签 <input> 的 type 属性设定的。因此输入项标签 <input> 是制作表单的重要标签，读者应多学多练。

定义输入项，需要使用输入项标签 <input> 及其相关属性。输入项标签 <input> 没有结束标签，设置方法为

<input 属性 1=" 属性 1 的值 " 属性 2=" 属性 2 的值 " ……/>

输入项标签 <input> 的属性较多，常见属性如表 3.25 所示。

表3.25　输入项标签<input>的常见属性

属性	属性值	描述
accept	MIME_type	规定通过文件上传来提交的文件的类型
align	left right top middle bottom	规定输入的对齐方式。不推荐使用
alt	text	定义输入图像的替代文本
autocomplete	on off	规定是否使用输入字段的自动完成功能
autofocus	autofocus	规定输入字段在页面加载时是否获得焦点 （不适用于 type="hidden"）
checked	checked	规定 input 元素首次加载时应当被选中
dirname	inputname.dir	规定将提交的文本方向
disabled	disabled	当 input 元素加载时禁用此元素
form	formname	规定输入字段所属的一个或多个表单
formaction	URL	覆盖表单的 action 属性 （适用于 type="submit" 和 type="image"）
formenctype	见注释	覆盖表单的 enctype 属性 （适用于 type="submit" 和 type="image"）
formmethod	get post	覆盖表单的 method 属性 （适用于 type="submit" 和 type="image"）
formnovalidate	formnovalidate	覆盖表单的 novalidate 属性 如果使用该属性，则提交表单时不进行验证
formtarget	_blank _self _parent _top framename	覆盖表单的 target 属性 （适用于 type="submit" 和 type="image"）

属性	属性值	描述
height	pixels %	定义 input 字段的高度（适用于 type="image"）
list	datalist-id	引用 <datalist> 标签，其中包含 <input> 标签的预定义选项
max	number date	规定输入字段的最大值。 请与 min 属性配合使用，来创建合法值的范围
maxlength	number	规定输入字段中的字符的最大长度
min	number date	规定输入字段的最小值。 请与 max 属性配合使用，来创建合法值的范围
minlength	number	规定输入字段中的字符的最小长度
multiple	multiple	如果使用该属性，则允许一个以上的值
name	field_name	定义 input 元素的名称
pattern	regexp_pattern	规定输入字段的值的模式或格式。 例如 pattern="[0-9]" 表示输入值必须是 0 与 9 之间的数字
placeholder	text	规定帮助用户填写输入字段的提示
readonly	readonly	规定输入字段为只读
required	required	指示输入字段的值是必需的
size	number_of_char	定义输入字段的宽度
src	URL	定义以提交按钮形式显示的图像的 URL
step	number	规定输入字段的合法数字间隔
type	button	定义可点击按钮（多数情况下，用于通过 JavaScript 启动脚本）
	checkbox	定义复选框
	file	输入为文件类型数据，出现"浏览"按钮，选择文件进一步处理
	hidden	定义隐藏的输入字段
	image	定义图像形式的提交按钮
	password	定义密码字段。该字段中的字符为掩码
	radio	定义单选按钮
	reset	定义重置按钮。单击重置按钮会清除表单中的所有数据
	submit	定义提交按钮。单击提交按钮会把表单数据发送到后端页面或应用
	text	单行的输入字段，用户可在其中输入文本。默认宽度为 20 个字符
	email	输入电子邮箱地址格式，只能输入规范的电子邮箱地址格式
	date	定义为日期时间类型
	week	定义 week 和 year 控件（不带时区）
	month	定义 month 和 year 控件（不带时区）
	time	输入时间的控件（不带时区）
	datetime	定义 date 和 time 控件（包括年、月、日、时、分、秒、几分之一秒，基于 UTC 时区）
	datetime-local	定义 date 和 time 控件（包括年、月、日、时、分、秒、几分之一秒，不带时区）
	range	输入必须在一个范围内，常与 min、max、step 属性组合使用
	search	输入为搜索关键词

属性	属性值	描述
type	tel	输入为手机号码类型
	number	输入只能为数字，其他字符无法输入，常与 min、max、step 属性组合使用
	url	输入为网址格式
value	text	输入元素的值
width	pixels %	规定输入元素的宽度（适用于 type="image"）

　　表单输入项标签 <input> 的属性多且复杂，初学时难以全面掌握。我们先通过学习制作学生信息编辑表单（见 3.8.7 制作学生信息编辑表单综合范例）来逐步学习、掌握输入项标签 <input> 及其相关属性的使用方法。

1. 设置文本类型

　　很多数据都是文本类型的。设置输入项为文本类型，需要使用输入项标签 <input> 及其 type 属性，设置方法为

```
<input type="text"/>
```

　　当 type 属性值为"text"时，定义该输入项为文本类型。文本类型输入项时常与 pattern、minlength、maxlength 等属性组合使用。

2. 设置数字类型

　　网页中数字类型数据也比较多，数字类型本身具有验证机制，输入非数字字符无法通过数据验证。设置输入项为数字类型，需要使用输入项标签 <input> 及其 type 属性，设置方法为

```
<input type="number"/>
```

　　当 type 属性值为"number"时，定义该输入项为数字类型。数字类型输入项时常与 min、max、step 等属性组合使用。

3. 设置日期时间类型

　　日期时间类型数据比较有特点，使用场景也较多。各浏览器对日期时间类型数据的支持程度不同，使用时需要注意浏览器之间的差异，目前 Chrome、Oprea 等浏览器支持日期时间类型相对较好。如果设置输入项为日期时间类型，运行时会弹出日期时间对话框，供用户选择、确定日期和时间。

　　设置输入项为日期时间类型，需要使用输入项标签 <input> 及其 type 属性，设置方法为

```
<input type="date"/>
```

　　当 type 属性值为"date"时，定义该输入项为日期时间类型。日期时间类型数据还有 week、month、time、datetime、datetime-local 等几种类型，设置方法相同，只是 type 的属性值不同。

　　设置日期时间类型数据的示例代码如下：

```
<!DOCTYPE html>
<html>
```

```
<head>
    <title>设置日期时间类型数据</title>
</head>
<body>
    <form action="#" method="get">
        出版日期：
        <input type="date"/>
    </form>
</body>
</html>
```

代码运行后，出现日期时间类型数据输入项，当单击输入项时，弹出时间日期对话框，如图 3.65 所示。

4. 制作表单按钮

表单按钮有 3 种：普通按钮、提交按钮和重置按钮，由输入项标签 <input> 的 type 属性的值来确定。普通按钮可以指向一个 URL，或者启动一段脚本或一个应用，其具体功能可以根据业务需要进行定制。而提交按钮和重置按钮的功能是封装好的、不可更改的，提交按钮用于将表单数据经过验证后提交

图 3.65　设置日期时间型数据

给后端的网页或软件接收处理，重置按钮用于将表单输入的数据全部抹去，恢复到表单初始状态。

制作表单按钮可使用输入项标签 <input> 及其 type 和 value 属性，制作方法为

```
<input type="button|submit|reset" value="caption"/>
```

其中，type 属性值为 "button" 时，定义该输入项为普通按钮；当 type 属性值为 "submit" 时，定义该输入项为提交按钮；当 type 属性值为 "reset" 时，定义该输入项为重置按钮。value 属性用于给该输入项的显示标题赋值，没有给 value 属性赋值将会使用其默认属性值。

制作表单按钮的示例代码如下：

```
<!DOCTYPE html>
<html>
<head>
    <title>制作表单按钮</title>
</head>
<body>
    <form action="#" method="get">
        产品说明
        <br>
        <textarea name="phone" id="phonetext" cols="50" rows="10"></textarea>
        <br>
        <input type="button" value="产品演示"/>
        <input type="reset" value="重置"/>
        <input type="submit" value="保存"/>
    </form>
</body>
</html>
```

运行效果如图 3.66 所示。

图 3.66　制作表单按钮

3.8.3　制作下拉菜单和数据列表

表单中经常有下拉菜单、数据列表的形式，是制作表单应当学习、掌握的基础内容。

1. 制作下拉菜单

制作下拉菜单，需要组合使用下拉列表标签 <select> 及其 name 属性和选择项标签 <option> 及其 value 属性，制作方法为

```
<select name="selectvalue">
    <option value=" value1">选择项 1</option>
    <option value=" value2">选择项 2</option>
    <option value=" value3">选择项 3</option>
    <option value=" value4">选择项 4</option>
</select>
```

其中，使用下拉列表标签 <select> 首先定义一个下拉列表并命名以传递数字，然后使用选择项标签 <option> 分别定义各个选择项的值。选择项标签 <option> 的 value 属性值由用户方按照业务逻辑为其赋予选择项所示项目的代码值即可。比如，下拉列表是学生选课用的，则选择项的属性值就应当是该选择项所示课程的代码值。

2. 制作数据列表

数据列表与下拉菜单形式上有些相似，容易混淆，请读者注意两者的区别。制作数据列表需要使用数据列表标签 <datalist> 及其 id 属性，通常结合选择项标签 <option> 及其 value 属性和输入项标签 <input> 及其 list、name 属性共同设置来完成。

制作数据列表的方法为

```
<input name="inputname" list="datalistid"/>
<datalist id="datalistid">
    <option value="value1">选择项 1</option>
    <option value="value2">选择项 2</option>
    <option value="value3">选择项 3</option>
    <option value="value4">选择项 4</option>
</datalist>
```

首先，用输入项标签 <input> 定义一个输入域，同时用 list 属性指向 id 名为 "datalistid" 的数据列表，并以 name 属性命名输入项为 "inputname"，为数据交互做好准备；然后，使用数据列表标签 <datalist> 定义一个数据列表，用 id 属性命名其名称为 "datalistid"，与输入项标签 <input> 的 list 属性值保持相同，才能实现数据列表标签 <datalist> 与输入项标签 <input> 的数据关联；最后，使用选择项标签 <option> 及其 value 属性逐一制作选择项的提示内容并赋值其 value 属性。

制作下拉菜单和数据列表的示例代码如下：

```
<!doctype html>
<html>
<head>
    <title>制作下拉菜单和数据列表</title>
</head>
<body>
```

```
<form name="myform" method="post" action="">
    <!--action 属性通常用于同后台程序交互,后台交互不属于本书知识范围 -->
    <select name="myselect">
        <option value="b001"> 二年一班 </option>
        <option value="b002"> 二年二班 </option>
        <option value="b003"> 二年三班 </option>
        <option value="b004"> 二年四班 </option>
    </select>
    <input name="datalistname" list="datalistid"/>
    <datalist id="datalistid">
        <option value="a001"> 围棋 </option>
        <option value="a002"> 钢琴 </option>
        <option value="a003"> 美术 </option>
        <option value="a004"> 读书 </option>
    </datalist>
</form>
</body>
</html>
```

代码运行后，网页中出现一个下拉菜单和一个数据列表。下拉菜单自动取第 1 个选择项的值为初始值，而数据列表则没有初始值。当单击下拉菜单时，弹出所有选择项供用户选择；当单击数据列表时，弹出所有选择项供用户选择，选中选择项后，数据列表的值发生改变，为选中选择项对应的 value 值。运行效果如图 3.67 所示。

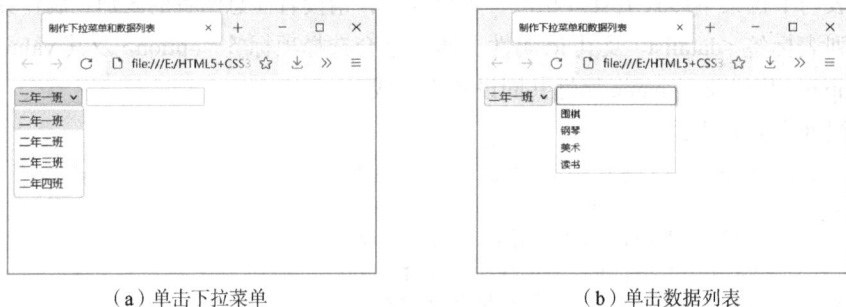

（a）单击下拉菜单　　　　　　　　　　　　　　（b）单击数据列表

图 3.67　制作下拉菜单与数据列表

3.8.4　制作元素分组和输入项标注标签

1. 制作元素分组

表单中，通常将一类性质相似的元素划为一组，并用线框将其包围以美化显示效果。这就需要使用分组标签 <fieldset> 和分组标题标签 <legend>，制作方法为

```
<fieldset>
    <legend> 分组标题实例 </legend>
    ......
</fieldset>
```

首先用分组标签 <feildset> 定义一个分组，然后用分组标题标签 <legeng> 定义分组标题。其余夹在 <fieldset>、</fieldset> 之间的所有元素均被划分为一组，并用线框将其包围。

2. 制作输入项标注标签

输入项标注标签 <label> 不仅能用来标注输入项，还能与标注的输入项绑定，成为一个整体。输入项标注标签 <label> 为鼠标用户改进了可用性，当用户选择该标签时，浏览器就会自动将焦点转到和该标签绑定的表单控件上。也就是说，如果想要选中某文本框，不必非得在该文本框内单击，直接单击由输入项标注标签 <label> 标记的文本即可，相当于给输入项标签 <input> 输入项添加了一个感应区。

输入项标注标签 <label> 有两个属性非常重要，一个是 for，另外一个是 accesskey。属性 for 是用于设置绑定某一输入项的，属性 accesskey 是用于设置访问激活所绑定的元素的热键，当按下热键，所绑定的元素将获取焦点。

制作输入项标注标签 <label>，需要使用其 for、accesskey 属性，并与输入项标签 <input> 及其 type 属性共同设置实现绑定。制作方法为

```
<label for="inputid" accesskey="N"> 标注标签实例 </label>
<input type="text" name="inputdata" id="inputid"/>
```

输入项创建标注标签 <label> 时，通过 for 属性指向输入项 ID 号，并给出标注标签实例。然后在创建输入项标签 <input> 时，必须通过 id 属性创建 ID 号，只要这个 ID 号与输入项标注标签 <label> 的 for 属性指向的 id 号相同，就实现了两者绑定。当输入项标注标签 <label> 的 accesskey 属性值为 "N" 时，标识热键为 Alt+N。当 accesskey 属性值为其它字母时，标识热键为 Alt+ 其他字母。

3.8.5 制作文件项与进度条

1. 制作文件项

文件项标签在上传文件时常常用到，比如在硬盘里浏览、查找文件并选择上传。

制作文件项需要使用输入项标签 <input> 及其 type 属性，以及全局属性 id，制作方法为

```
<input type="file" id="fileid" />
```

通过将 type 的属性赋值为 "file"，确定该输入项为文件类型。通过对 id 赋值全局属性 "fileid"，确保该输入项全局唯一，可以被其他语句（包括脚本等）调用。输入项标签 <input> 的 type 属性也可以和 multiple、accept 等属性共同设置，确定是否为多文件上传，以及限制上传文件的类型。

制作文件项的示例代码如下：

```
<!DOCTYPE html>
<html>
    <head>
     <title> 文件类型输入项示例 </title>
    </head>
    <body>
        <form method="post" action="" name="fileform">
            <input type="file" id="fileid"/>
        </form>
    </body>
</html>
```

运行效果如图 3.68 所示，出现"浏览"按钮。点击"浏览"按钮，弹出"文件上传"对话框，如图 3.69 所示，供用户选择文件，确认上传文件名称。

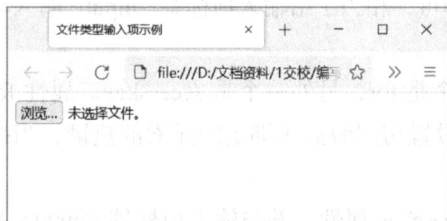

图 3.68　出现"浏览"按钮

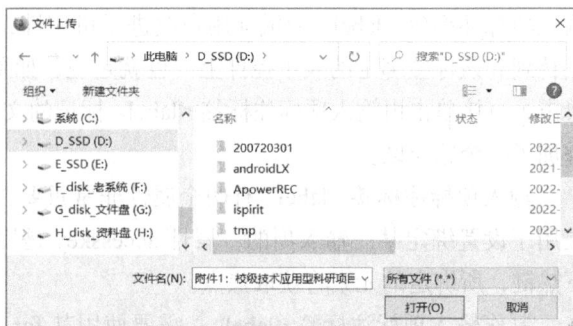

图 3.69　弹出"文件上传"对话框

2. 制作进度条

进度条标签可以在表单中使用，也可以不在表单中使用。使用进度条可以形象地展示某个操作的进度，对于一些耗时较长的操作具有较好的提示作用。比如上传视频等大文件时，由于视频文件通常比较大，上传的速度相对较慢，可以以进度条来形象展示上传进度。

制作进度条，需要使用进度条标签 <progress> 及其 max 和 value 属性，制作方法为

```
<progress value="setvalue" max="maxvalue">
</progress>
```

其中，max 属性用于设定该进度条的最大值，value 属性用于给进度条赋值。进度条标签 <progress> 通常与脚本配合使用，效果更好。

进度条标签 <progress> 对动态显示进度非常有意义，因此它通常采用剧本语言等以获得 value 属性值的动态更新。

3.8.6　数据验证与数据输出

1. 数据验证

表单中的数据信息最终需要提交给目的网页或应用来处理，在提交表单过程中，表单首先要进行数据验证。按照输入项标签 <input> 的 type 属性值的类型，以及通用规则和自定义正则表达式的规则进行数据验证。通过数据验证的，按照表单标签 <form> 的 method 属性确定的数据提交的方式和 action 属性确定的目标地址提交表单数据；未通过数据验证的，不会提交数据，需要对输入项的数据进行修正后再尝试提交。

数据验证分两个方面：一是按照 type 属性值确定的输入项类型验证输入的数据，如电话号码、电子邮箱、数字等类型；二是通过 pattern 确定的正则表达式来验证数据输入是否符合规则要求。正则表达式［又称规则表达式（Regular Expression），在代码中常简写为 regex、regexp 或 RE］是对字符串［包括普通字符（例如 a 到 z 之间的字母）和特殊字符（称为"元字符"）］操作的一种逻辑公式，就是用事先定义好的一些特定字符及这些特定字符的组合，组成一个"规则字符串"，这个"规则字符串"用来表达对字符串的一种过滤逻辑。正则表达式是一种文本模式，许多程序

设计语言如 Java、C++、JavaScript 以及 Python 等都支持利用正则表达式进行字符串操作，关于正则表达式的构成规则请参阅相关资料。

使用输入项标签 <input> 的 pattern 属性设置输入规则的方法为

```
<input type="text" pattern="regexp"/>
```

是否验证表单数据可以通过表单标签 <form> 的 novalidate 属性来控制。设置 novalidate="novalidate" 时，表单提交时不做数据验证，否则需做数据验证。

一个简单的数据验证的示例代码如下：

```
<!DOCTYPE html>
<html>
    <head>
        <title>数据验证示例</title>
    </head>
    <body>
        <form action="#" method="get">
            <br>
            <br>
            (以字母开头，允许 5 ~ 16 字符，允许字母、数字和下划线)
            <br>
            输入账号：
            <input type="text" name="username" pattern
                ="^[a-zA-Z][a-zA-Z0-9_]{4,15}$" />
            <!-- 字符串 "^[a-zA-Z][a-zA-Z0-9_]{4,15}$" 为正则表达式 -->
            <input type="submit" value=" 提交 "/>
        </form>
    </body>
</html>
```

本示例中，需要输入一个账号信息。为了保证账号安全，账号通常复杂一些为好。本示例设置的账号规则相对不是很复杂，只要求以字母开头，允许字母、数字和下画线 3 类字符输入，长度为 5 ~ 16 之间即可。如果输入的数据不符合要求，表单提交时会有提示，要求修改输入的内容。运行效果如图 3.70 所示。

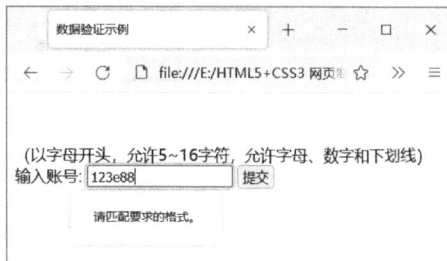

图 3.70　数据验证

2．数据输出

HTML5 增加了输出标签 <output>，用于计算结果的输出、显示（比如执行脚本计算结果的输出），该标签的 3 个属性如表 3.26 所示。

表3.26　输出标签<output>的3个属性

属性	属性值	描述
for	element_id	描述计算中使用的元素与计算结果之间的关系
form	form_id	定义输入字段所属的一个或多个表单
name	name	定义对象的唯一名称（表单提交时使用）

输出标签 <output> 是用于将计算结果输出、显示的，而 HTML 没有计算功能，所以该标签应当结合脚本等使用。

数字计算结果的输出，需要使用输出标签 <output> 的 name、for 属性，设置方法为

```
<output name="result" for="elements"/>
```

使用 name="result" 标识输出元素名称为 result；使用 for 属性定义相关的计算元素，有多少写多少，中间以空格间隔，如 for="a b c"。

3.8.7　制作学生信息编辑表单综合范例

综合运用表单标签 <form>、输入项标签 <input> 及相关属性，可以制作一些简单的表单，如学生信息编辑表单、商品信息编辑表单、会员注册表单等。下面以学生信息编辑表单为例，学习掌握表单标签 <form>、输入项标签 <input> 及相关常用属性的使用方法。学生信息包括姓名、学号、性别、身份证号、出生日期、所在班级、兴趣爱好、是否团员、手机号码、电子邮箱、家庭住址等。

第一步：对上述学生信息项目进行排版。按照编辑习惯、界面美观等要求，对信息编辑界面进行排版设计，合理安排各个项目的位置，力求美观、实用。因本示例主要介绍表单制作技术，故编者仅做了简单排版，如图 3.71 所示。

图 3.71　学生信息编辑界面排版效果

第二步：对上述学生信息项目按照输入内容的性质进行分类。通过分类合理确定哪些是文本类型、单选按钮类型、复选框类型、日期时间类型、数字类型、电子邮箱地址类型等输入项，哪些是下拉菜单等其他输入内容。

第三步：对照分类结果确定输入项标签的 type 属性值。本示例中，姓名、身份证号、家庭住址的 type 属性值为"text"，学号的为"number"，手机号码的为"tel"，性别、是否团员的为"radio"，兴趣爱好的为"checkbox"，出生日期的为"date"，电子邮箱的为"email"，所在班级的为下拉菜单。

第四步：制作网页代码文档结构，完成头文档、主文档的构建。

第五步：在网页代码文档结构内，插入表单及其相关元素，完成表单制作。

示例代码如下：

```
<!doctype html>
<html>
<head>
    <title> 学生信息编辑表单 </title>
</head>
<body>
    <form name="XXBJ" method="post" action="">
        <!--action 属性通常用于同后台程序交互，后台交互不属于本课程知识范围 -->
            姓名：
        <!-- 表单内的文本信息可以直接编写，也可使用 <font><label> 等标签强化显示效果。-->
        <input name="XM" type="text" size="16" />
         <!-- 规定本输入为文本类型 -->
                 
                  
        <font color="blue" face=" 楷体 " size="4">学号：</font>
        <input name="XH" type="number"  size="16" min="100000000" max=
"999999999" step="1"/>
        <!-- 规定本输入为数字类型，设定输入框宽度为16，并设定了最大值和最小值 -->
        <br><br>
             性别：   男
        <input name="XB" type="radio"/>
        <!-- 规定本输入为单选按钮类型 -->
           女
        <input name="XB" type="radio"/>
                 
                 
        身份证号：
        <input name="SFZH" type="text" size="18" min="10000000000000000"
max="zzzzzzzzzzzzzzzzzz"/>
        <!-- 规定本输入为文本类型 -->
        <br><br>
        出生日期：
        <input name="CSRQ" type="date"/>
        <!-- 规定本输入为日期类型，注意各个浏览器对日期类型的支持程度不同 -->
               
              
        团员：  
        <input name="TY" type="checkbox"/>
        <!-- 规定本输入为复选框类型 -->
        <br><br>
        手机号码：
        <input name="SJHM" type="tel"/>
        <!-- 规定本输入为手机号码类型 -->
              
        电子邮箱：
        <input name="DZYX" type="email"/>
        <!-- 规定本输入为电子邮箱地址类型 -->
        <br><br>
           家庭住址：
        <input name="ZZ" type="text" size="69"/>
    </form>
</body>
</html>
```

运行效果如图 3.72 所示。

图 3.72 学生信息编辑表单

从运行结果可以看出，type 属性规定的各种输入类型，在输入的时候并不验证输入规则是否正确，当表单提交时才会校验。所以，如果需要在数据输入的时候立即进行数据验证，就得借助脚本等实现。由于 <input> 的属性较多，请读者参照制作学生信息编辑表单范例自行学习、体验各个属性的使用方法。

制作表单时，可以结合表格技术对表单界面进行布局，获得更好的排版效果。

3.9 元数据设置

元数据（Meta Data，META）是关于数据的数据信息。元数据标签 <meta> 提供了 HTML 文档的元数据。元数据不会显示在客户端，但是会被浏览器解析。META 元素通常用于指定网页的描述、关键词、文件的最后修改时间、作者及其他元数据等。元数据可以被使用浏览器（如何显示内容或重新加载页面）、搜索引擎（关键词）或其他 Web 服务调用。

元数据标签为 <meta>，元数据标签应当放在 HTML 头文档中，即在 <head> 和 </head> 之间，其主要属性如表 3.27 所示。

表3.27 元数据的主要属性

属性	属性值	描述
charset	character_set	HTML5 增加的新属性，定义 HTML 文档的字符编码
name	application-name author description generator keywords	把 content 属性关联到一个名称。通常与 content 属性联合使用
http-equiv	content-type default-style refresh	把 content 属性关联到 HTTP 头部。如果设置了 http-equiv 属性，则不应该设置 name 属性
content	text	定义与 http-equiv 或 name 属性相关的元数据

3.9.1 设置字符编码

字符编码也称字集码，是指字符的编码规范，常见的编码规范有 ASCII、MBCS、GB2312、GBK、Unicode、UTF-8 等。其中，UTF-8 规范逐渐成为电子邮件、网页及其他存储或传送文字的应用中，优先采用的编码规范。

设置字符编码需要使用元数据标签 <meta> 及其 charset 属性，设置方法为

```
<meta charset=" 属性值 "/>
```

其中，charset 属性用来确定字符编码规范，其属性值是字符编码规范的代号，如 UTF-8、ASCII、GB2312、GBK、Unicode 等。

在 HTML5 中，默认的字符编码规范为 UTF-8，可以根据需要选择其它字符编码规范。

3.9.2 设置 name 和 content 属性

name 属性是用于规定元数据名称的，实际上是用于定义元数据的信息类型的。name 属性值代表元数据的一种信息类型，再用 content 属性进一步描述或说明该元数据信息类型的具体信息或数据。

比如，设置 name 的属性值为作者 "author"，可以用 content 属性值进一步说明 "author" 信息类型的属性值为 "张三丰"。

设置元数据标签 <meta> 的 name 和 content 属性的方法为

```
<meta name="name 属性值 "  content="content 属性值 "/>
```

通过 name 属性值来定义元数据的信息类型，再通过 content 属性值进一步描述或说明该信息类型的数据值。name 属性的常用值如表 3.28 所示。

表3.28 name属性的常用值

属性值	描述
application-name	规定页面所代表的 Web 应用程序的名称
author	规定文档的作者的名字
keywords	规定一个逗号分隔的关键词列表。关键词对于 SEO 意义重大。 实例：<meta name="keywords" content="HTML, meta tag, tag reference">
description	规定页面的描述。搜索引擎会把这个描述显示在搜索结果中。 实例：<meta name="description" content="Free web tutorials">
generator	规定用于生成文档的一个软件包。 实例：<meta name="generator" content="FrontPage 4.0">

3.9.3 设置 http-equiv 和 content 属性

http-equiv 属性提供了 content 属性的数据值的 HTTP 头，可用于模拟一个 HTTP 响应头。常用的 http-equiv 属性值如表 3.29 所示。

表3.29　常用的http-equiv属性值

属性值	描述
content-type	规定文档的字符编码。 实例：`<meta http-equiv="content-type" content="text/html; charset=UTF-8">`
default-style	规定要使用的预定义的样式表。 实例：`<meta http-equiv="default-style" content="the document's preferred stylesheet">` 注释：上面 content 属性的值必须匹配同一文档中的一个 link 元素上的 title 属性的值，或者必须匹配同一文档中的一个 style 元素上的 title 属性的值
refresh	定义文档自动刷新的时间间隔。 实例：`<meta http-equiv="refresh" content="300">` 注释：值 "refresh" 应该慎重使用，因为它会使得页面不受用户控制。在 W3C's Web 内容可访问性指南中使用 "refresh" 会到导致失败
expires	用于设定网页的到期时间。一旦网页过时，必须到服务器上重新传输。 用法：`<meta http-equiv="expires" content="Fri,12Jan200118:18:18GMT">` 注意：必须使用 GMT 时间格式
pragma	禁止浏览器从本地计算机的缓存中访问页面内容。 用法：`<meta http-equiv="pragma" content="no-cache">` 注意：这样设定，访问者将没法脱机浏览
set-cookie	若是网页过时，那么 cookie 将被删除。 用法：`<meta http-equiv="set-cookie"` `content="cookievalue=xxx;expires=Friday,12-Jan-200118:18:18GMT;path=/">` 注意：必须使用 GMT 时间格式

设置元数据标签 <meta> 的 http-equiv 和 content 属性的方法为

```
<meta http-equiv="http-equiv 属性值 "  content="content 属性值 "/>
```

通过 http-equiv 属性值来定义 HTTP 的响应头，再用 content 属性值进一步描述或说明该响应头数据值之间的关系。

3.9.4　制作 SEO 关键词

设置网站检索信息是 SEO 运营的重要内容之一。网站的检索信息包括网页的标题、网站 SEO 关键词、网站描述、图片替换文本等，以及联系方式、版权说明、公司电话、传真、地址、备案等网站诚信度相关信息。除了网站关键词以外，其他检索信息均可采用前面的技术完成制作。

制作网站 SEO 关键词，可以使用元数据标签 <meta> 及其 name 属性的 "keywords" 值，以及 content 属性。设置方法为

```
<meta name="keywords"  content="keywords 列表 "/>
```

通过元数据标签 <meta> 的 name 属性值 "keywords" 来确定元数据为关键词类型，再通过 content 属性值来定义关键词列表，列表之间使用英文逗号 "," 分隔。如 content=" 电器网站 , 空调 , 洗衣机 , 电冰箱 , 饮水机 , 电饭煲 "。

3.9.5　设置元数据示例

网页制作要求：制作一个网页，元数据设置要求如下。

微课视频

设置元数据
示例

采用"UTF-8"字符编码规范;设置网页5秒之后自动跳转到人民邮电出版社网址 https://www.ptpress.com.cn;设置作者为"张三丰";设置网站的搜索关键词为武侠小说、金庸、古龙、梁羽生、还珠楼主、柳残阳;设置网页的描述为"武侠小说大本营!包括著名武侠小说作家金庸、古龙、梁羽生、还珠楼主、柳残阳等的优秀作品,书籍最全面、价格最优惠!"。

分析:采用元数据标签 <meta> 的 charset 属性设置字符编码规范,设置 http-equiv 属性值为"refresh"并结合 content 属性来设置网页自动跳转;设置 name 属性值为"author"并结合 content 属性来设置作者姓名;设置 name 属性值为"keywords"并结合 content 属性值来设置网站的搜索关键词。

设置元数据的综合示例代码如下:

```
<!DOCTYPE html>
<html>
    <head>
        <title> 设置元数据示例 </title>
        <meta charset="UTF-8"/>
        <meta http-equiv="refresh" content="5;URL=https://www.ptpress.com.cn"/>
        <meta name="author" content=" 张三丰 "/>
        <meta name="keywords" content=" 武侠小说，金庸，古龙，梁羽生，还珠楼主，柳
残阳 "/>
        <meta name="description" content=" 武侠小说大本营!包括著名武侠小说作家金
庸、古龙、梁羽生、还珠楼主，柳残阳等的优秀作品,书籍最全面、情节最动人、价格最优惠! "/>
    </head>
    <body>
        <h3 align="center">5 秒后将跳转到人民邮电出版社网站 ......</h3>
    </body>
</html>
```

> **注意**
>
> 在设置定时跳转的时候,content 属性值中双引号的位置要正确。

网页运行后,首先出现一个网页,如图 3.73 所示,5 秒后网页跳转到人民邮电出版社网站。

图 3.73 设置元数据示例

小结

本章我们主要介绍了 HTML 网页制作技术。首先介绍了网页源文件的定义、存储格式及运行方法,引出网页源文件的制作语言 HTML。然后介绍了 HTML 的基础知识、网页元素标签的

作用、网页元素标签及其属性的设置方法。最后以示例讲解的形式分别介绍了文本设置、图像设置、超链接设置、表格制作、多媒体引用、表单制作、元数据设置等技术。

习题

一、选择题

1. 制作网页，就是制作网页源文件，把（　　）、图像、多媒体文件等相关元素有机组织起来。

A. 文字　　　　　　B. 声音　　　　　　C. 视频　　　　　　D. 动画

2. 网页源文件是纯文本文件，可在记事本中查看、（　　）、保存。

A. 浏览　　　　　　B. 加入图像　　　　C. 加入音频　　　　D. 编辑

3. 在 HTML 规范里，网页元素是指（　　）、图像、声音、视频、动画、超链接、菜单、表单和程序等网页基础单元。

A. 音频　　　　　　B. 文本　　　　　　C. 图片　　　　　　D. 导航栏

4. 网页源文件采用"超文本标记语言文件格式"进行存储，文件扩展名通常为（　　）或".htm"。

A. ".html"　　　　　B. ".exe"　　　　　C. ".doc"　　　　　D. ".ppt"

5. HTML 标签是专门用于定义网页元素的，通常由元素的英文名称或者缩写来标识，并用（　　）括起来。

A. "【　】"　　　　B. "[]"　　　　　　C. "{}"　　　　　　D. "< >"

6. HTML 标签基于实用的角度，总体上可分为（　　）、格式标签、表单标签、框架标签、图像标签、视音频标签等。

A. 基础标签　　　　B. 价格标签　　　　C. 产品标签　　　　D. 铭牌标签

7. HTML 的结构主要分（　　）和主文档两大部分，头文档对这个文档进行了一些必要的定义，主文档中才是要显示的各种文档信息。

A. 头文档　　　　　B. 文档尾　　　　　C. 文档中部　　　　D. 文档外围

8. 网页标题标签是（　　）。

A. <title>　　　　　B. <font>　　　　　C. <p>　　　　　　D. <ol>

9. 文档标题标签是（　　）。

A. <title>　　　　　B. <h1> ～ <h6>　　C. <p>　　　　　　D. <ul>

10. 段落标签是（　　）。

A. <p>　　　　　　B. <title>　　　　　C. <ol>　　　　　　D. <ul>

11. 在 HTML 中，引用文件（包括图像文件）的路径包括（　　）和相对路径两种方式。

A. 绝对路径　　　　B. 最短路径　　　　C. 最长路径　　　　D. 优化路径

12. 在 HTML 中，当前目录用（　　）表示。如果省略路径，也指当前路径。

A. "../"　　　　　　B. "./"　　　　　　C. ".\"　　　　　　D. "..\"

13. 在 HTML 中，上一级目录用（　　）表示。

A. "../"　　　　　　B. "./"　　　　　　C. ".\"　　　　　　D. "..\"

14. 在 HTML 中，上二级目录用（　　　　）表示。

    A. "../../"   B. "../"   C. "..\ ..\"   D. "//"

15. 图像标签是（　　　　）。

    A. <img>   B. <image>   C. <picture>   D. <photo>

16. 设置图像尺寸的属性是（　　　　）和 "height"。

    A. "width"   B. "length"   C. "int"   D. "mm"

17. 设置图像水平对齐方式的属性是（　　　　）。

    A. "text-align"   B. "align"   C. "valign"   D. "image"

18. 设置网页背景图像需要使用文档主体标签 <body> 及其（　　　　）属性。

    A. "bgcolor"   B. "image"   C. "img"   D. "background"

19. 设置网页背景颜色需要使用文档主体标签 <body> 及其（　　　　）属性。

    A. "bgcolor"   B. "image"   C. "img"   D. "background"

20. 超链接的标签是（　　　　）。

    A. <a>   B. <href>   C. <link>   D. <superlink>

21. 设置表格的标题，应当使用（　　　　）。

    A. 表格标题标签 <caption>   B. "caption" 属性

    C. "title" 属性   D. 表格标题标签 <title>

22. 视频标签 <video> 用于引用视频资源的属性是（　　　　）。

    A. "href"   B. "src"   C. "filename"   D. "link"

23. 视频标签 <video> 用于显示播放控件（按钮）的属性是（　　　　）。

    A. "display"   B. "look"   C. "controls"   D. "Button"

24. 音频标签 <audio> 用于控制自动播放的属性是（　　　　）。

    A. "autoplay"   B. "run"   C. "play"   D. "autorun"

25. 音频标签 <autio> 用于控制循环播放的属性是（　　　　）。

    A. "circle"   B. "round"   C. "ring"   D. "loop"

26. 表单标签是（　　　　）。

    A. <table>   B. <biaodan>   C. <form>   D. <input>

27. 表单输入项标签是（　　　　）。

    A. <table>   B. <shuru>   C. <form>   D. <input>

28. 表单下拉菜单标签是（　　　　）。

    A. <table>   B. <list>   C. <ul>   D. <select>

29. 元数据标签是（　　　　）。

    A. <yuan>   B. <meta>   C. <form>   D. <data>

30. 制作网站 SEO 关键词，可以使用元数据标签 <meta> 及其 name 属性的（　　　　）值，以及 content 属性。

    A. word   B. keywords   C. mainword   D. author

二、判断题

1. 一个网页至少包括一个网页源文件。   （　　　　）

2. 因为网页中有图像、多媒体等信息，所以网页源文件不是纯文本文件。 （　　）

3. 网页源文件是可执行文件，能够直接执行，不需要使用浏览器等解释、执行。 （　　）

4. 网页的解释代码与源文件的代码执行的功能是不同的。 （　　）

5. 解释代码是纯文本文件，可在记事本中查看、编辑、保存。 （　　）

6. HTML 是唯一的网页制作语言。 （　　）

7. HTML5 经重大版本修订，增加了跨平台、自适应网页设计、即时更新、移动端支持等许多新特性，删除了一些不合理、过时的标签，赋予网页更好的意义和结构。 （　　）

8. 大部分 HTML 标签通常成对出现，有开始标签和结束标签。 （　　）

9. 标签是用于定义网页元素的，标签属性是用于描述网页元素的。 （　　）

10. 网页标题就是文档标题。 （　　）

11. 字体标签 <font> 的 "size"（字号）属性的值，与平常的文字编辑排版工具（如 Word）的字号的值是一样的，即 1 号字 >2 号字 >3 号字 >…… （　　）

12. 有序文本列表的编号必须从 1 开始，而且必须连续编号。 （　　）

13. 图像能够直接存放在网页源文件中。 （　　）

14. 网站通常有很多图像、源代码文件等，为了简化网站及文件的管理，往往将所有的文件都保存在一个目录下。 （　　）

15. 引用图像文件只要知道文件的名称包括扩展名即可，无须考虑图像文件的存储路径。 （　　）

16. 引用图像文件通常使用绝对路径，这样更准确，不会出现错误。 （　　）

17. 设置图像显示尺寸时，如果按照浏览器显示窗口的百分比赋值，该图像随着浏览器窗口的变化同步变化。 （　　）

18. 设置网页背景图像需要使用背景图像标签 <background>。 （　　）

19. 超链接是指网站之间的文档链接，网站内部文档之间不存在超链接。 （　　）

20. 超链接只能链接网页，不能链接图像、视频等其他文件。 （　　）

21. 只有文本才能作为超链接的载体。 （　　）

22. 超链接总体上可分为内部链接和外部链接。 （　　）

23. 超链接的 "href" 属性用于规定链接指向的目标 URL，而 "target" 属性用于规定在何处打开链接的目标。 （　　）

24. 网页中的 "锚点"，必须设置在网页的底部。 （　　）

25. 网页中不可以指向空链接。 （　　）

26. 给文本或图像设置超链接，就是把文本或图像当成超链接的载体，形式上是将文本或图像放在超链接的开始标签 <a> 和结束标签 </a> 之间。 （　　）

27. 假设某个邮箱的地址为 test@qq.com，则设置指向该邮箱的超链接代码为

    <a href="test@qq.com"> 向 test@qq.com 发邮件 </a> （　　）

28. 创建表格应当使用表格标签 <excel>，以及表头标签 <th>、行标签 <tr>、单元格标签 <td> 等。 （　　）

29. 创建表格首先要创建表，然后按照创建行、创建该行的单元格，再创建行、创建该行的单元格的顺序进行，直至所有表格创建完毕。 （　　）

30. 多列单元格合并是指当前列与右边连续多列单元格的合并。 （　　）

31. 多行单元格合并是指当前行与下边连续多行单元格的合并。 （　　）

32. 表格的单元格里，只能放入文本信息，不能引用图像。 （　　）

33. 表格的行标签 <tr> 具有水平对齐属性 "align" 和垂直对齐属性 "valign"。 （　　）

34. 表格的行标签 <tr> 具有高度属性 "height" 和宽度属性 "width"。 （　　）

35. 使用行标签 <tr> 的高度属性 "height"，可以统一设置本行所有单元格的高度，所以不必逐一将各个单元格设置成一样的高度。 （　　）

36. 表格标签 <table> 的边框 "border" 属性的默认值是 "1"。 （　　）

37. 通过设置表格的水平对齐属性和垂直对齐属性，可以把表格放在网页的正中心。 （　　）

38. 使用表格的行标签 <tr>，可以统一设置行内所有单元格的水平对齐方式、垂直对齐方式和行的高度等。 （　　）

39. 设置视频需要使用视频标签 <video> 及其属性 "src" 等。 （　　）

40. 表单输入项不能输入日期时间类型的数据。 （　　）

41. 表单输入项不能设置为复选按钮。 （　　）

42. 表单输入项不能采用正则表达式。 （　　）

43. 表单输入项不能设置为单选按钮。 （　　）

44. 表单输入项不能录入身份证号码，因为身份证号码中有字符 X。 （　　）

45. 元数据只能用于设置搜索关键字。 （　　）

三、简述题与操作题

1. 简述 HTML 与 XML、HTML 的关系。

2. 制作一个设置文本的网页，写出完整的 HTML 代码。具体要求如下：（1）网页标题为 "古诗欣赏"；（2）设置 1 个 h2 文档标题，靠左显示，字的颜色为蓝色，标题内容为 "登鹳雀楼"；（3）设置一段文本，内容为 "白日依山尽，黄河入海流。欲穷千里目，更上一层楼。" 每句诗都单独占一行，字体为隶书，字的颜色为绿色，字号为 6 号。

3. 制作一个设置段落的网页，写出完整的 HTML 代码。具体要求如下：（1）制作一个文本段落，内容为 "诗歌是一种语言凝练而形象，结构自由而跳跃，富有节奏和韵律，饱含联想与想象，高度集中与概括地反映社会生活、表达思想感情的文学体裁。诗歌的基本特点为："，字体为黑体，字号为 5 号，字的颜色为蓝色，段落中的文本居中显示；（2）制作一个文本段落，在其中制作一个文本列表，文本列表的字体为楷体，字号为 5 号，字的颜色为紫色，文本列表的内容如下：

A. 生活美：对生活高度的提炼、集中、概括；

B. 思想美：饱含深切的思想感情；

C. 意境美：用丰富的想象力和联想营造出优美的意境；

D. 语言美：文字色彩鲜活、语言节奏分明；

E. 音乐美：韵律和谐。

4. 制作一个设置图像的网页，写出完整的 HTML 代码，具体要求如下：（1）设置网页的背景图像，该图像存储在该网页所在目录的下一级目录 "images" 中，图像文件名称为 "photo.jpg"；（2）在网页中引用一个图像，该图像在该网页所在目录的上两级目录中，这个图像的名称是 "computer.jpg"，设置其显示尺寸为宽 200px、高 180px。

5. 制作一个设置超链接的网页，写出完整的 HTML 代码，具体要求如下：（1）设置一行文本，内容为"搜狐网站"，并给该文本设置指向搜狐网的超链接；（2）设置一行文本，内容为"发邮件"，并给该文本设置指向 "test2018@126.com" 的超链接；（3）引用本级路径下的图像（名称为 image009.png），并给该图像设置指向同一路径下的 "computer.html" 文件。

6. 制作一个设置表格的网页，写出完整的 HTML 代码，具体要求如下：制作一个表格，设置表格水平居中对齐，表格内容及水平对齐、垂直对齐的效果如图 3.74 所示。

采购清单			
产品名称	数量	单价	价格
笔记本电脑	5	5600.00	28000.00
台式机	10	4500.00	45000.00
总计			73000.00

图 3.74　表格模板

7. 制作一个设置多媒体的网页，写出完整的 HTML 代码，具体要求如下：（1）引用一段视频，视频文件名称为 "dance.mp4"，放在该网页的路径下，显示播放控件，设成循环播放；（2）引用一段音频，音频文件名称为 "music.mp3"，也放在该网页所在的路径下，设成背景音乐，循环播放，自动播放。

8. 制作一个表单，表单数据项目及布局如图 3.75 所示。其中，图书分类为下拉菜单，下拉选择项内容包括计算机类、文学类、法律类、建筑类、其他。

图书名称
出版社名称
图书分类 计算机类
重 置 保 存

图 3.75　表单模板

9. 制作一个通过元数据设置 SEO 的网页。网页标题为"云之雷电器商城"。搜索关键词为"电器商城,冰箱,洗衣机,电视,电饭煲,空调"，网站描述为"本电器商城实行一条龙服务，送货上门安装调试，所有商品均提供 3 年上门免费保修服务，为您解除后顾之忧！"，作者为"云之雷科技"。网页的内容为"欢迎光临云之雷电器商城！"，要求采用文档标题标签 <h1> 制作，标题水平居中显示。

第4章
CSS网页样式制作技术

网站设计的一个重要方面就是保持网站风格一致。想要统一网站的风格，采用CSS是极佳选择。可以说，CSS技术是一项伟大的技术，现代网页制作已经离不开CSS技术了。

4.1　CSS 基础知识

CSS 即串联样式表或样式表，这么说大家可能不太容易理解。其实，CSS 就是用来处理显示样式的，专门用来设置各类元素的显示效果。我们把元素的显示效果事先采用 CSS 技术封装成一个样式，在 HTML 文档中调用这个样式，就能得到这个事先设定好的显示效果。

4.1.1　CSS 的作用

CSS 是增强网页显示效果的超文本标记语言，能够起到代替和增强标签属性的作用。CSS 的突出特点是简洁、易用、高效，可以重复使用，也可以继承使用。

传统 HTML 代码在设置网页时，如果一个网页具有很多个标题标签 <h4> 及实例，要求将其统一设置为宋体、16px（像素）、蓝色，则必须对每一个标题标签 <h4> 的相关属性做出同样的设置，工作烦琐、效率低，代码的可读性差。如果使用 CSS，就只需要设定一次。而且还能在本网站的其他网页中套用，可大大提高工作效率，代码的可读性也好。如果需要将字体颜色改为绿色、字号改为 12px，则修改一次 CSS 规则即可，非常高效。

一个简单的 CSS 示例如下：

```
<!DOCTYPE html>
<html>
<head>
<title>CSS 示例 </title>
<style>
    h4
    { font-family:宋体 ; color: #0000CC; font-size:18px}
</style>
</head>
```

```
<body>
    <h4> 第一个标题 h4 实例 </h4>
    <h4> 第二个标题 h4 实例 </h4>
    <h4> 第三个标题 h4 实例 </h4>
    <h4> 第四个标题 h4 实例 </h4>
    <h4> 第五个标题 h4 实例 </h4>
</body>
</html>
```

注：HTML 中各个标签的属性与 CSS 中该标签的对应属性基本一致，但 CSS 中的属性更加丰富、语法风格更加清晰（与 HTML 的规则不同）。

上例中，标签 <style> 与 </style> 中的内容就是一个具体的 CSS 实例，描述了标题 4 的显示属性。然后，在网页主文档中只需要正常引用标题标签 <h4> 即可，不必重复设置各个标题的显示属性。

运行效果如图 4.1 所示。

如果需要改变标题 4 的外观，例如把字号改为 12px，字体颜色改为绿色，则只需要改动 CSS 的相应内容即可。改动部分如下：

```
h4
{font:" 宋体 "; color:#00FF00; font-size:12px}
```

改动后的运行效果如图 4.2 所示。

图 4.1　运行效果

图 4.2　改动后的运行效果

由此可见，采用 CSS，可以极大地提高网页制作效率。

4.1.2　CSS 代码的构成规则

CSS 代码的构成比较简单易懂，具有模块化的特点，由"选择符"和"规则声明"两部分组成（见图 4.3）。

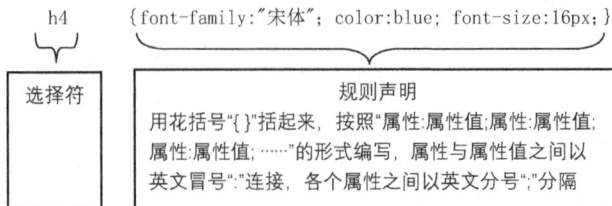

h4　　{font-family:"宋体"; color:blue; font-size:16px; }

选择符

规则声明
用花括号"{}"括起来，按照"属性:属性值;属性:属性值;属性:属性值; ……"的形式编写，属性与属性值之间以英文冒号":"连接，各个属性之间以英文分号";"分隔

图 4.3　CSS 代码的构成

其中，选择符是 CSS 必须定义的，相当于样式的名称。网页元素就是通过这个选择符来套

用其显示样式的，选择符将在本章 4.1.3 小节中详细介绍。规则声明就是具体的显示规则，通过设定各个属性值，获得需要的显示效果。

为了养成良好的编写习惯，使代码便于阅读，通常采用如下方式来编写 CSS 代码：

```
h4
 {
    font-family:" 宋体 ";
    color:blue;
    font-size:16px;
 }
```

或者：

```
h4{
    font-family:" 宋体 ";
    color:blue;
    font-size:16px;
 }
```

4.1.3　CSS 选择符类型及使用方法

在 CSS 中，选择符相当于样式的名称，其作用就是根据这个选择符的名称来确定网页元素的显示样式。CSS 的选择符包括标签选择符、类选择符、ID 选择符、全局选择符、组合选择符、继承选择符、伪类选择符、字符串匹配的属性选择符等，其中前三者较为常用，本书以这 3 类选择符为例进行讲解。

1. 标签选择符

标签选择符，就是把 HTML 的标签作为 CSS 的样式来定义和描述。在 HTML 中使用该选择符时，自动跟踪并选择该选择符在 CSS 中定义的显示样式。每个 HTML 标签均可用作标签选择符，如 <h4>、<font>、<table> 等都能作为标签选择符。

定义标签选择符，如果是行内样式，直接在标签内进行规则声明，形式为：

< 标签 style=" 属性 1：属性 1 的值；属性 2：属性 2 的值；……">

如果是内部样式或外部样式，则需要在 CSS 代码中，在标签选择符后面用花括号 "{ }" 将规则声明括起来。形式为：

标签选择符 { 属性 1：属性 1 的值；属性 2：属性 2 的值；……}

在 HMTL 中套用标签选择符，不需要增加任何代码，正常编写 HTML 代码即可。

前面我们介绍的 CSS 应用示例，均是基于标签选择符的应用示例。

在 CSS 中，属性和属性值必须符合 CSS 规范。如果声明的属性在 CSS 中没有，或者某个属性值不符合该属性的要求，则该 CSS 语句不能生效。下面是典型的错误语句：

```
h4
 {
    Head-height:20px;
    color:sky-blue;
 }
```

上例的错误有两处：规则声明第 1 行的属性 "Head-height" 是不存在的，第 2 行的 "color"

属性根本没有"sky-blue"属性值或属性值超出范围。

2. 类选择符

类选择符是非常灵活的,是由用户自己定义的。类选择符相当于自定义显示样式。类选择符中描述的属性及属性值同样必须符合 CSS 规范。

例如:在一个网页中,共有 3 个段落,我们希望每一个段落都有不同的颜色,以强调网页的效果。这种情况下,就无法使用标签选择符进行处理,因为只有一个段落标签 <p>,无论定义多少次段落标签 <p> 的显示样式,都应按照最后定义的显示样式执行,所以无法采用 <p> 选择符实现各个段落的不同显示效果。这个时候就需要采用类选择符来处理。

类选择符能够在内部样式和外部样式中使用,行内样式中无法使用类选择符。

定义类选择符,需要使用".类选择符名"的方式来实现,定义方法为:

. 类选择符名 {属性 1: 属性 1 的值;属性 2: 属性 2 的值;……}

在 HTML 中套用类选择符,需要使用 class=" 类选择符名 " 的方式实现,套用方法为:

< 标签 class=" 类选择符名 "> 标签实例 </ 标签 >

定义和套用类选择符的示例如下:

```
<!DOCTYPE html>
<html>
<head>
<title> 类选择符示例 </title>
<style type="text/css">   /* type="text/css" 定义 CSS 的内容为文本类型 */
.red   /* 定义了名称为 "red" 的类选择符 */
{
      color: #FF0000;            /* 红色 */
      font-size:16px;            /* 文字大小 */
}
.green   /* 定义了名称为 "green" 的类选择符 */
{
      color: #00FF00;            /* 绿色 */
      font-size:20px;            /* 文字大小 */
}
</style>
</head>
<body>
      <p class="red"> <!--  class= "red" 表示使用了类选择符 "red" -->
     该段落选用 red 类选择符后的显示效果
      </p>
      <p class="green"> <!-- class= "green" 表示使用了类选择符 "green" -->
     该段落选用 green 类选择符后的显示效果
      </p>
      <h3 class="red">    <!--    对于同属于文本类型的标题标签 <h3> 等均适用。标题默认
为粗体字 -->
     文档标题 h3 也可以选用 red 类选择符
      </h3>
</body>
</html>
```

运行效果如图 4.4 所示。

上例中，第一行文本选用了"red"类选择符，第二行文本选用了"green"类选择符，第三行是文档标题，因为同属于文本类型，故也适用本例定义的"red"类选择符。需要注意的是段落文本默认显示效果是未加粗的，而文档标题默认显示效果为加粗。

很多时候标签选择符和类选择符是组合使用的，标签选择符着重处理"某类标签统一风格"方面的事情，而类选择符在统一风格的基础上，处理个性化方面的事情。

图 4.4　类选择符示例

例如：一个网页共有 5 个段落，统一要求设置为蓝色字、20px 字号，但第三段因为内容重要，要求显示为红色字、25px 字号。

制作该网页就需要组合使用类选择符和标签选择符，示例如下：

```html
<!DOCTYPE html>
<html>
<head>
    <title> 类选择符与标签选择符 </title>
    <style type="text/css">
        p{                      /* 定义标签选择符 */
            color: #0000FF;
            font-size: 20px;
        }
        .red{                   /* 定义类选择符 red */
            color: #FF0000;  /* 红色 */
            font-size: 25px;
        }
    </style>
</head>
<body>
    <p>第一段使用标签选择符的统一规则 </p>
    <p> 第二段使用标签选择符的统一规则 </p>
    <p class="red">第三段使用 red 类选择符的个性规则 </p>
    <p>第四段使用标签选择符的统一规则 </p>
    <p> 第五段使用标签选择符的统一规则 </p>
</body>
</html>
```

运行效果如图 4.5 所示。

上例中，第一、二、四、五段使用统一的显示规则，而第三段使用特殊显示处理，采用了自定义的类选择符"red"。

图 4.5　类选择符和标签选择符
组合使用示例

3. ID 选择符

ID 选择符的定义和使用方法与类选择符的相似，但其只能在 HTML 中使用一次，因而更具针对性。

ID 选择符同样也只能在内部样式和外部样式中使用。

定义 ID 选择符，需要使用"#"，定义方法为

#ID 选择符名〔属性 1：属性 1 的值；属性 2：属性 2 的值；……〕

在 HTML 中套用 ID 选择符，需要在标签中使用 "id="ID 选择符名 " " 的形式实现，设置方法为

```
<标签 id="ID 选择符名 "> 标签实例 </标签 >
```

定义及套用 ID 选择符的示例如下 :

```
<!DOCTYPE html>
<html>
<head>
    <title>ID 选择符示例 </title>
    <style type="text/css">   /* type="text/css" 定义 CSS 的内容为文本类型 */
        #red   /* 定义了名称为 "red" 的 ID 选择符 */
        {
            color: #FF0000;     /* 红色 */
            font-size:16px;     /* 文字大小 */
        }
        #green   /* 定义了名称为 "green" 的 ID 选择符 */
        {
            color: #00FF00;     /* 绿色 */
            font-size:20px;     /* 文字大小 */
        }
    </style>
</head>
<body>
    <p id="red"> <!--  id="red" 表示使用了 ID 选择符 "red" -->
        该段落选用 ID 选择符 red 后的显示效果
    </p>
    <p id="green"> <!--  id="green" 表示使用了 ID 选择符 "green" -->
        该段落选用 ID 选择符 green 后的显示效果
    </p>
    <h3 id="red">   <!--  对文档标题标签 <h3> 等均适用，文档标题默认为粗体字  -->
        文档标题 h3 也可以选用 ID 选择符 red
    </h3>
</body>
```

本示例只是将类选择符的应用示例按照 ID 选择符的定义和套用方法进行改动，运行效果如图 4.6 所示。

从上例可以看出，如果 CSS 中的显示规则一样，无论是采用 ID 选择符还是类选择符，其显示的效果都是一样的。但 ID 选择符只能套用一次，这一点很特殊，需要注意。

ID 选择符的优点并不突出，但 ID 选择符可以被 JavaScript 脚本引用。

图 4.6 ID 选择符示例

4.1.4 CSS 样式类别

CSS 是配合 HTML 网页文件使用的，如果没有 HTML，则 CSS 没有任何作用。HTML 使用 CSS 样式时主要分以下几种情况 : 行内样式、内部样式、外部样式。

1. 行内样式

行内样式，也称为 "内联样式"，就是在 HTML 的标签中，直接定义并立即使用 CSS 样式的

应用方式。行内样式在改进网页制作效率方面几乎没有什么作用，所以很少使用。

定义及套用行内样式的方法是非常特殊的，需要通过"style"来定义，设置方法为

```
<标签名 style="属性1:属性1的值;属性2:属性2的值;……">
```

这种应用模式几乎没有使 HTML 文档有任何改进，文档依旧庞大、烦琐，易读性差。只是使用了 CSS 规则能让功能增强一些，因此不建议使用。

行内样式应用的示例如下：

```
<!DOCTYPE html>
<html>
<head>
<title>CSS 行内样式示例 </title>
</head>
<body>
    <h4 style="font-family: 楷体 ;color:#0000CC; font-size:24px">CSS 标题 h4 实
例 </h4>
    <!-- 通过 style 定义了一个行内样式应用示例 -->
</body>
</html>
```

运行效果如图 4.7 所示。

从上例可以看出，HTML 代码中 <h4> 标签实例没有使用标题标签 <h4> 的默认显示规则，而是采用了"style"定义的 CSS 规则来控制标签实例的显示外观。

图 4.7　行内样式应用

2. 内部样式

内部样式，也称为"内嵌样式"，是指将 CSS 代码内嵌在 HTML 头文档中的应用方式。该方式能够简化 HTML 的文档代码，提高 HTML 的制作效率。实现方法是将 CSS 代码封装在 <style> 和 </style> 之间，形成一个 CSS 代码模块，并将其整体嵌入 HTML 文档的头文档中，也就是嵌入头文档标签 <head> 与 </head> 之间。

定义内部样式，需要使用 <style> 标签及相关属性，设置方法为：

```
<style>
选择符名 { 属性1:属性1的值;属性2:属性2的值;……}
</style>
```

内部样式主要用于 CSS 样式内容比较简单、内容较少的情况。实际的应用场景较少，多用于教学、演示等。

套用内部样式（包括外部样式），就是指定 HTML 中的元素套用哪一个 CSS 样式，并通过选定样式选择符来指定。

套用内部样式选择符的方法有如下 3 种：

① 对于标签选择符，HTML 会根据标签自动套用 CSS 中定义的标签选择符，无须编写任何代码；

② 对于类选择符，需要使用 class=" 类选择符名 " 来指定套用的样式，设置方法为

```
<标签 class=" 类选择符名 ">
```

③ 对于 ID 选择符，需要使用 id="ID 选择符名" 来指定套用的样式，设置方法为

< 标签 id="ID 选择符名 ">

内部样式应用的示例如下：

```
<!DOCTYPE html>
<html>
  <head>
    <title>CSS 内部样式示例 </title>
    <style>   /* 定义 CSS 开始  */
        h4        /* 定义 h4 标签选择符   */
          {
              font-family: 宋体 ; /* 显示宋体字 */
              color: #000099;      /* 蓝色字 */
              font-size:25px       /* 25px 大小 */
          }
    </style>  <!--   结束 CSS 定义，注意注释符号的变化！  -->
  </head>
<body>
  <h4> 有 CSS 选择符的标题 h4 实例 </h4>
  <h3> 没有 CSS 选择符的标题 h3 实例 </h3>
  </body>
</html>
```

运行效果如图 4.8 所示。

从上例可以看出，在头文档中定义了标题标签 <h4> 的标签选择符 h4，在 HTML 中引用标题标签 <h4> 时，会自动套用标签选择符 h4 声明的显示样式。而没有定义标签选择符的标题标签 <h3> 按照系统默认的方式显示。

图 4.8　内部样式应用

3. 外部样式

外部样式与内部样式本质上是一样的，唯一不同之处在于外部样式是把具体的 CSS 样式代码定义在 HTML 文档的外部，以 ".css" 文件格式存储。当 HTML 需要套用外部定义的 CSS 样式时，先在 HTML 头文档中以链接或者导入的方式与外部的 CSS 文件进行关联，然后在 HTML 中套用样式的方法与内部样式的套用方法相同。

使用外部样式又分为链接外部样式和导入外部样式两种形式。

（1）链接外部样式

链接外部样式是非常常用、非常实用的一种 CSS 使用方法，将 HTML 网页内容和 CSS 显示规则分离，形成 "一个网页文件 + 一个 CSS 文件（如果有必要，可以形成多个 CSS 文件）" 的形式。这种分离非常有利于项目人员之间的分工协作，代码编写人员侧重于网页功能的实现，美工人员侧重于页面的美化设计，工作效率大大提高。而且，这种分离使 HTML 代码极其精练，易于项目后期的升级与维护。

链接外部样式分 3 个步骤。一是定义好 CSS 源文件名称，并将源文件保存在合适的路径下。然后在 CSS 源文件中定义显示样式（定义选择符及其规则声明）。CSS 源文件中可以定义多个显示样式，数量没有限制，需要多少就定义多少。在 CSS 源文件中编写 CSS 样式的语法规则与编写内部样式的语法规则是一样的，等同于把内部样式中的选择符及规则声明的内容统一打包在

CSS 源文件中。二是在 HTML 头文档中链接外部样式，指向需要链接的外部样式文件（.css 源文件）的名称及其存放路径。三是在 HTML 主文档中套用样式。

① 定义 CSS 文件名及样式。首先定义 CSS 源文件名并将源文件保存在合适的路径下，然后在 CSS 文件中定义选择符及其规则声明，完成外部样式的定义。

在 CSS 源文件中定义选择符及其规则声明，实现方法与内部样式的实现方法相同，具体为

选择符名〔属性 1：属性 1 的值；属性 2：属性 2 的值；……〕

② 在 HTML 头文档中做外部链接样式关联，需要使用 <link> 标签及其相关属性。设置方法为

<link href=" 外部链接 CSS 文件名称 " type=" 属性值 " rel=" 属性值 "/>

其中，<link> 标签的主要属性如表 4.1 所示。

表4.1　<link>标签的主要属性

属性	值	描述
href	URL	规定被链接文档的位置
rel	Alternate Author Help Icon Licence Next Pingback Prefetch Prev Search Sidebar Stylesheet tag	规定当前文档与被链接文档之间的关系。通常需要设置为"Stylesheet"
type	MIME_type	规定被链接文档的 MIME 类型。常用的值是 "text/css"

③ 在 HTML 主文档中套用选择符。在 HTML 主文档中套用外部样式中的选择符，与套用内部样式中选择符的方法是一样的。

以下是链接外部样式的示例，其中包括 CSS 样式文件编写和 HTML 网页文件编写两部分代码。

在 CSS_example.css 中定义的 CSS 样式的代码如下：

```
h4        /* 定义 h4 标签选择符   */
 {
 font-family: 宋体 ;  /* 显示宋体字 */
 color: #000099;    /* 蓝色字 */
 font-size:25px     /* 25px 大小 */
 }
```

链接外部样式的 HTML 代码如下：

```
<!DOCTYPE html>
<html>
    <head>
        <title>CSS 外部链接应用示例 </title>
        <link href="CSS_example.css" type="text/css" rel="stylesheet"/>
```

```
    </head>
    <body>
        <h4>有 CSS 选择符的标题 h4 实例 </h4>
        <h3>没有 CSS 选择符的标题 h3 实例 </h3>
    </body>
</html>
```

上述示例代码中，头文档中链接了外部 "CSS_example.css" 文件，然后在 HTML 主文档中就能套用 "CSS_example.css" 中定义的 CSS 样式了。

运行效果如图 4.9 所示。

因为这个示例只是将上面的内部样式的示例，按照外部样式的要求改造而成，显示内容和显示规则没有改变，所以运行效果完全一致，只是实现的方法不同。

（2）导入外部样式

导入外部样式与链接外部样式的基本作用是相同的，CSS 源文件的代码规则也完全相同，只是使用

图 4.9　链接外部样式

CSS 代码文件的技术实现方式不同：以链接的方式套用外部 CSS 文件中的样式，HTML 主文档中每套用一次样式都需要以链接的形式访问该外部样式文件，增加了 I/O 访问量；而外部导入样式一次性将外部 CSS 文件中的所有样式全部导入 HTML 头文档的 <style> 和 </style> 之间，就像内部样式一样。在 HTML 主文档中套用外部导入的样式时，无须访问该外部 CSS 文件，直接从头文档导入的样式中查找套用，特别适合频繁访问样式的场景以减少 I/O 访问量，提高网页响应速度。外部样式不仅可以导入 HTML 文档中，也可以导入 CSS 样式中。

导入外部样式，需要使用 "@import" 语句来实现，将外部 CSS 文件中的样式一次性导入头文档中的 <style> 与 </style> 之间。也可以理解为，把定义内部样式的 "选择符" 和 "声明" 的代码部分打包成 CSS 源文件，用导入的方法将其导入回来。

导入外部样式与链接外部样式的方式类似，同样分 3 个步骤：一是定义好 CSS 源文件名称，并将源文件保存在合适的路径下，然后在 CSS 源文件中定义显示样式；二是在 HTML 头文档中使用导入命令导入外部样式文件（需要指向 CSS 文件的路径和名称）；三是在 HTML 主文档中套用样式。

① 定义 CSS 文件名及样式。首先定义 CSS 源文件名并将源文件保存在合适的路径下，然后在 CSS 文件中定义选择符及其规则声明，完成外部样式的定义。设置方法为：

```
选择符名 {属性 1: 属性 1 的值; 属性 2: 属性 2 的值; ……}
```

② 在 HTML 头文档中导入外部样式，需要使用 "@import" 语句及其相关属性。设置方法为：

```
<style>
    @import  url(CSS 文件名 );
</style>
```

需要注意的是，"@import" 是语句，结尾必须以分号 ";" 结尾，与链接外部样式不同，这是为什么呢？因为链接外部样式使用的是标签 <link>，而导入外部样式使用的是一个特殊的功能语句。

③ 在 HTML 中套用样式。

导入外部样式的 HTML 代码的示例如下：

```
<!DOCTYPE html>
```

```
<html>
<head>
    <title>CSS 外部导入应用示例</title>
    <style>
        @import url(css_example.css);
    </style>
</head>
<body>
    <h4>有 CSS 选择符的标题 h4 实例 </h4>
    <h3>没有 CSS 选择符的标题 h3 实例 </h3>
</body>
</html>
```

本例中，从外部导入的 CSS 代码文件也是 css_example.css 文件，这里不再介绍。

运行效果如图 4.10 所示。

从上例可以看出，本示例与链接外部样式的示例中，需要显示的内容、引用的 CSS 文件是一样的，所以无论是采用链接外部样式方式还是采用导入外部样式方式，显示的结果都是一样的。

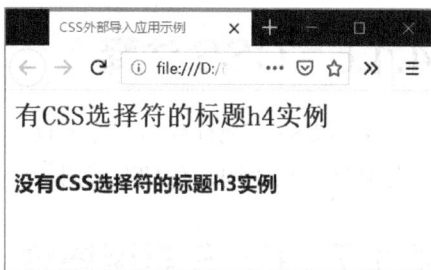

图 4.10 导入外部样式

4. 样式的优先级

在 HTML 中，样式是有优先级的。优先级顺序是行内样式 > 内部样式 > 外部样式。如果样式之间有冲突，按照上述的优先级控制网页的显示。两种外部样式之间是平级的，如果 HTML 代码中同时出现的两种样式有冲突，则以后面定义的样式为准。

4.1.5 CSS 中的度量单位

在 CSS 中，度量单位主要有颜色单位、长度单位、时间单位、角度单位和频率单位 5 种。其中，颜色单位、长度单位比较常用，下面分别予以介绍。

1. 颜色单位

CSS 中的颜色单位与 HTML 中的颜色单位是一致的，不仅具有颜色名称表达、十六进制数形式颜色值表达、RGB 颜色代码表达等方式，还增加了 "inherit"（继承）属性，可以直接继承父元素的颜色属性值。在 CSS 中，各个属性基本都具有 "inherit" 属性，不仅提高了 CSS 样式的使用效率，还能保证风格一致，代码简化，效率提高。

2. 长度单位

在 CSS 中，长度单位比较丰富，主要的长度单位表达形式如表 4.2 所示。

表4.2 主要的长度单位表达形式

序号	表达形式	值
1	cm（厘米）	如：1.5cm、2cm 等
2	mm（毫米）	如：3mm、4mm、5.5mm 等

179

序号	表达形式	值
3	in（英寸）	如：0.5in、1.3in 等
4	px（像素）	如：24px、26px 等
5	pt（磅）	如：1pt、2.5pt、3pt 等
6	em（对象倍数）	如：1em、1.5em、2em 等。是相对于显示对象的长度而言的，功能很强大，但有的浏览器对其支持得不好。显示对象的尺寸如果在引用时没有定义过，则继承父元素的尺寸
7	%	如：120%、200% 等。按照容器尺寸的百分比显示
8	inherit	继承父元素的尺寸
换算关系	1pt=1/72in，1in = 2.54cm = 25.4 mm = 72pt pt 与 px 之间的换算比较复杂，根据具体系统、分辨率等的不同，其换算关系也不同	

4.1.6 CSS 注释

编写 CSS 代码同样需要养成良好的习惯。对文档进行注释是一个好习惯。CSS 中的注释方法与 HTML 的不同，在 CSS 代码体内，用"/* 注释说明 */"对文档进行注释说明。

4.1.7 CSS 常用属性

1. CSS 背景属性

background：在一个声明中设置所有的背景插件。

background-attachment：设置背景图像是否固定或者随着页面滚动。

background-color：设置元素的背景颜色。

background-image：设置元素的背景图像。

background-position：设置背景图像的开始位置。

background-repeat：设置是否及如何重复背景图像。

2. CSS 文本属性

color：设置文本的颜色。

direction：规定文本的方向 / 排列方向。

letter-spacing：设置字符间距。

line-height：设置行高。

text-align：规定文本的水平对齐方式。

text-decoration：规定添加到文本的装饰效果。

text-indent：规定文本块首行的缩进。

text-shadow：规定添加到文本的阴影效果。

text-transform：控制文本的大小写。

unicode-bidi：设置文本方向。

white-space：规定如何处理元素中的空白。

word-spacing：设置单词间距。

3. CSS 字体属性

font：在一个声明中设置所有字体属性。

font-family：规定文本的字体系列。

font-size：规定文本的字号。

font-size-adjust：为元素规定 aspect 值。

font-stretch：收缩或拉伸当前的字体系列。

font-style：规定文本的字体样式。

font-variant：规定文本的字体样式。

font-weight：规定字体的粗细。

4. CSS 边框属性

border：在一个声明中设置所有的边框属性。

border-bottom：在一个声明中设置所有的下边框属性。

border-bottom-color：设置下边框的颜色。

border-bottom-style：设置下边框的样式。

border-bottom-width：设置下边框的宽度。

border-color：设置 4 条边框的颜色。

border-left：在一个声明中设置所有的左边框属性。

border-left-color：设置左边框的颜色。

border-left-style：设置左边框的样式。

border-left-width：设置左边框的宽度。

border-right：在一个声明中设置所有右边框的属性。

border-right-color：设置右边框的颜色。

border-right-style：设置右边框的样式。

border-right-width：设置右边框的宽度。

border-style：设置 4 条边框的样式。

border-top：在一个声明中设置所有上边框的属性。

border-top-color：设置上边框的颜色。

border-top-style：设置上边框的样式。

border-top-width：设置上边框的宽度。

border-width：设置 4 条边框的宽度。

outline：在一个声明中设置所有的轮廓属性。

outline-color：设置轮廓的颜色。

outline-style：设置轮廓的样式。

outline-width：设置轮廓的宽度。

5. CSS 外边距属性

margin：在一个声明中设置所有的外边距属性。

margin-bottom：设置元素的下外边距。

margin-left：设置元素的左外边距。

margin-right：设置元素的右外边距。

margin-top：设置元素的上外边距。

6．CSS 内边距属性

padding：在一个声明中设置所有的内边距属性。

padding-bottom：设置元素的下内边距。

padding-left：设置元素的左内边距。

padding-right：设置元素的右内边距。

padding-top：设置元素的上内边距。

7．CSS 列表属性

list-style：在一个声明中设置所有的列表属性。

list-style-image：将图像设置为列表项标记。

list-position：设置列表项标记的放置位置。

list-style-type：设置列表项标记的类型。

8．CSS 尺寸属性

height：设置元素的高度。

max-height：设置元素的最大高度。

max-width：设置元素的最大宽度。

min-height：设置元素的最小高度。

min-width：设置元素的最小宽度。

width：设置元素的宽度。

9．CSS 定位属性

bottom：设置定位元素下外边距边界与其包含块下边界之间的偏移。

clear：规定元素的哪一侧不允许其他浮动元素。

clip：剪裁绝对定位元素。

cursor：规定要显示的光标类型（形状）。

display：规定元素应该生成的框的类型。

float：规定框是否应该浮动。

left：设置定位元素左外边距边界与其包含块左边界之间的偏移。

overflow：规定当内容溢出元素框时发生的事情。

position：规定元素定位类型。

right：设置定位元素右外边距边界与其包含块右边之间的偏移。

top：设置定位元素上外边距边界与其包含块上边之间的偏移。

vertical-align：设置元素的垂直对齐方式。

visibility：规定元素是否可见。

z-index：设置元素的堆叠顺序。

10. CSS 表格属性

border-collapse：规定是否合并表格边框。

border-spacing：规定相邻单元格边框的距离。

caption-side：规定表格标题的位置。

empty-cells：规定是否显示表格中的空单元格上的边框和背景。

table-layout：设置用于表格的布局算法。

11. CSS 超链接属性

a:link：规定超链接文字格式。

a:visited：规定浏览过的链接文字格式。

a:active：规定按下链接的格式。

a:hover：规定单击转到链接。

a:hover{text-decoration:none; color:#FF0000;}：规定鼠标指针经过去除超链接下画线。

a{text-decoration:none; color:#00000;}：规定去除超链接下画线。

4.2 用 CSS 设置文本样式

设置文本样式，是 CSS 的主要功能之一。文本样式包括文本的文字属性（包括字体、字的大小、粗体字、斜体字、文字颜色等）和文本的段落属性等。

4.2.1 设置文字属性

1. 设置字体

CSS 中，设置字体的属性需要定义文字类型的标签选择符、类选择符或 ID 选择符，以及字体属性 "font-family"（也可以使用 "font" 属性为文本一次性设置字体、字的大小、字的颜色等）。设置方法为

```
选择符 {font-family: 字体属性值列表}
```

其中，字体属性值列表为楷体、宋体、黑体、仿宋等系统已经安装的字体，中间以逗号 ","分隔。执行时按照先后顺序依次判断该字体在当前用户的计算机中是否存在，如果存在则使用该字体；如果不存在则判断字体属性值。如果字体属性值列表中的字体在当前用户计算机中均没有，则使用该用户计算机系统中默认的字体。

字体设置示例如下：

```
<!DOCTYPE html>
<html>
<head>
    <title>CSS 文本字体设置示例</title>
    <style>
```

```
        h4{font-family: 黑体，楷体，宋体 }
        p{font-family:"华夏楷体","华夏草书","楷体"}
        font{font-family: 东北行楷，东北隶书，狂草 }
    </style>
</head>
<body>
    <h4> 标题 h4 字体设置实例 </h4>
    <p> 段落字体设置实例 </p>
    <font> 文字标签 font 字体设置实例 </font>
</body>
</html>
```

运行效果如图 4.11 所示。

从上例可以看出，第 1 行文本内容由文档标题标签 <h4>
定义，套用标签选择符 h4 的样式。该样式设置的字体依次为
黑体、楷体、宋体，按照从左至右的顺序依次判断这些字体在
系统中是否存在。因为"黑体"字体在系统中存在，故按照先
后次序选用"黑体"字体显示（注意：文档标题标签默认为粗
体加重显示，与标签 <p>、<font> 等不同，请体会效果差异）；

图 4.11　设置字体

第 2 行文本内容由段落标签 <p> 定义，套用标签选择符 p 的样式。该样式设置的字体依次为"华
夏楷体"、"华夏草书"、"楷体"，因为系统里没有"华夏楷体""华夏草书"字体，最终按照"楷体"
显示（注意：字体加引号和不加引号的效果是一样的）；第 3 行文本内容由文字标签 <font> 定义，
套用标签选择符 font 的样式。该样式设置的字体依次为东北行楷、东北隶书、狂草，因为系统里
没有这些字体，所以采用系统的默认字体"黑体"来显示。

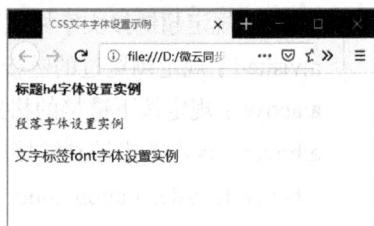

需要注意的是字体属性值可以用双引号引起来，也可以不用双引号引起来。很多时候这两种
表示形式的结果都是一样的，但由于浏览器有区别，有的浏览器可能在行内样式中出现显示异常。

2. 设置字的大小

字的大小共有 5 种表达形式，常用的字的大小表达形式如表 4.3 所示。

表4.3　常用的字的大小表达形式

序号	表达形式	值	含义及描述
1	英文单词 表示绝对大小	xx-small	最小
		x-small	很小
		small	小
		medium	中等
		large	大
		x-large	很大
		xx-large	最大
2	英文单词 表示相对大小	smaller	把 font-size 设置为比父元素尺寸更小的尺寸
		larger	把 font-size 设置为比父元素尺寸更大的尺寸
3	固定数值表示 度量单位	px	像素（如果没有度量单位，系统默认为 px）
		pt	磅，1pt=1/72in
		in	英寸
		em	指的是字符宽度的倍数。如：0.8em、1.2em、2em 等

序号	表达形式	值	含义及描述
4	百分比	%	把 font-size 设置为基于父元素尺寸的一个百分比
5	继承	inherit	从父元素继承的属性值

CSS 中，设置字的大小需要定义文字类型的标签选择符、类选择符或 ID 选择符，以及字的大小属性"font-size"。设置方法为

选择符 {font-size: 字的大小属性值 }

CSS 设置字的大小的示例如下：

```
<!DOCTYPE html>
<html>
<head>
    <title>CSS 文本字号大小设置示例 </title>
    <style>
        .w-xlarge{ font-size:x-large}
        .w-larger{ font-size:larger}
        .l-em{ font-size:2em}
        .l-in{ font-size:0.5in}
        .l-px{ font-size:24px}
        .l-pt{ font-size:24pt}
        .p-percent{ font-size:120%}
        .i-inherit{ font-size:inherit}
    </style>
</head>
<body>
    <p class="w-xlarge">段落 1 字体大小应用实例 x-large</p>
    <p class="w-larger">段落 2 字体大小应用实例 larger</p>
    <p class="l-em">段落 3 字体大小应用实例 2em</p>
    <p class="l-in">段落 4 字体大小应用实例 0.5in</p>
    <p class="l-px">段落 5 字体大小应用实例 24px</p>
    <p class="l-pt">段落 6 字体大小应用实例 24pt</p>
    <p class="p-percent">段落 7 字体大小应用实例 120%</p>
    <p class="i-inherit">段落 8 字体大小应用实例 inherit</p>
</body>
</html>
```

运行效果如图 4.12 所示。

从上例可以看出，字的大小可以有多种表达形式，具体使用哪种需要根据个人偏好及具体网页开发特点来确定。

3. 设置粗体字

在 HTML 中，设置粗体字只有一种形式，即用粗体字标签 <b> 来加粗字体。但在 CSS 中，字体粗细可以用数值来定义，其表达能力更出色。CSS 中，字体粗细的表达形式主要有 3 种（见表 4.4）。

图 4.12 CSS 设置字的大小

185

表4.4　字体粗细的表达形式

序号	表达形式	含义及描述
1	固定数值	即 100、200、300、400、500、600、700、800、900 这 9 个数值，数值必须是整百的
2	英文单词表达	normal：默认值，定义标准的字符，相当于 400 bold：定义粗体字符，相当于 700 bolder：定义更粗的字符，相当于 900 lighter：细字体，相当于 200
3	继承	inherit：从父元素继承属性值

CSS 中，设置字体粗细的属性需要定义文字类型的标签选择符、类选择符或 ID 选择符，以及字体粗细属性"font-weight"。设置方法为

选择符 {font-weight: 字体粗细属性值 }

设置字体粗细的示例如下：

```
<!DOCTYPE html>
<html>
<head>
    <title>CSS 文本粗细设置示例 </title>
    <style>
        .w-bolder{ font-weight:bolder}
        .w-bold{ font-weight:bold}
        .w-lighter{ font-weight:lighter}
        .l-myvalue{ font-weight:800}
        .i-inherit{ font-weight:inherit}
    </style>
</head>
<body>
    <p class="w-bolder"> 段落 1 字体粗细应用实例 bolder</p>
    <p class="w-bold"> 段落 2 字体粗细应用实例 bold</p>
    <p class="w-lighter"> 段落 3 字体粗细应用实例 lighter</p>
    <p class="l-myvalue"> 段落 4 字体粗细应用实例 800</p>
    <p class="i-inherit"> 段落 5 字体粗细应用实例 inherit</p></body>
</html>
```

运行效果如图 4.13 所示。

从上例可以看出，字体的粗细程度各不相同。

4．设置斜体字

在 CSS 中设置倾斜字需要定义文字类型的标签选择符、类选择符或 ID 选择符，以及"font-style"属性。设置方法为

选择符 {font-style: 字体倾斜属性值 }

图 4.13　设置字体粗细

其中，斜体字属性值有 normal（正常）、italic（斜体）、oblique（强制倾斜）、inherit（继承）等。

设置斜体字的示例如下：

```
<!DOCTYPE html>
<html>
<head>
```

```
<title>CSS 文本字体倾斜设置示例</title>
<style>
    .i-normal{ font-style:normal}
    .i-italic{ font-style:italic}
    .i-oblique{ font-style:oblique}
    .i-inherit{ font-style:inherit}
</style>
</head>
<body>
    <p class="i-normal">段落 1 字体倾斜应用实例 normal</p>
    <p class="i-italic">段落 2 字体倾斜应用实例 italic</p>
    <p class="i-oblique">段落 3 字体倾斜应用实例 oblique</p>
    <p class="i-inherit">段落 4 字体倾斜应用实例 inherit</p>
</body>
</html>
```

运行效果如图 4.14 所示。

请大家从上例观察斜体字的倾斜效果。

5. 设置文字颜色

在 CSS 中，文字颜色的概念与在 HTML 中的是相同的，具有 3 种表达形式，即颜色名称表达、十六进制数形式颜色值表达和 RGB 颜色代码表达。

CSS 中设置文字颜色需要定义文字类型的标签选择符、类选择符或 ID 选择符，以及 "color" 属性。设置方法为

图 4.14　设置斜体字

选择符 {color: 文字颜色属性值}

4.2.2　设置段落属性

设置段落属性的主要目的是排版文字，使其更加美观，符合要求。段落属性主要包括字符间距、单词间距、文本缩进、文本对齐、行高等。

1. 设置字符间距和单词间距

CSS 中可以设置字符间距和单词间距。

（1）设置字符间距

在 CSS 中设置字符间距需要定义文本类型的标签选择符、类选择符或 ID 选择符，以及 "letter-spacing" 属性。设置方法为

选择符 {letter-spacing: 属性值}

（2）设置单词间距

在 CSS 中设置单词间距需要定义文本类型的标签选择符、类选择符或 ID 选择符，以及 "word-spacing" 属性。设置方法为

选择符 {word-spacing: 属性值}

无论是设置字符间距，还是设置单词间距，都有 3 种表达形式：normal、固定值（可以是负值，通常采用像素值）和 inherit。

设置字符间距与单词间距的示例如下：

```
<!DOCTYPE html>
<html>
<head>
  <title>CSS 字符间距和单词间距设置示例 </title>
  <style>
    .letter-normal {
      letter-spacing: normal
    }
    .letter-value {
      letter-spacing: 3px
    }
    .letter-inherit {
      letter-spacing: inherit
    }
    .word-normal {
      word-spacing: normal
    }
    .word-value {
      word-spacing: 10px
    }
    .word-inherit {
      word-spacing: inherit
    }
  </style>
</head>
<body>
  <p class="letter-normal">
    段落 1 字符间距应用实例——normal：A true friend is someone who accepts your
past, supports your present and encourages your  future. 真正的朋友会接受你的过去，
力挺你的现在，鼓舞你的将来。
  </p>
  <p class="letter-value">
    段落 2 字符间距应用实例——固定像素值 3px：A true friend is someone who accepts
your past, supports your present and encourages your future. 真正的朋友会接受你的过去，
力挺你的现在，鼓舞你的将来。
  </p>
  <p class="letter-inherit">
    段落 3 字符间距应用实例——inherit：A true friend is someone who accepts your
past, supports your present and encourages your future. 真正的朋友会接受你的过去，力挺
你的现在，鼓舞你的将来。
  </p>
  <p class="word-normal">
    段落 4 单词间距应用实例——normal：A true friend is someone who accepts your
past, supports your present and encourages your future. 真正的朋友会接受你的过去，
力挺你的现在，鼓舞你的将来。
  </p>
  <p class="word-value">
```

段落5单词间距应用实例——固定像素值 10px：A true friend is someone who accepts your past, supports your present and encourages your future. 真正的朋友会接受你的过去，力挺你的现在，鼓舞你的将来。

```
</p>
<p class="word-inherit">
```

段落 6 单词间距应用实例——inherit：A true friend is someone who accepts your past, supports your present and encourages your future. 真正的朋友会接受你的过去，力挺你的现在，鼓舞你的将来。

```
</p>
</body>
</html>
```

运行效果如图 4.15 所示。

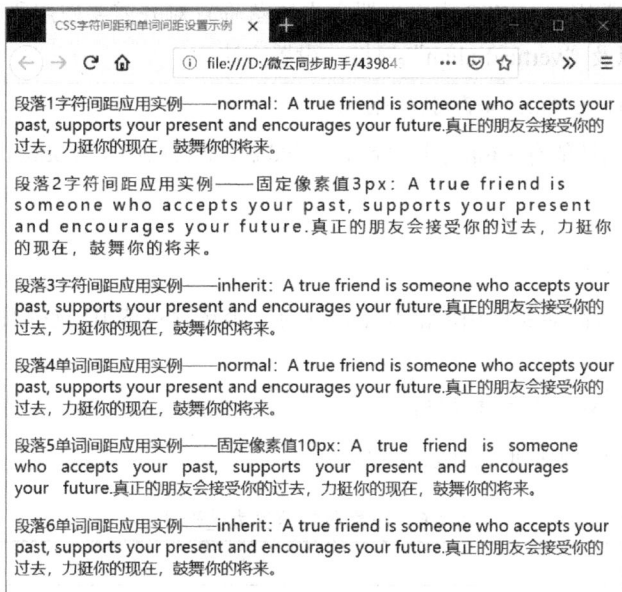

图 4.15　设置字符间距与单词间距

从上例可以看出字符间距、单词间距的不同作用，以及各种属性值的含义。

2. 设置文本缩进

CSS 中设置文本缩进，需要定义段落标签选择符、类选择符或 ID 选择符，以及 "text-indent" 属性。设置方法为：

选择符 {text-indent：文本缩进属性值}

其中，文本缩进属性值与字的大小的属性值概念相同，常见的文本缩进属性值表达形式如表 4.5 所示。

表4.5　常见的文本缩进属性值表达形式

表达形式	含义及描述
length	定义固定的缩进。默认值为 0。可用 em、px、pt、in、cm 等多种度量单位，多用 em
%	定义基于父元素宽度的百分比的缩进
inherit	规定应该从父元素继承 text-indent 属性的值

3. 设置文本对齐

CSS 中，可以对段落的内容设置水平对齐和垂直对齐。

（1）设置水平对齐

设置水平对齐比较常用，在 CSS 中，设置文本段落水平对齐需要使用段落标签选择符、类选择符或 ID 选择符，以及"text-align"属性。设置方法为

选择符 {text-align: 水平对齐属性值}

其中，水平对齐属性值有：left（左对齐）、right（右对齐）、center（居中）、justify（两端对齐）等。

（2）设置垂直对齐

设置垂直对齐不常用。在 CSS 中，设置文本段落垂直对齐需要使用段落标签选择符、类选择符或 ID 选择符，以及"vertical-align"属性。设置方法为

选择符 {vertical-align: 垂直对齐属性值}

其中，垂直对齐属性值有：top（上对齐）、middle（垂直居中）、bottom（下对齐）等。

4. 设置行高

行高就是段落的行距。

在 CSS 中，设置行高需要使用段落标签选择符、类选择符或 ID 选择符，以及"line-height"属性。设置方法为

选择符 {line-height: 行高属性值}

其中，行高属性值的表达形式如表 4.6 所示。

表4.6　行高属性值的表达形式

表达形式	描述
normal	默认值。设置合理的行高
number	设置数字，此数字会与当前的字体尺寸相乘来设置行高，可以使用 1、1.5、2 等数字形式
length	设置固定的行高。可以采用 px、pt、in、cm、em 等度量单位
%	基于当前字体尺寸的百分比行高
inherit	规定应该从父元素继承 line-height 属性的值

设置行高的示例如下：

```
<!DOCTYPE html>
<html>
<head>
    <title>CSS 行距设置示例</title>
    <style>
        .line-normal{ line-height:normal}
        .line-num{ line-height:2}
        .line-length{ line-height:15px}
        .line-percent{ line-height:300%}
        .line-inherit{ line-height:inherit}
    </style>
```

```
    </head>
    <body>
        <p class="line-normal">
            段落1行距应用实例——normal：A true friend is someone who accepts your
past, supports your present and encourages your future.真正的朋友会接受你的过去，
力挺你的现在，鼓舞你的将来。
        </p>
        <p class="line-num">
            段落2行距应用实例——文字高度的倍数：A true friend is someone who accepts
your past, supports your present and encourages your future.真正的朋友会接受你的
过去，力挺你的现在，鼓舞你的将来。
        </p>
        <p class="line-length">
            段落3行距应用实例——固定高度：A true friend is someone who accepts your
past, supports your present and encourages your future.真正的朋友会接受你的过去，
力挺你的现在，鼓舞你的将来。
        </p>
        <p class="line-percent">
            段落4行距应用实例——文字高度的百分比：A true friend is someone who accepts
your past, supports your present and encourages your future.真正的朋友会接受你的
过去，力挺你的现在，鼓舞你的将来。
        </p>
        <p class="line-inherit">
            段落5行距应用实例——继承：A true friend is someone who accepts your
past, supports your present and encourages your future.真正的朋友会接受你的过去，
力挺你的现在，鼓舞你的将来。
        </p>
    </body>
</html>
```

运行效果如图4.16所示。

图4.16 设置行高

请大家从上例观察各种行高设置方法所产生的效果。

4.2.3 用 CSS 设置文本综合范例

下面我们来制作一个网页，显示两段文本。第 1 段文本使用系统默认的显示效果，第 2 段文本采用 CSS 样式自定义显示效果。要求综合使用大标题、小标题、字体、字号、颜色、字符间距、行高、加粗、斜体、缩进、对齐等 CSS 设置方法，采用链接外部样式完成范例制作。

用 CSS 设置文本的综合范例如下。

1. 编写 CSS 样式文档

设置 CSS 样式文档名称为"csstextmodel.css"，并将文档保存在主文档下级目录 css/ 下。代码如下：

```css
h4{
    text-align:left;
    font-family: 微软雅黑 ;
    font-size:24px;
    font-style:italic;
    color:#0000CC;
}
.text-normal{
}
.text-css{
    text-indent:29px;
    text-align:left;
    font-family:" 隶书 ";
    font-size:24px;
    font-weight: bolder;
    color: #339900;
    letter-spacing:2px;
    word-spacing:3px;
    line-height:30px;
}
```

2. 编写 HTML 主文档

设置主文档文件名称为"CSS 设置文本综合范例 .html"，代码如下：

```html
<!DOCTYPE html>
<html>
<head>
    <title>CSS 文本设置综合范例 </title>
    <link href="css/CSStextmodel.css" type="text/css" rel="stylesheet"/>
</head>
<body>
    <h2 align="center">CSS 文本设置综合范例 </h2>
    <br>
    <h3> 默认显示效果 </h3>
    <hr>
    <p class="text-normal">
        A true friend is someone who accepts your past, supports your present
and encourages your future. 真正的朋友会接受你的过去，力挺你的现在，鼓舞你的将来。
```

```
        </p>
        <h4>CSS 显示效果 </h4>
        <hr>
        <p class="text-CSS">
            A true friend is someone who accepts your past，supports your present
and encourages your future．真正的朋友会接受你的过去，力挺你的现在，鼓舞你的将来。
        </p>
    </body>
</html>
```

运行效果如图 4.17 所示。

图 4.17　用 CSS 设置文本综合范例

从上例可以看出，第 1 段文本没有设置任何显示属性，使用系统默认值，显示的效果不够理想；第 2 段文本包括其标题均使用了 CSS 样式，显示效果得到改善。

4.3　用 CSS 设置图像样式

使用 CSS 设置图像，会取得更好的显示效果。在 CSS 中可以设置网页引用图像、背景图像等，取得更好的效果。

4.3.1　设置图像

采用 CSS 设置图像显示样式，可以采用内部样式和外部样式。采用外部样式需要注意 CSS 文件名称及文件存放目录，引用时确保文件指向位置和名称正确。

在 CSS 中设置图像样式需要定义图像标签选择符 "img"、类选择符或 ID 选择符，以及相关属性。

CSS 中引用图像的显示样式的设置方法为

> 选择符 {属性 1：属性 1 的值；属性 2：属性 2 的值；……}

其中，CSS 中常用的图像属性如表 4.7 所示。

表4.7 CSS中常用的图像属性

属性	值	描述
width	pixels %	图像宽度，可以按照像素或者百分比的形式表达
height	pixels %	图像高度，可以按照像素或者百分比的形式表达
float	left right none	元素向左浮动 元素向右浮动 元素不浮动
border	pixels	边框的宽度值
	thin	细边框
	medium	中等宽度边框
	thick	粗边框
	double	双边框
	color	设定边框的颜色
margin	pixels	外边距，按照上、右、下、左的外边距顺序定义，例如： "5px 6px 3px 7px" 表示上 5、右 6、下 3、左 7（px） "5px 6px" 表示上 5、右 6（px） "5px" 表示 4 个外边距均为 5（px）
opacity	0.0～1.0	图像透明度属性，取值为 0.0～1.0，0.0 表示透明，1.0 表示不透明

套用 CSS 定义的图像显示样式，选择符的定义形式不同，套用方法也不同：

```
<img src=" 图像URL ">                    <!--  套用标签选择符 -->
<img  class="类选择符 "  src=" 图像URL">    <!--  套用类选择符   -->
<img  id="id选择符 " src=" 图像URL ">        <!-- 套用ID选择符 -->
```

用 CSS 设置图像的示例如下：

```
<!DOCTYPE html>
<html>
<head>
    <title>CSS 设置图像 </title>
    <style>
        .floatright{
            height: auto; float:right;
        }
        .big {
            height:260px;
        }
        .small{
            height: 60px;
        }
    </style>
</head>
<body>
    <h2 align="center">CSS 设置图像示例 </h2>
```

商务网页设计与制作（第2版）（微课版）

```
    <p>
        <img class="floatright"  src="photo/photo1.jpg"/>
        <br>
        <img class="big"  src="photo/photo1.jpg"/>
        <img class="small"  src="photo/photo1.jpg"/>
        <br>
        <img class="small"  src="photo/photo1.jpg"/>
    </p>
</body>
</html>
```

运行效果如图 4.18 所示。

从上例可以看出，4 张图像分别显示出不同的大小，注意观察各个图像的位置。放大浏览器窗口大小，第 1 张图像向右浮动的效果就体现出来了（见图 4.19）。

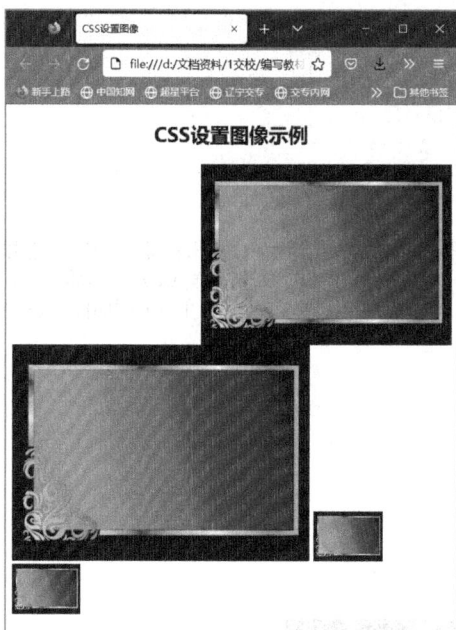

图 4.18　用 CSS 设置图像　　　　　　　　　　　图 4.19　图像浮动效果

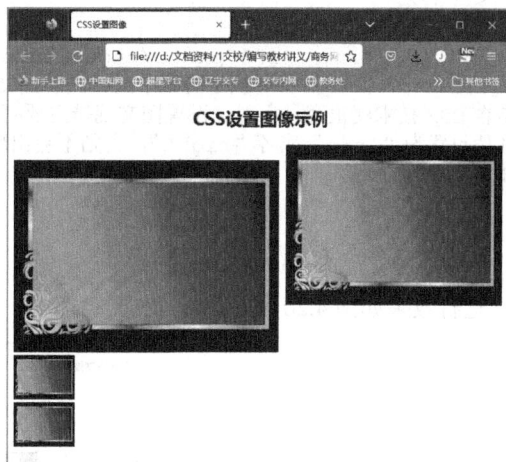

4.3.2　图文混排

文字环绕是网页中常见的图文混排形式，单纯采用 HTML 技术很难实现图文混排，但结合 CSS 技术就很容易实现。

设置图文混排主要有 2 点：一是制作 CSS 图像浮动样式，方式是将"float"属性值设置为 "left"或者"right"，否则不会出现图文混排效果；二是在 HTML 主文档中将图像和文本放在一个容器中。

① 制作 CSS 图像浮动样式。设置文字环绕形式的图文混排需要定义图像标签选择符"img" 及"float"属性，将图像和文本放在同一个容器类元素中。设置方法为

```
img{float:属性值；属性1：属性1的值；属性2：属性2的值；……}
```

② 在 HTML 主文档中将图像和文本放在一个容器中，参考以下设置方法

```
<p>
    <img  src=" 图像 URL"/>
    文本内容
</p>
```

采用 CSS 技术实现图文混排的示例如下：

```
<!DOCTYPE html>
<html>
<head>
    <title>CSS 设置图文混排 </title>
    <style>
        img{
            float:right; width:260px;
            }
        p{
            font-family: 楷体 ; font-size:18px;
            }
    </style>
</head>
<body>
    <p>
        <img  src="photo/photo1.jpg"/>
            文字环绕是网页中最常见的图文混排形式，单纯采用 HTML 技术很难实现图文混排，
但结合 CSS 技术就很容易实现。设置图文混排主要有 2 点：一是制作 CSS 图像浮动样式，方式是将"float"
属性值设置为 "left" 或者 "right"，否则不会出现图文混排效果；二是在 HTML 主文档中将图像和文本
放在一个容器中。
    </p>
</body>
</html>
```

运行效果如图 4.20 所示。

图 4.20　采用 CSS 技术实现图文混排

4.3.3　设置背景图像

在 HTML 中设置网页背景图像的方式为 <body background=" 图像 URL">，而在 CSS 中设置
背景图像采用的属性为 "background-image"，该属性不但可以设置网页背景图像，还可用于设置
表格、单元格等的背景图像。

在 CSS 中设置背景图像需要使用容器类标签（如网页、表格、DIV 等）选择符、"background-image"属性，以及其他相关属性。常见的 CSS 背景图像属性如表 4.8 所示。

表4.8　常见的CSS背景图像属性

属性	值	描述
background	文件路径名称	在一个声明中设置所有的背景属性
background-image	文件路径名称	设置元素的背景图像
background-size	pixels % cover contain	固定数值 百分比 把背景图像扩展至完全覆盖背景区域 把图像扩展至合适的尺寸以完全适应内容区域
background-position	top left top center top right center left center center center right bottom left bottom center bottom right	设置背景图像的开始位置
	x y	从左上角计算容器的百分比值。第 1 个值表示水平位置，第 2 个值表示垂直位置 左上角是"0% 0%"。右下角是"100% 100%" 如果仅规定了一个值，另一个值将是 50%
	xpos ypos	从左上角计算容器的像素坐标，第 1 个值表示水平位置，第 2 个值表示垂直位置。左上角是"0 0"，单位是像素或任何其他的 CSS 单位。如果仅规定了一个值，另一个值将是 50%，可以混合使用 % 和 position 值
background-repeat	repeat repeat-x repeat-y no-repeat	图像重复（平铺），在 position 的位置重复 图像横向重复 图像纵向重复 不重复
background-clip	border-box padding-box content-box	背景被裁剪到边框盒 背景被裁剪到内边框 背景被裁剪到内容框
background-origin	padding-box border-box content-box	背景图像相对于内边框来定位 背景图像相对于边框盒来定位 背景图像相对于内容框来定位

采用 CSS 设置背景图像样式分两个步骤：一是采用 CSS 技术定义显示样式，即定义容器类标签选择符、类选择符或 ID 选择符，以及 background-image 等相关属性；二是在 HTML 代码中套用样式。

采用 CSS 技术定义显式样式，参考以下设置方法

```
选择符 {
    background-image:url(图像 URL);
    background-position:top left;
```

```
    background-size:cover;
    background-repeat: no-repeat;
    ……
}
```

在 HTML 代码中套用样式。设置方法为

```
<容器类标签>
```

或者

```
<容器类标签  class="类选择符名">
```

或者

```
<容器类标签  id="id选择符名">
```

以下是采用 CSS 链接外部样式设置背景图像的示例，代码分为 CSS 文档、HTML 文档两部分。

① CSS 文档代码（保存在 **cssbackground.css** 文件中）如下：

```
body {
  background-image: url(../photo/img1.jpg);
  background-size: cover;
  background-repeat: no-repeat;
}
```

② HTML 文档代码如下：

```
<!DOCTYPE html>
<html>
<head>
    <title>CSS 设置背景图像示例</title>
    <link  href="css/cssbackground.css" type="text/css" rel="stylesheet"/>
</head>
<body>
    <h2 align="center">CSS 设置背景图像示例</h2>
</body>
</html>
```

运行 HTML 文档后，调用 CSS 外部样式，运行效果如图 4.21 所示。

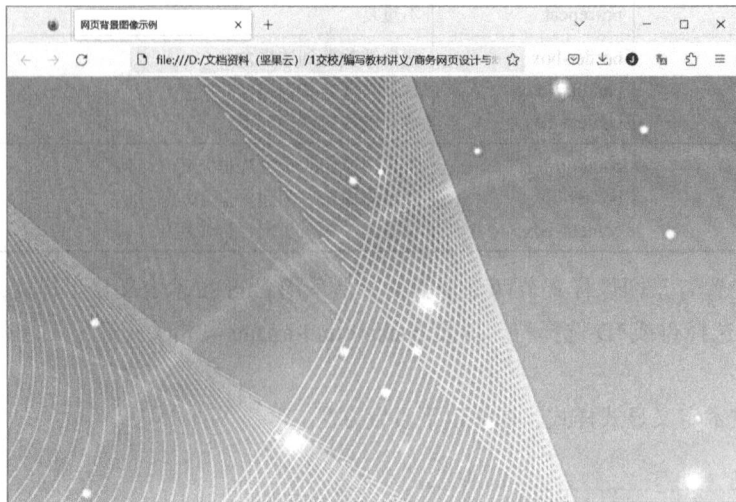

图 4.21　设置背景图像

4.4 用 CSS 设置表格样式

可以采用 CSS 技术对表格的边框样式、边距、单元格等进行设置，以简化表格制作，提高效率，美化表格。

4.4.1 设置边框样式

表格中有表边框和单元格边框（表头边框与单元格边框的性质相同，故此处省略表头边框的设置描述），表边框是指表格四周的 4 条边框，单元格边框是指每一个单元格的边框。默认状态下，这两种边框是分别显示的，而且单元格边框也是相互独立的，不贴合显示。

1. 设置表边框与单元格边框的线型

在 CSS 中设置表边框与单元格边框的线型，需要定义表格标签 <table>、表头标签 <th>、单元格标签 <td> 的选择符的 border 属性（还可以使用 border-top、border-right 等属性，具体参见 4.7.2 小节）。以标签选择符为例，设置表边框的线型的方法如下：

```
table {border: 边框宽度   边框颜色   边框类型}
```

设置单元格边框的线型的方法如下：

```
table td {border: 边框宽度   边框颜色   边框类型}
```

其中，边框宽度通常用像素值来表示，如 2px；边框颜色常用十六进制数形式颜色值来表示，如 #003399；边框类型有实线、虚线、双线等多种，具体属性值如表 4.9 所示。

表4.9　CSS中边框的属性值

属性值	描述
none	定义无边框。none 优先级最低
hidden	与 none 相同。不过应用于表时除外，对于表，hidden 用于解决边框冲突。hidden 优先级最高
dotted	定义点状边框。在大多数浏览器中呈现为实线
dashed	定义虚线。在大多数浏览器中呈现为实线
solid	定义实线
double	定义双线。双线的宽度等于 border-width 的值
groove	定义 3D 凹槽边框。其效果取决于 border-color 的值
ridge	定义 3D 垄状边框。其效果取决于 border-color 的值
inset	定义 3D inset 边框。其效果取决于 border-color 的值
outset	定义 3D outset 边框。其效果取决于 border-color 的值
inherit	规定应该从父元素继承边框样式

2. 设置表边框与单元格边框贴合显示

为了美化边框效果，可将表边框与单元格边框贴合起来显示，CSS 给出了"border-collapse"属性，用于控制表边框与单元格边框是分离显示，还是贴合显示。设置方法为

表格标签选择符 {border-collapse: 属性值;}

其中，border-collapse 属性值为 separate 或 collapse。separate 表示边框分离显示，collapse 表示边框贴合显示，默认值为 separate。

使用 CSS 设置边框的示例如下：

```html
<!DOCTYPE html>
<html>
<head>
  <title>CSS 设置表格边框 </title>
  <style type="text/css">
      table{
          border:5px blue solid;
          margin: auto;   /* 设置居中显示 */
      }
      table td{
          border:3px  green solid;
          margin: auto;
      }
      .setborder{
          border:5px  #003399 solid;
          border-collapse: collapse;
      }
  </style>
</head>
<body>
      <table>
      <caption> 默认表格边框与单元格边框示例 </caption>
      <tr>
          <td> 单元格 </td>
          <td> 单元格 </td>
          <td> 单元格 </td>
          <td> 单元格 </td>
          <td> 单元格 </td>
      </tr>
      <tr>
          <td> 单元格 </td>
          <td> 单元格 </td>
          <td> 单元格 </td>
          <td> 单元格 </td>
          <td> 单元格 </td>
      </tr>
      <tr>
          <td> 单元格 </td>
          <td> 单元格 </td>
          <td> 单元格 </td>
          <td> 单元格 </td>
          <td> 单元格 </td>
      </tr>
      </table>
      <br>
      <table class="setborder">
```

```
        <caption> 表格边框与单元格边框贴合示例 </caption>
        <tr>
            <td> 单元格 </td>
            <td> 单元格 </td>
            <td> 单元格 </td>
            <td> 单元格 </td>
            <td> 单元格 </td>
        </tr>
        <tr>
            <td> 单元格 </td>
            <td> 单元格 </td>
            <td> 单元格 </td>
            <td> 单元格 </td>
            <td> 单元格 </td>
        </tr>
        <tr>
            <td> 单元格 </td>
            <td> 单元格 </td>
            <td> 单元格 </td>
            <td> 单元格 </td>
            <td> 单元格 </td>
        </tr>
    </table>
</body>
</html>
```

运行效果如图 4.22 所示。

图 4.22　使用 CSS 设置边框

从上例可以看出边框分离显示与贴合显示的不同，而且，边框贴合显示后，表格的整体高度和宽度都变小了。大家可以尝试调整边框的宽度、边框的类型等，观察显示结果。

4.4.2　设置表格内容的显示样式

我们可以通过 CSS 统一制定表格内容的整体显示规则，如字体、字号、文字颜色、对齐方式等，以提高表格制作效率，美化显示效果。下面我们以标签选择符为例，介绍设置方法。

```
table, th, td {
    font-family: 属性值；
    font-size: 属性值；
    font-weight: 属性值；
    font-style: 属性值；
    color: 属性值；
    text-align: 属性值
    vertical-align: 属性值；
}
```

如果有必要，可以共同定义和声明多个选择符，选择符之间用"，"分隔。共同定义和声明的选择符具有相同的显示样式。如果对不同的选择符有不同的显示要求，就需要分别定义和声明。

用 CSS 设置表格内容的显示样式的示例如下：

```
<!DOCTYPE html>
<html>
<head>
<title>CSS 设置表格内容显示格式</title>
    <style type="text/css">
        table{
            font-family:" 宋体 ";
            font-size:18px;
            font-weight:900;
            color:green;
            border:5px  blue solid;
            text-align:center;
            border-collapse: collapse;
        }
        table th{
            border:3px  red dashed;
            width:150px;
            vertical-align:middle;
        }
        table td{
            border:3px gray solid;
            font-family:" 楷体 ";
            font-size:14px;
            font-weight:700;
            font-style:italic;
            color:black;
        }
        table tr{
            height:60px;
            vertical-align:bottom;
        }
    </style>
</head>
<body>
    <table>
    <caption> 控制表格内容显示格式 </caption>
    <tr>
        <th> 表头 1</th>
```

```
                <th> 表头 2</th>
                <th> 表头 3</th>
            </tr>
            <tr>
                <td> 单元格 1</td>
                <td> 单元格 2</td>
                <td> 单元格 3</td>
            </tr>
            <tr>
                <td> 单元格 1</td>
                <td> 单元格 2</td>
                <td> 单元格 3</td>
            </tr>
        </table>
    </body>
</html>
```

运行效果如图 4.23 所示。

从上例可以看出，表格整体定义了表格边框、水平对齐方式，以及字体、字号、颜色等；表头字体、字号、颜色等没有定义，使用了表格的显示规则；对单元格边框、字体、字号、颜色等重新做了定义，其显示风格与表格、表头的不同；表头内容垂直居中对齐，单元格内容垂直靠下对齐。

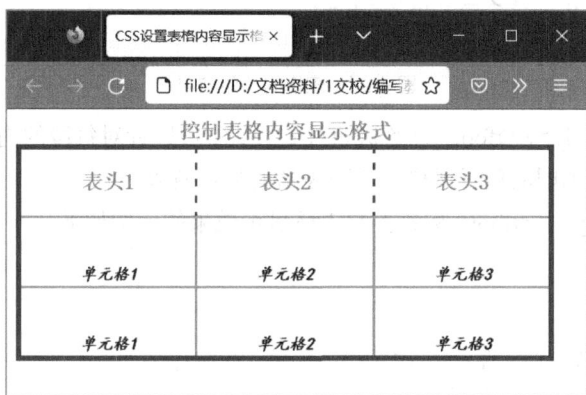

图 4.23 设置表格内容的显示样式

4.4.3 设置 \<thead>、\<tbody>、\<tfoot> 标签

\<thead>、\<tbody>、\<tfoot> 标签并不是必需的，其主要作用是增强对复杂表格的显示控制能力。为了控制表格的整体显示风格，可以把表格分为头、中、尾 3 段，\<thead> 标签用于增强对表格头段（通常是表头）的显示控制，\<tbody> 标签用于增强对表格中段（通常是数据区）的显示控制，\<tfoot> 标签用于增强对表格尾段（通常是表注）的显示控制。\<thead>、\<tbody>、\<tfoot> 标签通常用于斑马纹表格的显示控制。

表格的 3 段结构如图 4.24 所示。

```
                                                                        定义表格
<table>
  <thead>
    <tr>
      <th>  </th>
      ……
      <td>  </td>                            定义表格头段
      ……
    </tr>
  <thead>

  <tbody>
    <tr>
      <td>  </td>
      ……                                    定义表格中段
    </tr>
  </tbody>

  <tfoot>
    <tr>
      <td>  </td>
      ……                                    定义表格尾段
    </tr>
  </tfood>
</table>
```

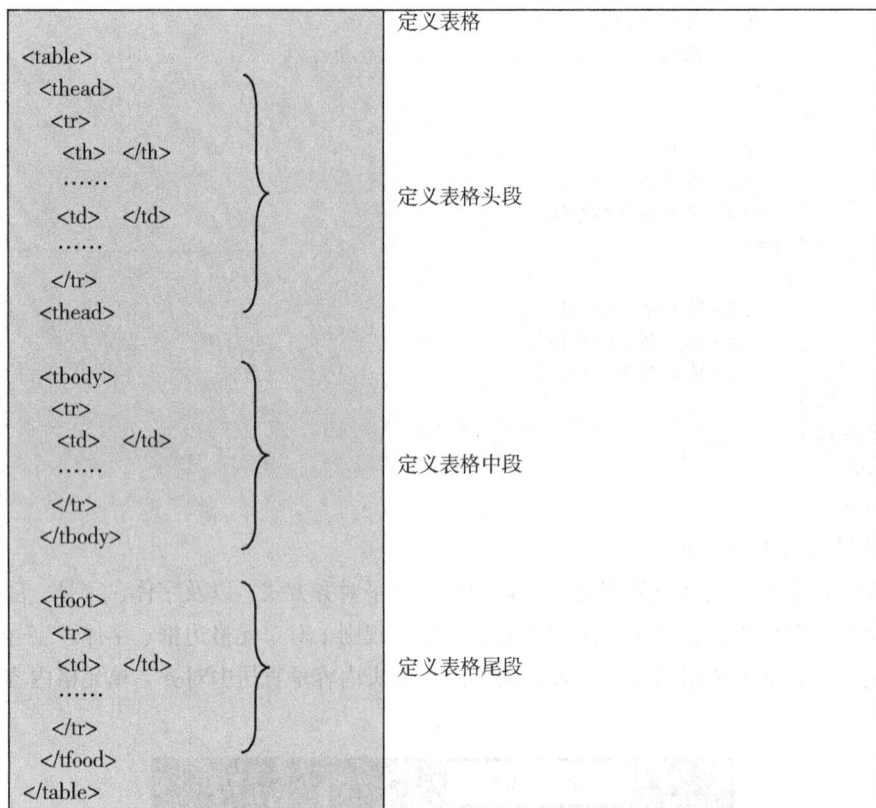

图 4.24 表格的 3 段结构

使用 <thead>、<tbody>、<tfoot> 标签进行样式设计，可以针对每段的内容分别定义显示样式，让头段、中段和尾段有不同的显示风格，增强表格的显示效果。

用 <thead>、<tbody>、<tfoot> 标签控制表格显示效果的示例如下：

```
<!DOCTYPE html>
<html>
<head>
  <title>CSS 分段设置表格 </title>
  <style type="text/css">
      table{
          border:3px blue solid;
          border-collapse: collapse;
      }
      thead th{          /* 针对 <thead> 中的表头设置一种样式 */
          border:2px gray solid;
          vertical-align:middle;
          font-family:" 宋体 ";
          font-size:18px;
          font-weight:900;
          color:black;
          background-color:cadetblue;
      }
      tbody td{          /* 针对 <tbody> 中的单元格设置一种样式 */
          border:2px gray solid;
          text-align:center;
```

```
                font-family:" 楷体 ";
                font-size:16px;
                font-weight:500;
                font-style:italic;
                color:gray;
        }
        tfoot td{          /* 针对 <tfoot> 中的单元格设置一种样式 */
                border:2px gray  solid;
                text-align:center;
                font-family:" 隶书 ";
                font-size:16px;
                font-weight:500;
                font-style: normal;
                color:black;
                background-color:bisque;
                vertical-align:bottom;
        }
        table th{            /* 为所有的 <th> 设置统一的规则 */
                width:300px;
                height:40px;
        }
        table td{            /* 为所有的 <td> 设置统一的规则 */
                height:35px;
        }
    </style>
</head>
<body>
        <table>
        <caption>CSS 设置表格头段、中段、尾段的显示样式 </caption>
            <thead>
            <tr>
                <th> 表头 1</th>
                <th> 表头 2</th>
                <th> 表头 3</th>
            </tr>
        </thead>
        <tbody>
            <tr>
                <td> 单元格 1</td>
                <td> 单元格 2</td>
                <td> 单元格 3</td>
            </tr>
            <tr>
                <td> 单元格 1</td>
                <td> 单元格 2</td>
                <td> 单元格 3</td>
            </tr>
            <tr>
                <td> 单元格 1</td>
                <td> 单元格 2</td>
                <td> 单元格 3</td>
```

```
                    </tr>
                </tbody>
                <tfoot>
                    <tr>
                        <td> 单元格 1</td>
                        <td> 单元格 2</td>
                        <td> 单元格 3</td>
                    </tr>
                </tfoot>
            </table>
    </body>
</html>
```

上例所示 CSS 代码中，**thead th、tbody td、tfoot td** 分别表示在头段中的 **th**、中段中的 **td**、尾段中的 **td**，所定义的样式限定于其所在的段中。

运行效果如图 4.25 所示。

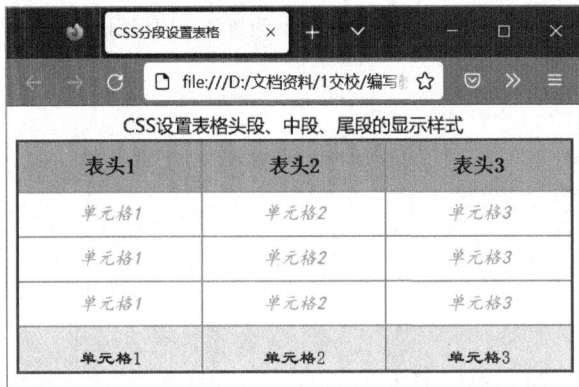

图 4.25　按照表格头段、中段、尾段设置显示样式

从上例运行效果可以看出，将一个表格分为头段、中段和尾段，各段的显示样式不同，表格更有特点。

4.4.4　设置斑马纹表格综合范例

如果表格较宽、行数较多，很容易看错行。采用斑马纹显示风格，每行显示一种颜色，可以很好地解决这个问题。制作斑马纹表格，需要熟悉颜色搭配，才能产生较好的颜色交替效果。

设置斑马纹表格需要用到表格的各种标签及相关属性，必须将表格的 CSS 属性 border-collapse 的值设为 "collapse"，使表格内部没有分割线。再定义 2 种表格行的显示样式（通常定义背景颜色和字体相关属性），通过交错套用不同样式获得斑马纹的显示效果。

微课视频

用 CSS 设置斑马纹表格综合范例

用 CSS 设置斑马纹表格的示例如下：

```
<!DOCTYPE html>
<html>
<head>
```

```
<title>斑马纹表格示例</title>
<style type="text/css">
    table{
        border: 1px black solid;
        font: 16px 宋体;
        width: 600px;
        margin: auto;                        /* 设置表格居中显示 */
        border-collapse:collapse;         /* 定义边框贴合显示，没有分割线 */
    }
    caption {
        font: 28px 黑体;
        color:white;
        background-color: green;
        line-height:46px;
    }
    tr{                 /* 通过行标签选择符定义行的通用显示样式，背景为粉色，行高30px*/
        background-color:pink;
        height:40px;
        text-align: center;
    }
    td{
        font-family: 楷体;
        text-align: center;
    }
    thead tr,tfoot tr{          /* 定义头段、尾段中行的背景颜色相同 */
        background:white;
    }
    tbody tr.line{            /* 定义中段中行的类选择符，背景颜色为青色/蓝绿色 */
        background-color:cyan;
    }
</style>
</head>
<body>
    <table>  <!--  cellspacing="0", 表示设置分割线为零，斑马纹效果更佳  -->
        <caption>产品清单</caption>
        <thead>
            <tr>
                <th >产品名称</th>
                <th >产品编号</th>
                <th >产地</th>
                <th >单价</th>
                <th >颜色</th>
                <th >重量</th>
            </tr>
        </thead>
        <tbody>
            <tr >
                <th>计算机</th>
                <td>C184645</td>
                <td> 深圳 </td>
                <td>$3200.00</td>
```

```
            <td> 黑色 </td>
            <td>5.20kg</td>
            </tr>
        <tr class="line">
            <th > 电视 </th>
            <td>T965874</td>
            <td> 杭州 </td>
            <td>$299.95</td>
            <td> 白色 </td>
            <td>15.20kg</td>
        </tr>
        <tr>
            <th > 电话 </th>
            <td>P494783</td>
            <td> 沈阳 </td>
            <td>$34.80</td>
            <td> 灰色 </td>
            <td>0.90kg</td>
        </tr>
            <tr class="line">
            <th> 电冰箱 </th>
            <td>R349546</td>
            <td> 北京 </td>
            <td>$111.99</td>
            <td> 深灰色 </td>
            <td>90.30kg</td>
        </tr>
        <tr>
            <th> 洗衣机 </th>
            <td>W454783</td>
            <td> 广州 </td>
            <td>$240.80</td>
            <td> 白色 </td>
            <td>30.90kg</td>
        </tr>
        <tr class="line">
            <th> 微波炉 </th>
            <td>F783990</td>
            <td> 上海 </td>
            <td>$31.68</td>
            <td> 白色 </td>
            <td>32.80kg</td>
        </tr>
    </tbody>
    <tfoot>
        <tr>
            <th > 总计 </th>
            <th colspan="5">6 个产品 </th>
        </tr>
    </tfoot>
</table>
```

```
</body>
</html>
```

运行效果如图 4.26 所示。

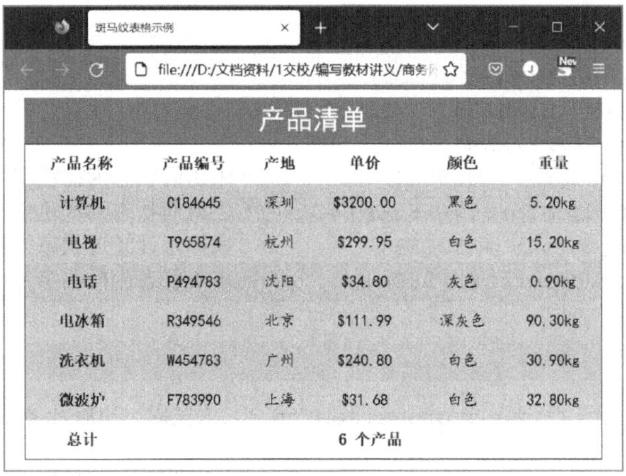

图 4.26　用 CSS 设置斑马纹表格

4.5　用 CSS 设置超链接伪类及伪元素

在 HTML 及 CSS 中，有一些类或元素，它们不是实际存在的实体类或元素，而是用于对实体元素进行修饰和说明的，我们把这些类或元素称为伪类、伪元素。

什么是伪类？伪类通常是指某个元素的某个状态。例如，超链接元素有未访问过的超链接、已访问过的超链接、鼠标指针经过时的超链接和单击时的超链接 4 种状态。

什么是伪元素？伪元素通常是指某个对象中某个元素的状态。例如，一行文字中第 1 个字符的样式。

4.5.1　设置超链接伪类

伪类的概念始于超链接。超链接的伪类从最初的 3 个增加到 4 个，分别是 link、visited、hover、active，分别代表未访问过的超链接、已访问过的超链接、鼠标指针经过时的超链接、单击时的超链接这 4 个伪类状态。在 CSS 中，我们把伪类状态视为一种特殊的选择符。

定义超链接伪类样式，需要使用超链接选择符、伪类标识符 ":" 和伪类状态，以及相关属性等，设置方法为

```
a:伪类状态 { 属性 1：属性 1 的值；属性 2：属性 2 的值；……}
```

定义超链接伪类样式，必须按照 link、visited、hover、active 的顺序依次定义，不能颠倒顺序。设置超链接伪类样式常用于改善超链接的显示外观，通过跟踪鼠标指针和超链接的状态，设置不同的显示样式，让页面更加活泼、更加吸引人。比如，我们可以将文本超链接载体的字体、颜色、大小按照未访问过的超链接、已访问过的超链接、鼠标指针经过时的超链接、单击超链接 4 种状

态分别设置不同的显示样式，制作不同的显示效果。

下面是设置超链接伪类样式的例子，本示例中仅对字的颜色进行设置，代码如下：

```html
<!DOCTYPE html>
<html>
<head>
    <title> 超链接伪类示例 </title>
    <base target="_blank">
    <style type="text/css">
        a:link{color: #000099}          /* 未访问状态为蓝色字 */
        a:visited{color: #666666}       /* 已访问状态为灰色字 */
        a:hover{color: #FF00FF}         /* 鼠标指针经过状态为粉色字 */
        a:active{color: #FF9900}        /* 单击状态为橙色字 */
    </style>
</head>
<body>
    <a href="http://www.ptpress.com.cn/"> 人民邮电出版社 </a>
    <br>
    <a href="http://www.ptpress.com.cn/"> 人民邮电出版社 </a>
    <br>
    <a href="http://www.rymooc.com/"> 人邮学院 </a>
    <br>
    <a href="http://www.ryjiaoyu.com/"> 人邮教育社区 </a>
</body>
</html>
```

运行效果如图4.27所示。

图 4.27　设置超链接伪类样式

如果本机没有访问过以上超链接，超链接初始颜色为蓝色；当鼠标指针经过超链接上方时，超链接显示为粉色；单击时显示为橙色；单击访问后显示为灰色。

4.5.2　设置伪元素

伪元素与伪类的定义和使用方法类似，用于对文档中虚构的元素进行显示设置。常用的伪元素有 first-letter 和 first-line 两个，用于文字的首字符和首行。

在 CSS 中定义文本类型的伪元素样式，需要使用文本类型的标签选择符（如 p）、伪元素标识符 "::" 和伪元素名称等，设置方法为

标签选择符 :: 伪元素名称 { 属性1: 属性1的值；属性2: 属性2的值；…… }

设置伪元素的示例如下：

```
<!DOCTYPE html>
<html>
<head>
    <title>伪元素示例</title>
    <style type="text/css">
        P::first-letter {font-size:150%;}
    </style>
</head>
<body>
    <p>
        伪元素与伪类的定义和使用方法类似，用于对文档中虚构的元素进行显示设置。常用的伪
元素有 first-letter 和 first-line 两个，用于文字的首字符和首行。
    </p>
</body>
</html>
```

运行效果如图 4.28 所示。

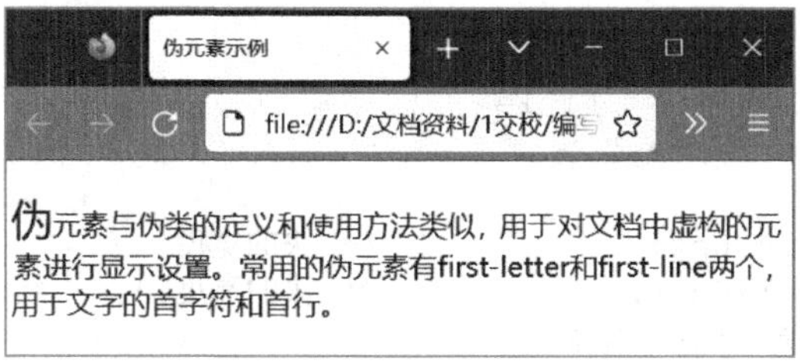

图 4.28　设置伪元素

从图 4.28 可以看出，通过设置首字符伪元素的显示样式，第 1 个字符尺寸为其他字符尺寸
的 150%，突出显示的效果明显，突出首字符的重要性，引领该段全文。

4.6　采用 DIV 与 SPAN 制作网页

在网页布局中，经常会遇到块级元素和内联元素，它们对页面布局有很大的影响。只有了解、
掌握了块级元素和内联元素，才能真正掌握网页布局技术。

4.6.1　块级元素与内联元素

块级元素显示的是一个矩形框，一个块级元素单独占据一行，与相邻的块级元素依次竖向排
列，不会排在同一行。例如元素 div、p、ul、h1 ～ h6 等都是块级元素，它们总是以一个区块的
形式出现，单独占据一行。

内联元素与块级元素相反，其与相邻的内联元素能够横向依次排列成行，就像文本依次排列
显示的效果一样，先依次横向排列，排到最右端自动换行。例如元素 span、font、a、img、input
都属于内联元素。内联元素的显示特点就是不会独自占据一行。

块级元素通过属性设置，也能具有内联元素的特点。例如把 div 的 float 属性设成左右浮动，
这张图像就会像一个内联元素一样，与其他内联元素一同横向排列。

很多块级元素、内联元素本身就是一个容器,可以容纳各类元素。如段落元素p,可以容纳文本、图像、表格、多媒体等各类元素。

4.6.2　定义 DIV 的显示样式

DIV 是一个标准的容器类块级元素,DIV 元素可以理解为网页的一个矩形方块图层,可以容纳各类元素,并能将多个 DIV 叠加显示。在网页排版中,只要定义好 DIV 的显示样式,其容纳的元素就会套用 DIV 的显示样式。

在 CSS 中,定义 DIV 选择符与定义其他标签选择符的方法一样,如下:

div {属性1:属性1的值;属性2:属性2的值;……}

一个简单的 DIV 的显示样式的示例如下:

```html
<!DOCTYPE html>
<html>
<head>
    <title>简单的 DIV 示例</title>
    <style type="text/css" >
        div{
            width:400px;              /* 块的宽度 */
            height:200px;             /* 块的高度 */
            font-family: 楷体 ;
            font-size:48px;
            color:blue;               /* 字体颜色 */
            background-color:yellowgreen;
            text-align:center;        /* 文本对齐方式 */
        }
    </style>
</head>
<body>
    <div>
        一个简单的 DIV 块级元素!
    </div>
</body>
</html>
```

运行效果如图 4.29 所示。

图 4.29　简单的 DIV 显示样式

可以看出,网页上显示出一个区块,区块中容纳了"一个简单的 DIV 块级元素!"。

4.6.3　定义 SPAN 的显示样式

SPAN 也是容器类元素，被广泛应用在网页制作中。它同样可以容纳各种 HTML 元素。与 DIV 不同的是，SPAN 是一个内联元素，而不是块级元素。

定义 SPAN 选择符与定义其他标签选择符的方法一样，如下：

span {属性 1：属性 1 的值；属性 2：属性 2 的值；……}

一个简单的 SPAN 的显示样式的示例如下：

```
<!DOCTYPE html>
<html>
<head>
    <title>简单的 SPAN 示例</title>
    <style type="text/css" >
        span{
            font-family: 楷体 ;
            font-size:48px;
            color:blue;           /* 字体颜色 */
            background-color:yellowgreen;
            text-align:center;
        }
    </style>
</head>
<body>
    <span>
        一个简单的 SPAN 内联元素！
    </span>
</body>
</html>
```

运行效果如图 4.30 所示。

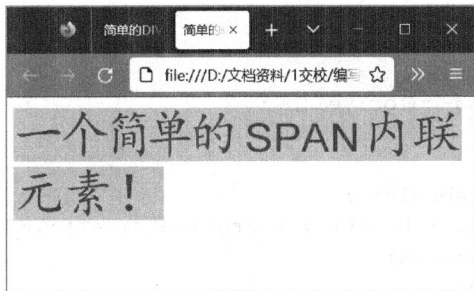

图 4.30　简单的 SPAN 的显示样式

可以看出，SPAN 元素没有块级元素的特征，显示效果就像文本排列显示一样。

4.6.4　元素定位

CSS 网页布局中经常使用定位技术，把容器类元素定位并显示在网页中合适的位置上。定位有以下 3 种模式。

① 静态定位，是指无特殊定位，也是系统默认的定位模式。块级元素生成的是一个矩形框，

是文档流中的一个部分，按照在文档中出现的位置正常定位显示，没有偏移量。

② 相对定位，是指相对于静态定位生成的块的位置的偏移量，由 top、right、bottom、left 这 4 个偏移属性联合指定相对偏移量。所谓相对偏移量是指相对于某个指定位置的偏移量，分为 top、right、bottom、left 这 4 个方向。偏移量的表达方式有数值形式和百分比形式。数值形式可以使用常见的度量单位，如像素、磅、毫米等。

③ 绝对定位，是指以父级元素的 4 个边框为基准，使用 top、right、bottom、left 这 4 个属性来确定块的绝对位置。

设置元素定位样式，需要使用元素的标签选择符（如 DIV）及 position 属性和偏移量属性（top、left、right 和 bottom）等。其中，position 的属性值有 static（静态定位）、relative（相对定位）、absolute（绝对定位）等。设置方法为

标签选择符 {position: 属性值；top: 属性值；right: 属性值；bottom: 属性值；left: 属性值}

设置 DIV 块级元素定位的示例如下：

```
<!DOCTYPE html>
<html>
<head>
    <title>DIV 定位示例 </title>
    <style type="text/css">
        div.a{
            position:static;
            font-size:18px;
            width:300px;
            height:130px;
            background-color:red;
        }
        div.b{
            position:relative;
            top:auto;right:auto; bottom:auto;left:40px ;
            font-size:18px;
            width:300px;
            height:130px;
            background-color:yellow;
        }
        div.c{
            position:absolute;
            top:200px;right:auto; bottom:auto;left:180px;
            font-size:18px;
            width:300px;
            height:130px;
            background-color:green;
        }
    </style>
</head>
<body>
    <div class="a">1. 静态定位 </div>
    <div class="b">2. 相对定位 </div>
    <div class="c">3. 绝对定位 </div>
    <div class="a">4. 静态定位 </div>
</body>
</html>
```

运行效果如图 4.31 所示。

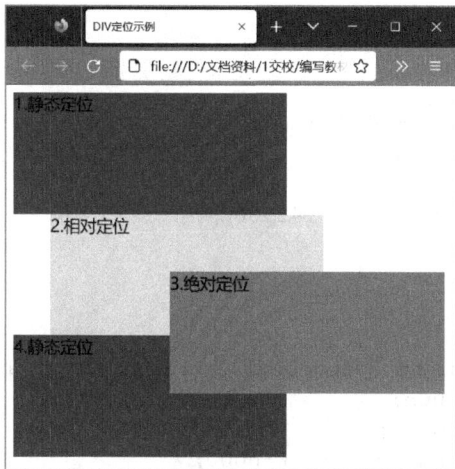

图 4.31　设置 DIV 块级元素定位

可以看出，第 1 个 DIV 块使用静态定位模式，按照文档的正常顺序生成 DIV 块并显示；第 2 个 DIV 块使用相对定位模式，按照正常生成的 DIV 块的位置做相对偏移；第 3 个 DIV 块使用绝对定位模式，按照 \<body\> 的边框位置计算绝对位置；第 4 个 DIV 块又使用静态定位模式，按照网页正常产生网页元素的顺序显示。其中需要注意：绝对定位对于后续 DIV 的相对定位或静态定位没有影响。

4.6.5　元素叠加

如果网页中有多项容器类元素存在位置重叠，需要设置好这些元素的叠加次序，保证需要显示的内容不被遮住。

在 CSS 中设置元素的叠加次序，需要使用元素（如 DIV）的标签选择符及其叠加次序属性 z-index。设置方法为

```
元素选择符 {z-index: 属性值}
```

z-index 的属性值为自然数 1、2、3 等，可以设成 0 或负数。默认值为 1，表示显示在最下层；z-index 的值越大，优先级越高，显示越靠上层。

如果没有指定叠加次序，则按照元素形成的逆序叠加，最后形成的元素在最上层，最先形成的元素在最下层。

在 CSS 中设置容器类元素叠加次序的示例如下：

```
<!DOCTYPE html>
<html>
<head>
<title>DIV 叠加次序 </title>
  <style type="text/css">
      div.a{
          position:absolute;top:20px;right:auto; bottom:auto;left:40px;
          width:260px;
          height:200px;
```

```
            background-color: #006600;
            font-size:20px;
            z-index:1;
        }
        div.b{
            position:absolute;top:70px;right:auto; bottom:auto;left:80px;
            width:260px;
            height:200px;
            background-color: #3300CC;
            font-size:20px;
            z-index:2;
        }
        div.c{
            position:absolute;top:120px;right:auto; bottom:auto;left:120px;
            width:260px;
            height:200px;
            background-color: #660000;
            font-size:20px;
            z-index:3;
        }
        div.d{
            position:absolute;top:170px;right:auto; bottom:auto;left:160px;
            width:260px;
            height:200px;
            background-color: #FF0099;
            font-size:20px;
            z-index:4;
        }
    </style>
</head>
<body>
        <div class="a"> 叠加次序为 1</div>
        <div class="b"> 叠加次序为 2</div>
        <div class="c"> 叠加次序为 3</div>
        <div class="d"> 叠加次序为 4</div>
</body>
</html>
```

运行效果如图 4.32 所示。

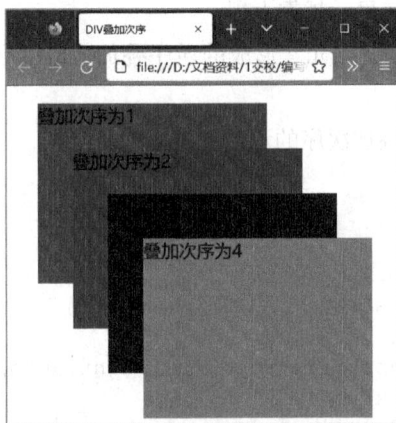

图 4.32 设置容器类元素叠加次序

从上例可以看出，序号越大，越靠上层显示，并且不被遮挡。

4.6.6　元素浮动

通常，网页排版是按照文档流的顺序排列的。对于内联元素而言，按照从左至右逐行排列；对于块级元素而言，会在当前位置换行，在下一行显示该元素。其后续的元素自动换行排列。块级元素的排列相当于"换行＋内联元素＋换行"的效果。

浮动属性可以让块级元素"内联化"，使其具有内联元素的排列特点。目前，浮动只有向左、向右两种浮动形式。设置浮动属性后，周边的元素会在该元素周边"流动"。

在 CSS 中设置块级元素浮动，需要使用块级元素（如 DIV）的选择符及其 float 属性。设置方法为

选择符｛float：属性值｝

float 属性值有 left、right 和 none 这 3 个，默认值为 none。

在 CSS 中设置元素浮动的示例如下：

```
<!DOCTYPE html>
<html>
<head>
<title>DIV 浮动示例 </title>
  <style type="text/css">
      div {
          width:300px;
          height:170px;
          background-color: #FF0099;
          font-family:" 宋体 ";
          font-size:20px;
          float:right;
          position: relative;top:20px;right:auto; bottom:10px;left:3px;
      }
  </style>
</head>
<body>
    <p>
                <div>DIV 浮动效果 </div>
                <font face=" 宋体 " size="4">
                通常，网页排版是按照文档流的顺序排列的。对于内联元素而言，按照从左
至右逐行排列;对于块级元素而言，会在当前位置换行，在下一行显示该元素。其后续的元素自动换行排列。
块级元素的排列相当于"换行＋内联元素＋换行"的效果。
                浮动属性可以让块级元素"内联化"，使其具有内联元素的排列特点。目前，浮动只有向
左、向右两种浮动属性。设置浮动属性后，周边的元素会在该元素周边"流动"。
                </font>
        </p>
</body>
</html>
```

示例中，在一个段落里包括两项内容：一个是 DIV 块，另一个是文本段落。将 DIV 块的 float 属性设置为 right，运行后看到文本段落围绕 DIV 的效果，如图 4.33 所示。

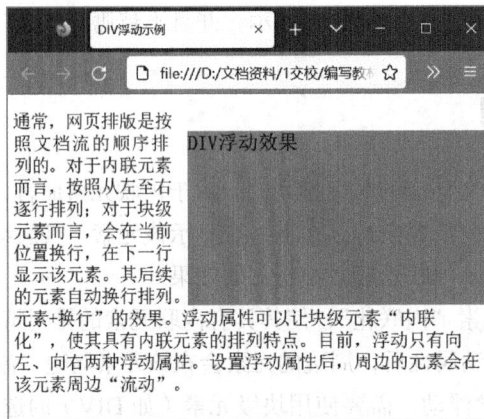

图 4.33　元素浮动

4.6.7　元素的显示与隐藏

大多数元素都能设置显示与隐藏。在 CSS 中，设置元素显示与隐藏需要定义选择符及其 visibility 属性。设置方法如下：

选择符 {visibility: 属性值}

visibility 的属性值主要有 visible（可见）、hidden（隐藏）。

4.7　用 CSS 设置元素的边框与边距

设置元素的边框和边距是非常重要的显示技巧，巧妙地设置元素边框和边距的宽度、颜色，可以制作出非常美观的显示效果。

4.7.1　元素的边框与边距

容器类元素都有边框和边距，边距又分为外边距和内边距，边框与边距均有上、下、左、右 4 条边。一个容器类元素的边框与边距（边距、边框足够宽）如图 4.34 所示。

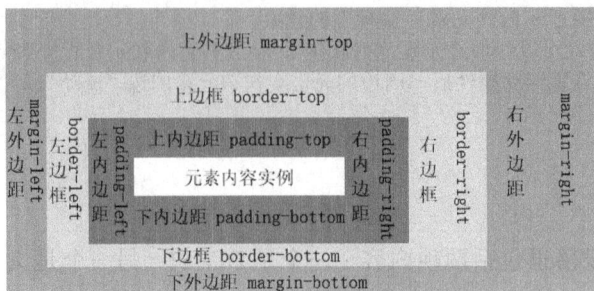

图 4.34　一个容器类元素的边框与边距

由此可见，一个容器类元素占用的页面高度＝自身高度＋上边框宽度＋上内边距＋上外边距＋下边框宽度＋下内边距＋下外边距。同理，一个容器类元素占用的页面宽度＝自身宽度＋左边框宽度＋左内边距＋左外边距＋右边框宽度＋右内边距＋右外边距。

从上例可以看出，一个容器类元素，就像盒子嵌套在一起，故有的书中将其称为"盒子模型"，形象地表示了容器类元素的内容、内边距、边框和外边距之间的关系。

在 CSS 中，外边距的属性是 margin，内边距的属性是 padding，边框的属性是 border。运用不同的内边距、边框和外边距方案，能够组合出丰富多彩的显示效果。

边框与边距的相关属性赋值顺序都是从上端开始的，按照顺时针方向，即"上、右、下、左"的顺序分别赋值。

如果没有设置边框和边距，会采用系统默认值。系统默认边框为"0px"，即没有边框。默认的边距为"0px"，即没有边距。

4.7.2　设置元素边框与边距

设置容器类元素的边框，需要使用容器类元素标签及其边框属性 border（或者使用边框线宽属性 border-width、边框颜色属性 border-color、边框类型属性 border-style 等）。设置方法为：

```
选择符 { border= 线宽属性值 边框颜色属性值 边框类型属性值 ;}
```

或者，

```
选择符 {
    border-width=" 线宽属性值 ";
    border-color=" 边框颜色属性值 ";
    border-style=" 边框类型属性值 ";
}
```

其中，元素边框类型属性值与表格边框类型属性值的概念是相同的。

采用 border 属性设置边框，只适用于 4 条边的属性值都相同的情况，写法简洁；而采用 border-width、border-color、border-style 等属性设置边框，更适用于 4 条边的属性值存在差异的情况。

1.　设置边框

边框类型有实线、虚线、双线等，是设置边框效果的重要方面，只有精通边框类型设置，才能做出漂亮的边框效果。每个元素都有上、下、左、右 4 条边框，它们可以统一设置或分别设置。

（1）设置边框类型

设置边框类型的示例如下：

```
<!DOCTYPE html>
<html>
<head>
  <title>边框类型演示</title>
  <style type="text/css">
      div{
          border-width:12px;
          border-color: #000000;
```

```
        }
    </style>
</head>
<body>
    <!-- 为了方便设置和观察边框样式, 下面代码中使用了内联 CSS 样式 -->
    <div style="border-style:dashed">dashed  虚线样式 </div>
    <br>
    <div style="border-style:dotted">dotted  点状边框（有的浏览器可能显示为实线）</div>
    <br>
    <div style="border-style:double">double  双线边框 </div>
    <br>
    <div style="border-style:groove">groove  凹槽边框 </div>
    <br>
    <div style="border-style:ridge">ridge  凸脊边框 </div>
    <br>
    <div style="border-style:inset">inset  内陷边框 </div>
    <br>
    <div style="border-style:outset">outset  外凸边框 </div>
    <br>
    <div style="border-style:solid">solid  实线边框 </div>
</body>
</html>
```

运行效果如图 4.35 所示。

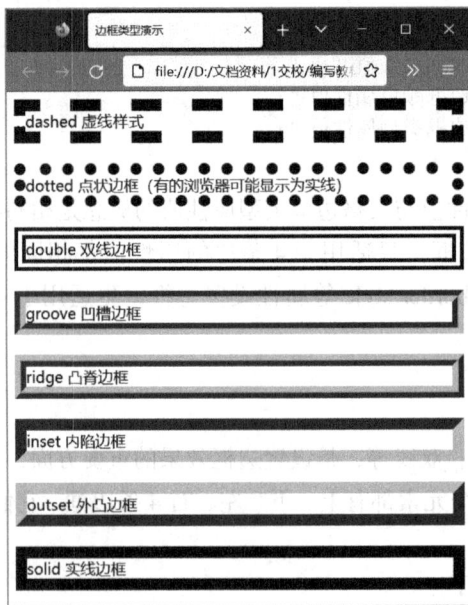

图 4.35　设置边框类型

请大家认真观察各种边框的显示效果。

（2）统一设置边框的宽度、颜色和类型

统一设置边框的宽度、颜色和类型，采用 border 属性进行设置更加简捷，示例如下：

```
<!DOCTYPE html>
<html>
<head>
```

```
        <title>统一设置边框</title>
        <style type="text/css">
            div{
                width: 400px;
                height: 120px;
                border:12px #006600 double;
            }
</style>
</head>
<body>
        <div>统一设置边框 4 条边</div>
</body>
</html>
```

运行效果如图 4.36 所示。

可以看出，该元素 4 条边的宽度、颜色、类型均相同。

（3）分别设置边框的宽度、颜色和边框类型

如果想把边框 4 条边设置成不同的宽度、颜色和类型，必须使用 border-width、border-color、border-style属性分别设置，其赋值顺序是上、右、下、左。

图 4.36 统一设置边框的宽度、颜色和类型

对这 3 个属性的赋值比较灵活，可以对其赋 1 个数值，也可以对其赋 2 个数值、3 个数值、4 个数值等，分别代表不同的赋值含义。

如果仅赋 1 个值，代表 4 条边均采用这个数值；如果赋 2 个值，按照上、右的顺序取值，即上边取第 1 个数值，右边取第 2 个数值。下边、左边没有赋值，取对边的值；如果赋 3 个值，按照上、右、下的顺序取值，左边没有赋值，取对边的值；如果赋 4 个值，则按照上、右、下、左的顺序取值。

分别设置边框的宽度、颜色和类型的示例如下：

```
<!DOCTYPE html>
<html>
<head>
<title>分别设置边框</title>
  <style type="text/css">
        div{
            height:120px;
            width:400px;
            border-width:5px   9px   12px   16px;
            border-color: #0099FF #CC0099 #000000 #006600 ;
            border-style: solid dotted dashed double;
        }
  </style>
</head>
<body>
        <div>分别设置边框 4 条边的宽度、颜色和边框类型</div>
</body>
</html>
```

运行效果如图 4.37 所示。

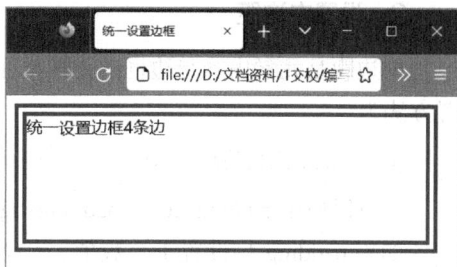

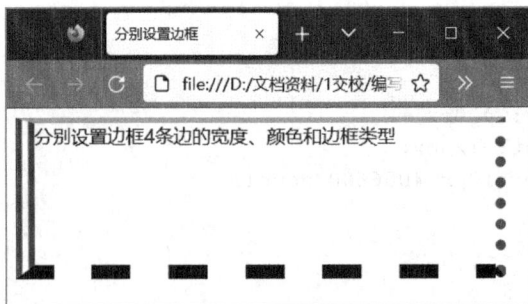

图 4.37　分别设置边框的宽度、颜色和类型

可以看出，4 条边的宽度、颜色、类型各不相同。

2. 设置内边距

内边距是元素内容与边框的距离。用 CSS 设置内边距需要使用容器标签的 padding 属性，设置方法为

padding：上内边距、右内边距、下内边距、左内边距；

也可以使用 padding-top、padding-right、padding-bottom、padding-left 属性分别设置。

如果 padding 只设置 1 个数值，代表 4 个内边距都采用该数值；如果 padding 设置 2 个或 3 个数值，按照上、右、下、左的顺序依次取值，未被赋值的边距采用对边的值；如果设置了 4 个数值，则按照上、右、下、左的顺序依次取值。

下面是以文本段落为例，使用 CSS 设置的段落内边距的示例：

```
<!DOCTYPE html>
<html>
<head>
  <title>CSS 设置内边距示例</title>
  <style type="text/css">
       p {
            border: 5px  #FF00CC dotted;
            font: 20px 宋体 ;
            color: #FFFF00;
            background-color: #006666;
            padding:20px 200px  20px 50px;
       }
  </style>
</head>
<body>
    <p>
            元素有两个边距：外边距和内边距。外边距是指本元素边框与外部元素边框之间的距离，
内边距是指本元素边框与内部元素边框之间的距离。内边距和外边距都是为了控制页面的松紧程度而提供
的属性。
    </p>
</body>
</html>
```

运行效果如图 4.38 所示。

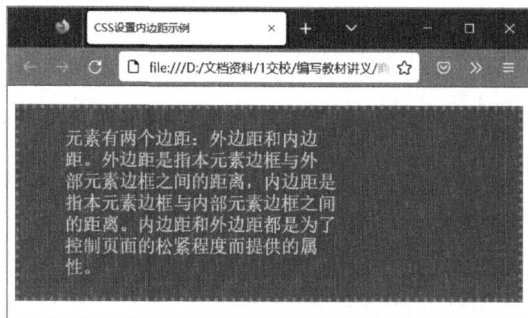

图 4.38　设置内边距

可以看出，段落也是有内边距的，请大家仔细观察段落中文本的上、下、左、右的内边距。

3. 设置外边距

设置外边距主要是设置元素之间的距离，控制页面元素是紧凑显示还是松散显示。也可以同边框、内边距组合，美化元素的显示效果。

在 CSS 中设置外边距，需要定义选择符及外边距 margin 属性，设置方法为

```
选择符 {
    margin: 上外边距  右外边距   下外边距   左外边距；
}
```

或者使用 margin-top、margin-right、margin-bottom、margin-left 属性分别设置。

设置外边距与设置内边距的实现方式是相同的，可以对 margin 赋 1 个值、2 个值、3 个值或 4 个值，取值方式同设置内边距的。

4.7.3　制作文字按钮范例

微课视频

制作文字
按钮范例

对网页中的超链接，如果不做美化处理，就像普通的文本一样非常单调（见图 4.39）。如果采用边框与边距技术加以处理，就会出现按钮状超链接的显示效果（见图 4.40）。

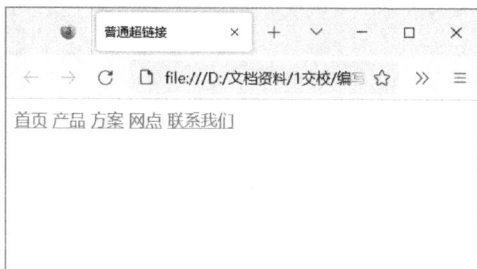

图 4.39　普通超链接的显示效果

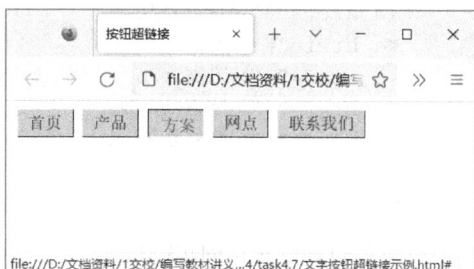

图 4.40　按钮状超链接的显示效果

可以看出，按钮状超链接非常美观，普通超链接则显得呆板。

那么如何实现按钮状超链接呢？主要需要设置超链接伪类，通过外边距、边框、内边距控制显示效果。制作鼠标指针经过时的超链接、单击时的超链接的两种显示效果，通过视觉对比形成按钮效果。

设置按钮状超链接的示例如下：

224

```
<!DOCTYPE html>
<html>
<head>
    <title> 按钮超链接 </title>
    <style>
        a{                                          /* 以下是设置超链接的常规显示样式 */
            margin:2px;
            font-family: 宋体 ;
            font-size:16px;
            text-align:center;
            vertical-align:middle;
        }
        a:link, a:visited{                      /* 设置超链接未访问、访问后的显示样式 */
            padding:4px 10px 4px 10px;
            background-color: #CCCCCC;
            text-decoration: none;
            color: #0000FF;
            border-top: 1px solid #EEEEEE;   /* 利用边框颜色搭配实现阴影效果 */
            border-left: 1px solid #EEEEEE;
            border-bottom: 1px solid #333333;
            border-right: 1px solid #333333;
        }
        a:hover{                                /* 设置鼠标指针经过时的超链接状态 */
            color: #CC00CC;                     /* 改变文字颜色 */
            padding:6px 8px 2px 12px;           /* 利用内边距改变文字显示位置 */
            background-color:#CCC;              /* 改变背景色 */
            border-top: 1px solid #333333;      /* 以下是利用边框颜色的反差对比制
作出"按下去"的效果 */
            border-left: 1px solid #333333;
            border-bottom: 1px solid #EEEEEE;
            border-right: 1px solid #EEEEEE;
        }
    </style>
</head>
<body>
    <a href="#"> 首页 </a>
    <a href="#"> 产品 </a>
    <a href="#"> 方案 </a>
    <a href="#"> 网点 </a>
    <a href="#"> 联系我们 </a>
</body>
</html>
```

运行后会得到按钮状的超链接。

4.7.4　制作导航栏综合范例

微课视频

制作导航栏
综合范例

　　制作导航栏可采用很多种技术，文本列表的边框与边距技术是最简捷、实用的技术之一。在 CSS 中，有序列表标签 <ol> 和无序列表标签 <ul> 基本没有区别，列表项有序还是无序、如何编号等是通过 list-style-type 属性来定义的，还可以采用 list-style-image 属性来指定列表项的图标。

在 CSS 中，列表项的主要属性如表 4.10 所示。

表4.10　列表项的主要属性

属性	描述
list-style	在一个声明中设置所有的列表属性
list-style-image	将图像设置为列表项的图标
list-style-position	设置列表项标记的放置位置
list-style-type	设置列表项标记的类型

其中，list-style-type 的常见属性值如表 4.11 所示。

表4.11　list-style-type的常见属性值

值	描述
none	无标记
disc	默认值。标记是实心圆
circle	标记是空心圆
square	标记是实心方块
decimal	标记是数字
decimal-leading-zero	0 开头的数字标记（01、02、03 等）
lower-roman	小写罗马数字（i、ii、iii、iv、v 等）
upper-roman	大写罗马数字（Ⅰ、Ⅱ、Ⅲ、Ⅳ、Ⅴ等）
lower-alpha	小写英文字母（a、b、c、d、e 等）
upper-alpha	大写英文字母（A、B、C、D、E 等）
lower-latin	小写拉丁字母（a、b、c、d、e 等）
upper-latin	大写拉丁字母（A、B、C、D、E 等）

容器类元素均具有 display 属性，该属性是制作导航栏所需要的，其常见属性值如表 4.12 所示。

表4.12　display的常见属性值

值	描述
none	此元素不会被显示
block	此元素将显示为块级元素，此元素前后有换行符
inline	默认值。此元素将显示为内联元素，元素前后没有换行符
inherit	规定应该从父元素继承 display 属性的值

1. 制作纵向排列导航栏

利用文本列表制作导航栏，首先在 CSS 中做好如下工作。

Step 01 定义 DIV 块的尺寸，适合用于确定导航栏（文本列表）的位置。

Step 02 定义一个文本列表及其整体样式，定义好边距。

Step **03** 制作列表项，做出纵向分隔的美观效果。

Step **04** 制作列表项超链接整体样式。

Step **05** 制作列表项超链接在未访问、已访问时的显示效果，以及鼠标指针经过时的显示效果，通过反差效果增强美感，要充分利用左边框的颜色做好突出显示效果。

然后，在 HTML 中设置 DIV 标签、文本列表及列表项，并设置列表项的超链接。

制作纵向列表导航栏的示例如下：

```
<!DOCTYPE html>
<html>
<head>
<title>纵向导航栏</title>
    <style>
    body{
        background-color: #33CCFF;
    }
    .menu {                              /* 定义类选择符 .menu 的整体样式 */
        width:130px;
        text-align:right;
        vertical-align:middle;
        font-family: 宋体 ;
        font-size:1em;
        color:#FFFFFF;
    }
    .menu ul {                           /* 用文本列表制作导航栏的整体样式 */
        list-style-type:none;            /* 不显示项目符号 */
        margin:0px;                      /* 设置内外边距很重要，确定显示位置 */
        padding:0px;
    }
    .menu li {                           /* 设置列表项的样式 */
        border-bottom:1px solid #CCCCCC; /* 利用下边框做出分割线效果 */
    }
    .menu li a{                          /* 设置列表项的超链接整体样式 */
        display:block;                   /* 设置列表项为块级元素 */
        height:1.5em;
        padding:2px;
        text-decoration:none;            /* 去掉下画线 */
    }
    .menu li a:link, .menu li a:visited{ /* 设置超链接未访问、已访问时的显示效
果 */
        background-color: #0066CC;       /* 设置列表项背景颜色 */
        color:#FFFFFF;                   /* 设置列表项文字颜色 */
        border-left:15px solid #000099;  /* 使用左边框设置显示出对比效果 */
    }
    .menu li a:hover{                    /* 设置鼠标指针经过时的显示效果，形成反差 */
        background-color: #000099;       /* 改变列表背景颜色 */
        color: #FFFF00;                  /* 改变文字颜色 */
        border-left:15px solid  #FFFF00; /* 改变列表项左边框的颜色 */
    }
    </style>
</head>
<body>
```

```
    <div class="menu">
        <ul>
            <li><a href="#">首页</a></li>
            <li><a href="#">产品</a></li>
            <li><a href="#">方案</a></li>
            <li><a href="#">服务</a></li>
            <li><a href="#">联系我们</a></li>
        </ul>
    </div>
</body>
</html>
```

运行效果如图 4.41 所示。

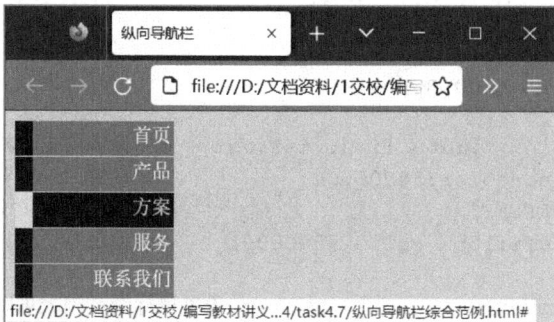

图 4.41　制作纵向排列导航栏

2. 制作横向排列导航栏

以上例为参考，把它改成横向排列导航栏，只需要改动 4 处：一是把 ".menu" 中的 "width:130px" 删除，解除导航栏总体宽度为 130px 的限制；二是把 ".menu" 中的 "text-align:right" 改成 "text-align:center"，让导航栏中的文字居中显示，满足横向导航栏的美观显示要求；三是在 ".menu li" 中增加 "width:20%" 属性值，让 5 个导航项均以 20% 的宽度显示，自动适应窗口大小变化（也可以采用绝对像素值，保证美观即可）；四是在 ".menu li" 中增加 "float:left" 属性值，让列表项向左浮动，实现横向排列导航栏的显示效果。

改造后的横向排列导航栏示例如下：

```
<!DOCTYPE html>
<html>
<head>
<title>横向导航栏</title>
    <style>
    body{
        background-color: #33CCFF;
    }
    .menu {                              /* 定义类选择符 .menu 的整体式样 */
        text-align:center;
        vertical-align:middle;
        font-family: 宋体 ;
        font-size:1em;
        color:#FFFFFF;
```

```
        }
        .menu ul {                              /* 用文本列表制作导航栏的整体式样 */
            list-style-type:none;               /* 不显示项目符号 */
            margin:0px;                         /* 设置内外边距很重要，确定显示位置 */
            padding:0px;
        }
        .menu li {                              /* 设置列表项的式样 */
            border-bottom:1px solid #CCCCCC;    /* 利用下边框做出分割线效果 */
            width:20%;
            float:left;
        }
        .menu li a{                             /* 设置列表项的超链接整体式样 */
            display:block;                      /* 设置列表项为块级元素 */
            height:1.5em;
            padding:2px;
            text-decoration:none;               /* 去掉下划线 */
        }
        .menu li a:link, .menu li a:visited{    /* 设置超链接未访问、已访问的显示效果 */
            background-color: #0066CC;          /* 设置列表项背景色 */
            color:#FFFFFF;                      /* 设置列表项文字颜色 */
            border-left:15px solid #000099;     /* 使用左边框设置显示出对比效果 */
        }
        .menu li a:hover{                       /* 设置鼠标经过列表项时的式样，形成反差 */
            background-color: #000099;          /* 改变列表背景色 */
            color: #FFFF00;                     /* 改变文字颜色 */
            border-left:15px solid  #FFFF00;    /* 改变列表项左边框的颜色 */
        }
    </style>
</head>
<body>
    <div class="menu">
        <ul>
            <li><a href="#">首页 </a></li>
            <li><a href="#">产品 </a></li>
            <li><a href="#">方案 </a></li>
            <li><a href="#">服务 </a></li>
            <li><a href="#">联系我们 </a></li>
        </ul>
    </div>
</body>
</html>
```

运行效果如图 4.42 所示。

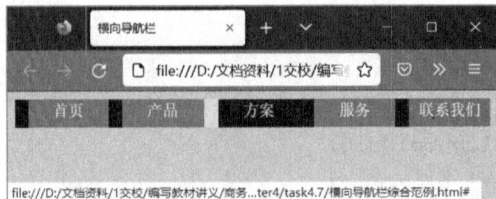

图 4.42　制作横向排列导航栏

读者可以自行改造边框、边距等的显示效果，制作符合要求的导航栏。

4.8 响应式网页设计与制作

在响应式网页设计（Responsive Web Design）解决方案产生之前，公司需要分别针对手机、平板电脑、桌面计算机 3 种不同尺寸的屏幕开发 3 套 Web 代码，系统日常的更新、维护也需要分别进行，工作量大且容易出现差错。为了实现一套代码在 3 种不同屏幕的设备中自适应运行，响应式网页设计应运而生，由伊森·马科特（Ethan Marcotte）在 2010 年提出响应式网页设计的概念，以解决桌面计算机、平板电脑、手机等不同屏幕的设备共用一套代码的技术问题。他将媒体查询、栅格布局和弹性图片合并称为响应式网页设计。由于移动互联网广泛普及，响应式网页设计已经成为当前网页设计的主流。

响应式布局就是针对不同屏幕尺寸的设备进行布局和样式的制作，从而使布局和样式自动适配不同屏幕尺寸的设备。各个厂家的显示设备的屏幕大小不是完全一致的，大体可划分为以下几个屏幕区间。

手机：768px 以内。

平板电脑：768 ～ 992px。

桌面计算机：992 ～ 1200px。

宽屏设备：1200px 以上。

以上划分只是一种建议方案，在实际开发、设计中，需要根据网站业务内容和特点、适用人群、应用场景等进行自定义划分和优化设计，响应式网页至少要适应两种不同屏幕区间的设备。

响应式网页设计需要一个容器作为父元素，让子元素（通常为具有一定功能的模块，也可称之为子模块、子项目，下同）在父元素的箱体内随着父元素的尺寸变化而自动改变排列方式和尺寸，让手机、平板电脑、桌面计算机等用户均能较好地浏览网页。

响应式网页设计的实现方式主要包括以下几个主要方面：浏览器与屏幕尺寸适配、适应不同尺寸屏幕的响应式页面设置、弹性容器设置，以及流式布局设计等。本书适合初学者采用 HTML5+CSS3 制作响应式网页，高级响应式网页设计涉及 JavaScript 等语言和前端开发框架。

4.8.1 浏览器与屏幕尺寸适配

互联网产生之初是为了解决计算机之间的通信服务问题，因此基于早期互联网的应用（包括 Web 应用）均基于 PC 端开发，浏览器都能对 PC 端屏幕进行很好的适配。随着移动互联网的普及，移动端应用越来越普遍，大部分网站都从 PC 端向移动端转型。而且手机屏幕较小，浏览器必须针对手机屏幕进行适配，否则移动端浏览网页不会有好的体验。

手机浏览器把页面放在一个虚拟的"窗口"（viewport）中，这个虚拟的窗口可以比屏幕宽，这样就不用把每个网页挤到很小的窗口中，也不会破坏没有针对手机浏览器优化的网页的布局，用户可以通过平移和缩放来看网页的不同部分。这种适配方法虽然能解决手机浏览网页窗口过小的问题，但在操作中需要不停地滑动滚动条，每屏的信息割裂现象严重，实际体验并不理想。另一种手机浏览器适配解决方案是将虚拟窗口设成与手机屏幕同宽，通过改变页面布局得到较好的浏览体验，这也是响应式网页设计的内涵。

将移动端浏览器虚拟窗口设成与设备屏幕等宽，需要使用元数据标签 <meta> 及其 name、content 属性，参考设置方法为

```
<meta name="viewport" content="width=device-width,
        initial-scale=1,maximum-scale=1">
```

其中，name="viewport" 表示指定该元数据为虚拟窗口类型，width=device-width 表示指定虚拟窗口宽度为设备宽度，initial-scale=1 表示确定最小缩放倍数为 1，maximum-scale=1 表示确定最大缩放倍数为 1。

通过设置虚拟窗口的宽度让手机浏览器的窗口宽度与手机屏幕宽度相同，达到完美适配，这是响应式网页设计的一个基本步骤。

4.8.2 设置弹性页面

各类设备的屏幕尺寸不一样，网页制作不可能为每一种尺寸都做出完美的显示效果，通常将终端设备的屏幕尺寸划分为 n 个区间，每个屏幕区间都应确定一个极具代表性的屏幕尺寸进行设计，从而完成弹性页面的设计。弹性页面至少要满足 2 个以上屏幕区间的浏览需求，才能体现出响应式网页设计的优点。在 CSS 中，可以通过 @media 命令来查询当前设备的屏幕尺寸，根据屏幕区间划分所设定的分界值进行比对判断。当设定的比对条件被满足时，则执行该条件下的所有 CSS 布局样式，这是响应式布局设计的关键点。屏幕区间划分的分界值不是固定的，可以根据具体项目特点做适当的调整。而且，屏幕区间的划分还可以针对多数用户的使用习惯，将屏幕区间进一步细化，以求弹性页面完美满足多数用户使用的需求。

设置弹性页面有两种方案：一是移动端优先，二是 PC 端优先。

1. 移动端优先方案

随着移动互联网的普及，移动端应用快速增长，当前网页布局分界多采用移动端优先方案，其页面布局首先要满足移动端浏览的需求，然后兼顾大屏幕设备使用。

采用移动端优先方案，应当使用 @media 命令及其 mini-width 属性，将屏幕最小的放在前面，屏幕最大的放在后面。下面列出了一种移动端优先的布局分界参考设置方法：

```
/* 屏幕超小设备不予考虑 (768px 以下)  */
@media screen and (min-width:768px) {     /*  手机设备  */
    选择符 1{}
    选择符 2{}
    ......
}
@media screen and (min-width:992px) {      /*  平板类设备  */
    选择符 1{}
    选择符 2{}
    ......
}
@media screen and (min-width:1200px) {       /*  计算机等大屏幕设备  */
    选择符 1{}
    选择符 2{}
    ......
}
```

2. PC 端优先方案

有的网站的使用场景主要面向 PC 端，这类网站应当首先保证 PC 端的应用，然后兼顾移动端应用。

采用 PC 端优先方案，应当使用 @media 命令及其 max-width 属性，将屏幕最大的放在前面，屏幕最小的放在后面。下面列出了一种 PC 端优先的布局分界参考设置方法：

```
/* 屏幕超大设备不予考虑 (1200px 以上) */
@media screen and (max-width:1200px) {       /* 计算机等大屏幕设备 */
    选择符1{}
    选择符2{}
    ......
}
@media screen and (max-width:992px) {        /* 平板类设备 */
    选择符1{}
    选择符2{}
    ......
}
@media screen and (max-width:768px) {        /* 手机设备 */
    选择符1{}
    选择符2{}
    ......
}
```

4.8.3 设置 flex 弹性容器

响应式网页设计离不开 flex 弹性容器。我们通常将一个父容器定义为 flex 弹性容器，然后将各个模块化的内容模块作为子元素装入这个弹性容器中，通过对容器和子元素的相关属性进行设置，即可实现响应式布局设计与开发。

1. 理解 flex 横轴与纵轴

在 flex 弹性容器中默认存在两条轴，即横轴和纵轴，默认情况下横轴为主轴（Main Axis），主轴不是一成不变的，可以通过命令来动态设置主轴为横轴或纵轴。移动端通常以纵轴为主轴、横轴为交叉轴（Cross Axis，亦称副轴），PC 端通常以横轴为主轴、纵轴为交叉轴。轴有上、下、左、右 4 个方向，任何方向的轴均可作为主轴使用。横轴是指从左向右的方向（正向），从右向左为反向横轴。纵轴是指从上向下的方向（正向），从下向上为反向纵轴。主轴及正反向的变化会带来不一样的布局效果，响应式网页设计必须以主轴为基准进行设计。横轴与纵轴的关系如图 4.43 所示。

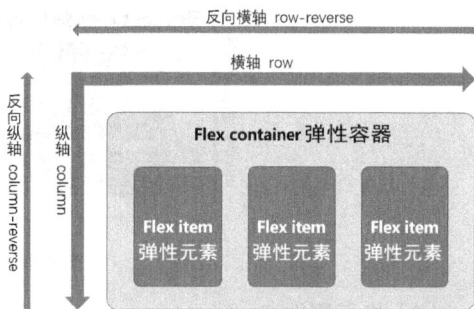

图 4.43　横轴与纵轴的关系

2. 定义 flex 弹性容器

实现弹性布局需要先指定一个父容器，通常容器类元素均可作为父容器被指定为 flex 弹性容器。之后，flex 弹性容器内部的子元素就可以使用 flex 技术进行布局。鉴于 DIV 元素的众多优点，绝大部分情况下均使用 DIV 作为 flex 父容器，子元素也以 DIV 元素居多。

设置 flex 弹性容器需要使用容器元素选择符及 display 属性，设置方法为

```
容器元素选择符 {
    display:flex | inline-flex;
}
```

其中，属性值 flex 适用于块级元素，inline-flex 适用于内联元素。

有一点需要注意，当父容器被设置为 flex 弹性容器之后，其子元素的 float、clear、vertical-align 等属性就失效了，这是响应式网页设计的特点。

3. 设置 flex 容器弹性布局属性

flex 弹性容器中有 6 个重要属性与弹性布局有关，分别是 flex-direction、flex-wrap、flex-flow、justify-content、align-items 和 align-content。

（1）主轴属性 flex-direction

该属性是用于确定主轴的，即横轴（反向横轴）为主轴还是纵轴（反向纵轴）为主轴。

设置主轴的参考方法为

```
容器元素选择符 {
    display:flex;                 /* 设置容器为 flex 弹性容器 */
    flex-direction:row|row-reverse|column|column-reverse;   /* 设置主轴 */
}
```

其中，row 为默认值，表示定义横轴为主轴。row-reverse 表示定义反向横轴为主轴，column 表示定义纵轴为主轴，column-reverse 表示定义反向纵轴为主轴。

主轴决定子元素排列的方式，4 种主轴的排列效果如图 4.44 所示。

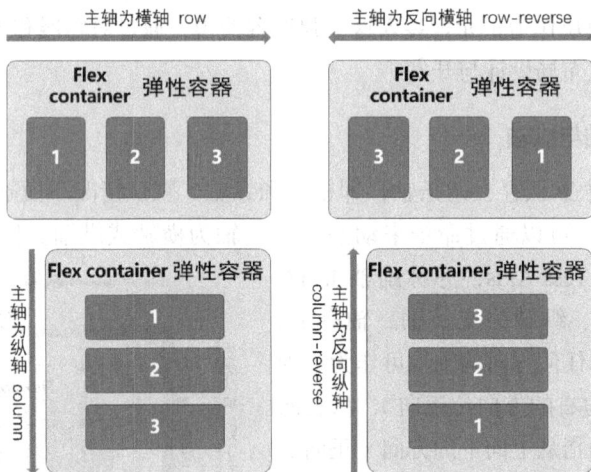

图 4.44　4 种主轴的排列效果

（2）换行属性 flex-wrap

flex 弹性容器内的子元素都是按照主轴方向依次排列的。当到达容器边界时，子元素是否换行显示取决于 flex-wrap 的设置。

设置 flex-wrap 的参考方法为

```
容器元素选择符 {
    display:flex;                 /* 设置容器为 flex 弹性容器 */
```

```
    flex-wrap:nowrap|wrap|wrap-reverse;   /* 设置子元素是否换行 */
}
```

其中，nowrap 为默认值，表示不换行。当容器内的元素到达边界时，自动调整，缩小项目尺寸，不会换行。wrap 代表换行，wrap-reverse 代表反向换行（向上换行）。

flex-wrap 各属性值所规定的换行方式效果展示如图 4.45 所示。

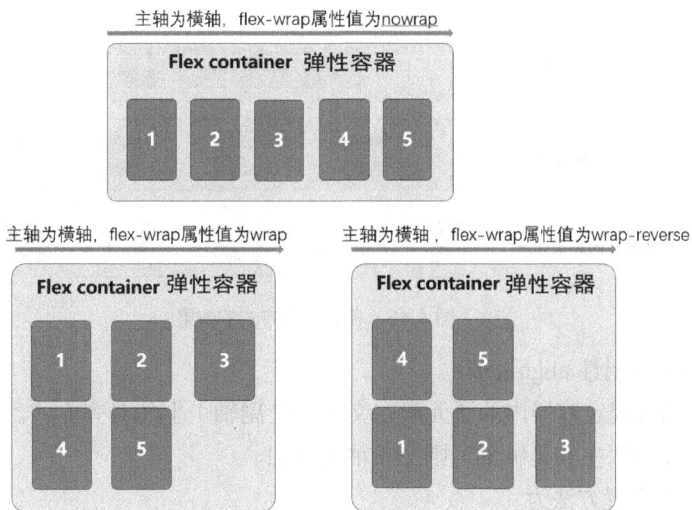

图 4.45　flex-wrap 各属性值所规定的换行方式效果展示

（3）复合属性 flex-flow

复合属性 flex-flow 复合了 flex-direction、flex-wrap 属性，是这两种属性的简洁表达属性。参考设置方法为

```
容器元素选择符 {
    display:flex;             /* 设置容器为 flex 弹性容器 */
    flex-flow:flex-direction 属性值　flex-wrap 属性值    /* 设置两个属性值 */
}
```

复合属性 flex-flow 没有实质性优化作用，实践中建议分别采用 flex-direction、flex-wrap 编写代码，使之更简单易懂。

（4）主轴对齐属性 justify-content

justify-content 属性用于规定容器中的子元素沿主轴方向的对齐方式，包括起始端对齐、末端对齐、居中对齐、两端对齐、子元素两侧间距相等 5 种形式。

设置主轴对齐属性的参考方法为

```
容器元素选择符 {
    display:flex;             /* 设置容器为 flex 弹性容器 */
    justify-content:flex-start|flex-end|center|space-between|space-around;
}
```

其中，flex-start 表示起始端对齐，flex-end 表示末端对齐，center 表示居中对齐，space-between 表示两端对齐，space-around 表示两侧间距相等对齐。各种对齐方式的效果如图 4.46 所示。

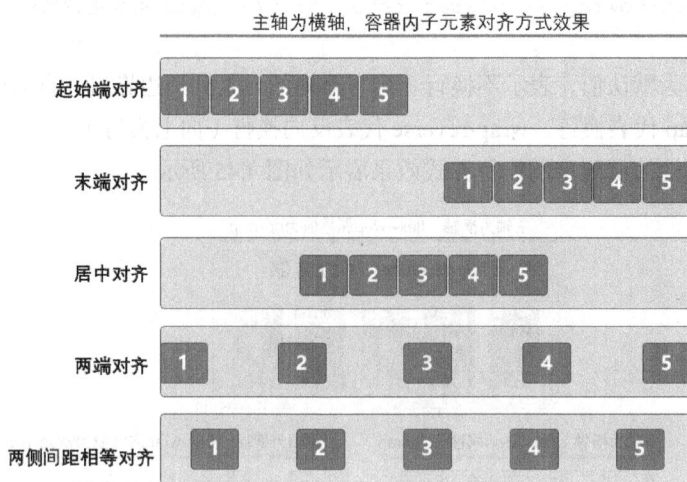

主轴为横轴，容器内子元素对齐方式效果

图 4.46　各种对齐方式的效果

（5）交叉轴对齐属性 align-items

align-items 属性规定容器内的子元素在交叉轴（副轴）上的对齐方式。如果主轴为横轴，则交叉轴就是纵轴；如果主轴是纵轴，则交叉轴为横轴。

该属性的参考设置方法为

```
容器元素选择符 {
    display:flex;                /* 设置容器为 flex 弹性容器 */
    align-items:flex-start|flex-end|center|baseline|stretch;
}
```

其中，stretch 为默认值，表示拉伸对齐。在主轴为横轴或反向横轴的情况下，如果容器内的子元素未设置高度或者其高度设为 auto，则子元素将被拉伸至容器的高度。flex-start 表示交叉轴起始端对齐，flex-end 表示交叉轴末端对齐，center 表示交叉轴居中对齐，baseline 表示子元素第一行文字的基线对齐。

交叉轴各种对齐方式的效果如图 4.47 所示。

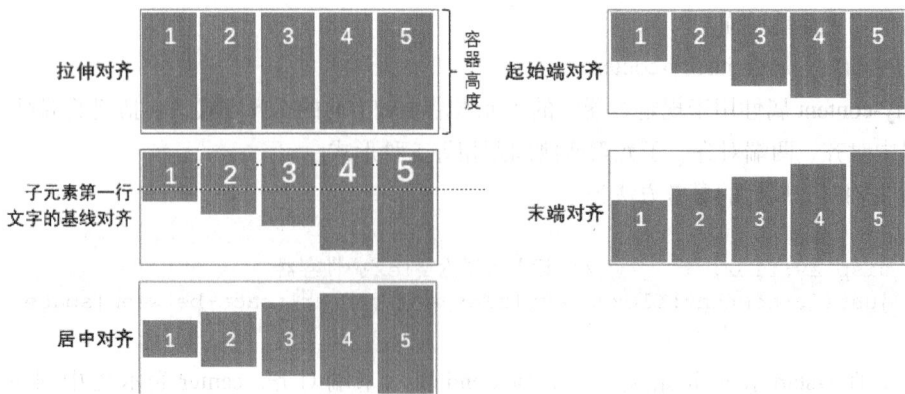

图 4.47　交叉轴各种对齐方式的效果

（6）多轴对齐属性 align-content

如果容器只设立一根主轴（即容器的 flex-wrap 的值设为 nowrap），align-content 属性不起作用。当容器的 flex-wrap 的值设为 wrap 且容器内子元素的总宽度大于容器宽度时（假定主轴为横轴），则自然产生多行（有的书称为多轴），也同时产生了主轴的交叉轴，此时 align-content 就会起作用。

设置多轴的对齐方式，参考方法为

```
容器元素选择符 {
    display:flex;            /* 设置容器为 flex 弹性容器 */
    flex-wrap:wrap;          /* 设置为可换行 */
    align-content:flex-start|flex-end|center|space-between|
                      space-around| stretch;
}
```

其中，stretch 是默认值，是指在交叉轴上拉伸布局。假设主轴为横轴，如果子元素的高度设为 stretch 或 auto，则在交叉轴上拉伸至容器高度进行布局。如果是多行（多轴），则各行平均分配父容器的高度。flex-start 表示各行子元素均基于交叉轴的起始端对齐，flex-end 表示各行子元素均基于交叉轴的末端对齐，center 表示基于交叉轴的中线对齐，space-between 表示交叉轴的上下两端对齐且各行子元素平均分配高度，space-around 表示基于交叉轴的上下两端对齐且上下两侧边距相等。

多轴对齐属性的效果如图 4.48 所示。

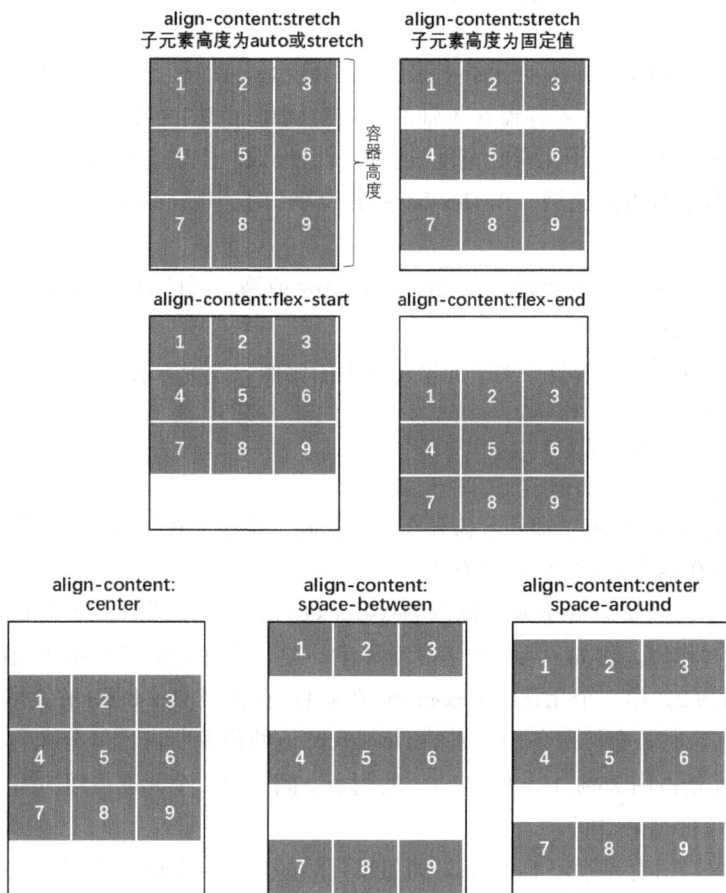

图 4.48　多轴对齐属性的效果

4. 设置子元素弹性布局属性

子元素有 6 个弹性布局属性，分别为 order、flex-basis、flex-grow、flex-shrink、flex、align-self，这些属性将决定弹性布局。

（1）排列顺序属性 order

order 属性用于规定子元素在容器中的排列顺序，为整数值。数值越小，排列越靠前，默认值为 0，可以设为负数，如无特殊用途不建议设为负数。容器中各个子元素的排列，不按照创建次序先后排列，而应按照 order 规定的次序排列。

设置子元素排列顺序的方法为

```
子元素选择符 {
    order: 序号值;          /* 设置排列顺序号，可为 0、1、2…… */
}
```

（2）主轴空间属性 flex-basis

flex-basis 属性用于规定子元素在分配多余主轴空间之前,先分配该子元素占用多少主轴空间,浏览器会根据这个属性来计算主轴是否有多余空间。

设置主轴空间属性的方法为

```
子元素选择符 {
    flex-basis: 空间占用值 | auto;
}
```

该属性默认值为 auto，即按照元素本来的大小显示，这时候该元素的大小取决于 width 或 height 的值，且该值不会被计入容器在主轴的剩余空间中。如果容器的主轴为横轴，子元素设置了 flex-basis 空间比例，则子元素的宽度设置值就会失效。主轴空间的属性值为百分数，用来确定该元素在容器中所占的比例。当 flex-basis 值为 0% 时，规定该元素尺寸为 0，即使定义了 width=140px 也不会有效果。

空间属性 flex-basis 通常需要跟放大属性 flex-grow 或缩小属性 flex-shrink 配合使用。

（3）放大属性 flex-grow

flex-grow 属性用于定义容器中的子元素可放大的比例，设置方法为

```
子元素选择符 {
    flex-grow: 放大值;
}
```

该属性默认值为 0，规定了即使容器存在剩余空间，也不会被放大尺寸。如果该属性为某一数值，代表该元素在容器剩余空间中占有的份额。

在一个容器中，当所有的子元素都以 flex-basis 的值进行排列后，还有剩余空间，这时候 flex-grow 才能发挥作用。例如，容器中有 3 个元素，第一个元素的 flex-grow 值为 1，第二个元素的 flex-grow 值为 2，第三个元素的 flex-grow 值为 1。在按照 flex-basis 的值排列后，该容器剩余空间为 200px，这时就会按照各个元素的 flex-grow 值的份额所占比例分配剩余空间。由此计算出本例第一个元素占用 25%[1/（1+2+1）] 的剩余空间，第二个元素占用 50% 的剩余空间，第三个元素占用 25% 的剩余空间。

上例中，如果当所有元素以 flex-basis 的值排列后超出了容器的总空间，且容器的 flex-wrap 的值设为 nowrap 时，flex-grow 就不会起作用，需要使用缩小属性 flex-shrink。

（4）缩小属性 flex-shrink

flex-shrink 属性用于规定子元素的缩小比例，设置方法为

```
子元素选择符 {
    flex-shrink: 缩小值；
}
```

该属性的默认值为 1，表示如果容器的空间不够排列所有的子元素，该元素就会等比缩小。如果设置 flex-shrink 的值为 0，表示该元素不受空间不足影响，保持原来的尺寸不变。

进一步，如果容器内所有子元素的 flex-shrink 属性的值都为 1，当空间不足时，都将等比缩小；如果一个子元素的 flex-shrink 属性的值为 0，其他子元素的值都为 1，当空间不足时，前者不缩小，其他子元素等比缩小。

（5）复合属性 flex

复合属性 flex 复合了 flex-grow、flex-shrink 和 flex-basis，简洁表示 3 个属性的值。该属性的设置方法为

```
子元素选择符 {
    flex:flex-grow flex-shrink flex-basis;    /* 一次赋值 3 个属性 */
}
```

复合属性 flex 的用法比较复杂，建议初学者分别使用 flex-grow、flex-shrink 和 flex-basis 设置弹性布局。

（6）子元素对齐属性 align-self

在父容器中，通常通过容器给所有子元素统一定义对齐属性。为了突出显示某一子元素的特殊地位，可以单独为这个子元素定义对齐属性，使之对齐方式不同于其他子元素的。

子元素对齐属性的设置方法为

```
子元素选择符 {
    align-self:auto|flex-start|flex-end|center|baseline|stretch;
}
```

该属性值的含义与父容器的 align-items 的相同，只是用法上不同。该属性作用于容器内的单个子元素，而 align-items 作用于容器内的所有子元素，而且子元素 align-self 属性的优先级高于父元素的 align-items 属性的。

4.8.4　流式布局设计

响应式网页在设计和布局初期就要考虑页面如何在多种尺寸的终端上展示，因此需要根据网页的内容进行分析、设计以创建流式布局，适应屏幕尺寸的变化。流式布局主要包括以下几个方面。

1．网页内容模块化设计

对页面进行响应式设计，需要对网页内容进行模块化设计，模块化设计是流式布局的前提。在响应式网页设计中，大部分情况下，需要将网页内容封装在若干模块中。所以，对网页内容进行的模块化设计是非常重要的，需要合理归纳网页内容，使之符合模块化设计的要求。

2．流式布局

流式布局主要是针对不同的屏幕尺寸来布局的。流式布局的设计模式有两种：PC 端优先（从

PC 端开始向小屏幕方向设计）；移动端优先（从移动端开始向 PC 端大屏幕方向设计）。无论基于哪种模式的设计，为自适应不同屏幕尺寸的设备，在网页响应时不可避免地需要对模块化布局做一些改变。比如一个网页在浏览器窗口挤压、拉伸时，网页内的模块发生位置变化，好像模块流动了一样，如图 4.49 所示。

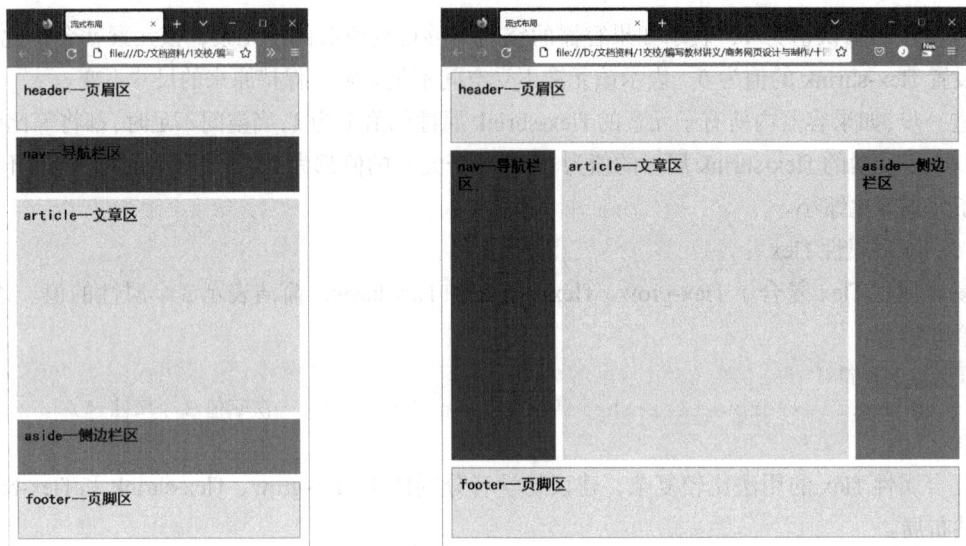

（a）屏幕较窄时布局　　　　　　　　　　　　　　（b）屏幕变宽时自动改变布局

图 4.49　流式布局效果

在响应式网页设计中，尽量少使用绝对宽度，应多用 flex 弹性容器等技术。

（1）图片的流式布局设计

网页中的图片分为内容图片（嵌入式引用）和背景图片两种。

在网页中嵌入自适应页面的图片，需要设置图像选择符和宽度属性，将其宽度的百分比设置为 100% 来控制图片的自适应缩放。采用 CSS 设置图片自适应的方法为

```
图像选择符 {
        Width:100%;
}
```

响应式网页设计在很多情况下都需要将图像宽度设置为 100%，而高度采用默认值即可，图像长宽比例不会变化。

在网页中设置响应式背景图片，可以通过在容器类型的元素选择符样式中，设置背景图片为不重复，并将宽度的百分比设为 100%，或将背景图片大小设为 cover 等方法来实现。采用 CSS 设置响应式背景图片的参考方法为

```
容器元素选择符 {
        background-image:url(img_URL);
        background-repeat:no-repeat;
        background-size:100%;          /* 100% 可换成 cover */
}
```

（2）文本的流式布局设计

文本的流式布局设计相对简单，只需要将文本封装在模块化的容器中，设置好字体、颜色、大小，以及行间距、字间距等即可。在响应式网页设计中，通常将文本封装在一个 DIV 块中。

DIV 在当前网页设计中非常重要，大部分网页的排版均是通过模块化的 DIV 块来实现的。

4.8.5 制作响应式网页范例

本范例针对 4.8.4 节中流式布局效果（见图 4.49），实现响应式布局网页的设计与制作。该布局是一种典型的布局方案，针对移动端、PC 端应用进行设计，本范例采用移动端优先方案。

代码编写步骤如下。

第一步：对网页布局进行分析和设计。设立页眉、页脚、导航栏、文章和侧边栏 5 个区块，并按照宽屏、窄屏的变化特点进行布局构思，兼顾内容展示和美观设计。本范例采用移动端优先方案，故首先对移动端页面布局进行设计，当屏幕宽度大于分界值时，再转用宽屏页面布局设计。此时应该对页面的高度、宽度，以及各个区块的高度、宽度进行测量和计算，以获得较好的布局效果。

第二步：编写 HTML 框架。完成头文档、主文档的代码编写。

第三步：适配移动端浏览器。在 HTML 头文档中使用元数据标签 <meta> 设置手机虚拟窗口及相关属性，通常以屏幕宽度适配浏览器。

第四步：在头文档中编写弹性布局 CSS 样式（或链接、导入样式文件）。

① 制作弹性容器样式。设置弹性容器作为父容器，按照移动端优先原则，设置主轴为纵轴，并按照移动端页面布局方案赋值高度、宽度信息。

② 定义容器中所有子元素样式。本例中，文章、导航栏和侧边栏 3 个区块适合放在弹性容器中做弹性布局。容器和子元素均以移动端布局要求制作样式，其中，子元素由 flex-basis 设置主轴占用比例，故不设置其高度。子元素排列顺序依次为导航栏、文章和侧边栏区块。

③ 制作布局分界样式。以移动端屏幕 640px 为分界线，当设备屏幕宽度大于 640px 时，改用 PC 端布局方案，弹性容器主轴设为横轴，子元素排列方式同步变为横向排列。对容器及其子元素高度和宽度需要做相应设置，页眉、页脚也可以从基于美观的角度适当增加高度。

第五步：完成 HTML 主文档标签内容制作。

① 制作 <header> 标签内容。

② 制作弹性容器及子元素内容。首先使用 <div> 标签定义一个容器并套用弹性容器样式，然后在这个 DIV 中依次制作 <nav>、<article> 和 <aside> 标签内容。

③ 制作 <footer> 标签内容。

范例代码如下：

```
<!DOCTYPE html>
<html>
<head>
    <meta charset="UTF-8">
    <meta name="viewport" content="user-scalable=no, width=device-width,
initial-scale=1.0, maximum-scale=1.0">
    <title>流式布局</title>
    <style>
        body {
            font-family: 黑体；
```

```css
        font-size: 22px;
        font-weight: 900;
}

/* 设置弹性容器，作为父容器使用 */
.main {
        width: auto;
        height: 500px;
        margin: 0px;
        padding: 0px;
        /* 设置为一个弹性容器 */
        display: flex;
        /* 设置主轴为纵轴，子元素按纵轴顺序排列 */
        flex-direction: column;
        /* 设置可换行 */
        flex-wrap: wrap;
}

/* ">" 表示定义父子元素的表达方法，article 为子元素 */
.main>article {
        width: auto;
        /* 此处设置 margin、padding，用以改善页面效果，下同 */
        margin: 5px;
        padding: 10px;
        background: yellow;
        /* 参与分配主轴剩余空间，参与分额为 1 份 */
        flex-grow: 1;
        /* 分配主轴空间比例 */
        flex-basis: 40%;
        /* 排序为第 2*/
        order: 2;
}

.main>nav {
        width: auto;
        margin: 5px;
        padding: 10px;
        background: blue;
        /* 不参与主轴剩余空间分配 */
        flex-grow: 0;
         /* 分配主轴空间比例 */
        flex-basis: 6%;
        /* 排序为第 1 */
        order: 1;
}

.main>aside {
        width: auto;
        margin: 5px;
        padding: 10px;
        background: green;
```

```
        /* 不参与主轴剩余空间分配 */
        flex-grow: 0;
        /* 分配主轴空间比例 */
        flex-basis: 12%;
        /* 排序为第 3 */
        order: 3;
    }

header, footer {
    display: block;
    margin: 5px;
    padding: 10px;
    width: auto;
    height: 60px;
    border: 2px solid gray;
    background: gainsboro;
}

/* 当设备屏幕宽度大于 640px 时，改用以下布局方案 */
@media screen and (min-width: 640px) {
    .main {
        /* 设置主轴为横轴，子元素按横轴顺序排列 */
        flex-direction: row;
        /* 重新定义父容器高度为 460px */
        height: 460px;
    }

    .main>article {
        height: auto;
        /* 参与主轴剩余空间分配，参与分额为 4 份 */
        flex-grow: 4;
        /* 分配主轴空间比例 */
        flex-basis: 40%;
        /* 设置子元素交叉轴为拉伸对齐 */
        align-items: stretch;
    }

    /* 本例中 nav、aside 采取相同尺寸布局，实践中可分别将其设置为不同尺寸 */
    .main>nav, .main>aside {
        height: auto;
        /* nav、aside 分别参与主轴剩余空间分配，参与分额为 1 份 */
        flex-grow: 1;
        /* 分配主轴空间比例 */
        flex-basis: 15%;
        /* 设置子元素交叉轴为拉伸对齐 */
        align-items: stretch;
    }

    /* 改变页眉、页脚的高度 */
    header, footer {
        height: 80px;
```

```
                }
            }
        </style>
    </head>

    <body>
        <header>header-- 页眉区 </header>
        <div class="main">
            <article>article-- 文章区 </article>
            <nav>nav-- 导航栏区 </nav>
            <aside>aside-- 侧边栏区 </aside>
        </div>
        <footer>footer-- 页脚区 </footer>
    </body>
</html>
```

4.8.6　响应式网页开发前端框架

响应式网页开发前端框架封装了很多网页开发组件、插件，能够显著提高响应式网页的开发效率，初学者应当了解响应式网页开发前端框架的有关知识。当前响应式网页开发前端框架有很多优秀的产品，如 Bootstrap、Amaze UI、Foundation、Groundwork CSS 等。其中来自 Twitter 团队的 Bootstrap 非常受欢迎，其基于 HTML、CSS、JavaScript 技术编写，自带大量组件和众多功能强大的 JavaScript 插件，具有简洁、灵活的特点，包含响应式网页开发各种技术，使得开发 Web 响应式网页更加高效。

Bootstrap 的构成模块可分为布局框架、页面排版、基本组件、jQuery 插件，以及变量编译的动态样式语言（LESS）5 个部分，如下。

（1）布局框架

Bootstrap 提供了网格系统、响应式布局，以适应各种设备。

（2）页面排版

Bootstrap 的页面排版从全局概念出发，定制了主体文本、段落文本、标题、按钮、表单、表格等的格式。

（3）基本组件

Bootstrap 包含十几个可重用的组件，用于创建下拉菜单、导航栏、警告框等。

（4）jQuery 插件

Bootstrap 包含十几个自定义的 jQuery 插件，用来帮助开发者实现用户交互的功能。可以直接包含所有的插件，也可以逐个包含这些插件。

（5）LESS

基于 LESS，可以定制 Bootstrap 的组件、LESS 变量和 jQuery 插件来得到个性化的版本。

小结

本章我们主要介绍了 CSS 网页样式制作技术。首先介绍了 CSS 基础知识，讲解了 CSS 的作用、构成规则、样式类别，以及选择符的类型及使用方法等。然后以示例讲解的形式分别介绍了采用 CSS 设置文本、图像、表格、超链接伪类及伪元素等的样式的实现方法，以及采用 DIV 和 SPAN 制作网页的相关技术。最后介绍了采用 CSS 设置元素边框与边距的方法，以及通过设置元素边框与边距制作文字按钮、导航栏的实用范例等。

习题

一、选择题

1. CSS 的构成非常简单，由（　　　）和规则声明两部分组成。

    A. 选择符　　　　　　B. 函数　　　　　　C. 样式种类　　　　D. 过程

2. 下面属于类选择符定义的是（　　　）。

    A. "font{}"　　　　B. " .textlist{}"　　C. "#textlist{}"　　D. "h3{}"

3. 下面属于 ID 选择符定义的是（　　　）。

    A. "font{}"　　　　　B. " .textlist{}"　　C. "#textlist{}"　　D. "h3{}"

4. 用于设置字体颜色的 CSS 属性是（　　　）。

    A. "letter-color"　　B. "font-color"　　C. "color"　　　　D. "word-color"

5. 在 CSS 中，设置图文混排需要使用的图像选择符的 CSS 属性是（　　　）。

    A. "edit"　　　　　B. "type"　　　　　C. "float"　　　　D. "list"

6. 用于设置背景图像的 CSS 属性是（　　　）。

    A. "bgcolor"　　　　　　　　　　　B. "background-image"

    C. "bg-img"　　　　　　　　　　　D. "image"

7. 设置超链接伪类，需要使用超链接选择符、伪类标识符（　　　）、超链接状态以及超链接状态的属性等。

    A. "::"　　　　　　B. ":"　　　　　　C. "->"　　　　　D. ">"

8. CSS 中，元素定位分为静态定位、（　　　）和绝对定位。

    A. 动态定位　　　　B. 相对定位　　　　C. 横向定位　　　D. 纵向定位

9. CSS 中，使用"border-width"定义边框宽度的顺序是（　　　）。

    A. 上、下、左、右　　　　　　　　B. 左、右、上、下

    C. 上、左、下、右　　　　　　　　D. 上、右、下、左

10. 在 CSS 中，用于定义外边距的属性是（　　　）。

    A. "border"　　　B. "pading"　　　C. "marquee"　　D. "margin"

11. 在 CSS 中，定义表边框的显示样式，正确的是（　　　）。

    A. table｛border:1px red dotted｝　　　B. table｛border:red 1px dotted｝

    C. table｛border:1px dotted red｝　　　D. table｛dotted border:1px red｝

12. 在 CSS 中，用于设置表边框和单元格边框贴合显示的属性是（　　　）。

    A. border-collapse　B. border　　C. border-merge　D. border-combine

13. 响应式网页设计中，适配手机屏幕与浏览器屏幕需要将元数据标签 <meta> 的 name 属性设为（　　　），同时将 conten 属性设为"width=device-width"。

    A. screen　　　　　B. viewport　　　　C. adapter　　　D. fit

14. 响应式网页设计中，用于设置弹性布局的媒体查询命令是（　　　　）。

    A. @media　　　　　　B. order　　　　　　C. command　　　　　　D. let

15. 响应式网页设计中，用于设置某容器为 flex 弹性容器盒子的属性是（　　　　）。

    A. box　　　　　　　B. flex-box　　　　　C. display　　　　　　D. flex

二、判断题

1. CSS 文件带有显示格式，所以不是纯文本文件。（　　　）

2. CSS 选择符主要分为标签选择符、类选择符和 ID 选择符等。（　　　）

3. 内联样式（也称为行内样式）应用最广泛。（　　　）

4. 内部样式就是内联样式。（　　　）

5. 内部样式是定义在 \<body\> 和 \</body\> 之间的。（　　　）

6. 外部样式分为外部链接样式和外部导入样式。（　　　）

7. 在 CSS 中，长度的单位可以继承父元素的值。（　　　）

8. 在 CSS 中，设置字体常用 "font-family" 属性。（　　　）

9. 在 CSS 中，用于设置字体大小的属性是 "font-size"。（　　　）

10. 在 CSS 中，定义图像的显示样式，只能使用图像标签选择符 "img"，不能使用类选择符和 ID 选择符。（　　　）

11. 设置图像的常用 CSS 属性有 width、height、float、border、margin 等。（　　　）

12. 设置背景图像常用的 CSS 属性有 background-image、background-size、background-position 等。（　　　）

13. \<thead\>、\<tbody\>、\<tfoot\> 标签并不是必需的，但常用于斑马纹表格的显示控制。（　　　）

14. 伪类和伪元素是指伪装的类和元素。（　　　）

15. 超链接的状态属于伪类。（　　　）

16. 一段文本的首字母的状态属于伪元素。（　　　）

17. 块级元素是因为它是块的形状，所以叫块级元素。（　　　）

18. 图像是块级元素。（　　　）

19. \<span\> 是内联元素，\<div\> 是块级元素。（　　　）

20. 块级元素会在网页上依次从左至右排列。（　　　）

21. 在网页中，如果没有指定叠加次序，则按照元素形成的逆序叠加，最后形成的元素在顶层，最先形成的元素在底层。（　　　）

22. 在网页中，元素之间如果出现叠加（位置重叠），可由元素选择符的 "z-index" 属性指定叠加次序。其值越小，叠加次序越靠近顶层；其值越大，叠加次序越靠近底层。（　　　）

23. 元素可以向左、向右浮动，不能向中间浮动。（　　　）

24. 浮动属性可以让块级元素 "内联化"，使其具有内联元素的排列特点。（　　　）

25. 元素的边框和边距是一回事。（　　　）

26. 元素只有外边距，没有内边距。（　　　）

27. 使用 "border" 定义边框与分别使用 "border-width" "border-color" "border-style" 定义边框所能达到的效果完全一样。（　　　）

商务网页设计与制作（第2版）（微课版）

28. 通过设置元素的外边距、边框、内边距的显示效果，配合鼠标指针经过与悬停时的显示对比效果，可以制作出按钮状超链接。　　　　　　　　　　　　　　　　（　　）

29. 响应式网页设计中，flex 容器盒子的主轴可以设成横轴，也可以设成纵轴。　（　　）

30. 响应式网页设计中，flex 容器盒子内部还可以嵌套 flex 容器盒子。　　　　（　　）

三、操作题

1. 制作一个采用 CSS 技术设置文本的网页，写出完整的 HTML 及 CSS 代码，具体要求如下。
（1）制作链接外部样式的 CSS 文档，将其命名为 myCSS.css，保存在 HTML 文档所在的同一路径下。采用标签选择符定义文档标题标签 <h3> 的显示样式：字体为"黑体"，字的大小为"20px"，字的颜色为"blue"，水平居中显示；再采用类选择符（名称为".myparagraph"）定义段落样式，字体为"宋体"，字的大小为"16px"，字的颜色为"green"，文本缩进为 2 倍目标大小（即 2em），1.5 倍行高。（2）制作 HTML 文档，声明链接外部样式"myCSS.css"。在 HTML 文档中创建文档标题标签 <h3>，标题内容为"CSS 串联层叠表"；再创建一个段落，套用类选择符".myparagraph"的样式显示一段文本，文本的内容为"CSS 是用于增强网页显示效果的标记语言，能够起到代替和增强标签属性的作用。CSS 的突出特点是简单、易用、高效，可以重复使用、也可以继承使用"。

2. 制作一个采用 CSS 技术设置图像的网页，写出完整的 HTML 及 CSS 代码，具体要求如下。
（1）采用内部样式制作。（2）采用标签选择符定义图像的显示样式，图像文件名为"img1.gif"，存放在网页源文件所在的路径下，图像宽度为 150px，高度为 60px，图像向左浮动。（3）采用标签选择符定义网页背景图像样式，背景图像名称为"img2.jpg"，存放在网页源文件同级目录下。（4）在 HTML 主文档中，设置网页的背景图像并套用网页背景图像标签选择符样式；创建段落，然后在段落中创建图像，套用图像选择符样式引用图像文件"img1.gif"。再创建一段文本，文本的内容为"文字环绕是网页中常见的图文混排形式，设置文字环绕图文混排需要使用图像选择符'img'及其'float'属性，将图像和文本放在同一个文字类型的容器中"。

3. 制作一个采用 CSS 设置表格的网页，写出完整的 HTML 及 CSS 代码，具体要求如下。
（1）采用内部样式制作。（2）采用标签选择符定义表的样式：边框宽度为 4px，边框颜色为蓝色，边框线条为实线（solid），边框贴合显示；字体为"宋体"，字的大小为"18px"，表格水平居中。
（3）采用标签选择符定义表头样式：表头内容水平居中、垂直居中；边框宽度为 4px，边框颜色为蓝色，边框线条为实线（solid）。（4）采用单元格选择符定义单元格样式：字体为"楷体"，内容水平居中、垂直靠下对齐；边框宽度为 4px，边框颜色为蓝色，边框线条为实线（solid）。
（5）制作主文档，完成表格制作。表格的内容如图 4.50 所示。

学号	姓名	成绩
101	张三丰	98
102	李小虎	91

图 4.50　CSS 设置表格的网页

4. 制作一个采用 CSS 设置超链接状态的网页，写出完整的 HTML 及 CSS 代码，具体要求如下。（1）采用内部样式制作。（2）分别制作超链接未访问、超链接已访问、鼠标指针经过超链接时、单击超链接时的伪类显示样式（未访问：字为黑体、蓝色、黄色背景。已访问：字为楷体、黑色、灰色背景。悬停：字为隶书、绿色、紫色背景。单击：字为仿宋、红色、蓝色背景）。

（3）在 HTML 主文档中创建一个文本超链接，文本内容为"人民邮电出版社"，气承载的超链接 URL 为"http://www.ptpress.com.cn/"。

5. 采用内部样式制作弹性布局的网页，写出完整的 HTML 及 CSS 代码。网页中定义 1 个 flex 容器盒子，盒子的宽度为 100%，高度为 600px，采用 PC 端优先方案设置弹性布局。盒子中定义 2 个 DIV 块，背景颜色分别为绿色和蓝色。当屏幕尺寸大于 768px 时，容器的主轴为横轴，第一个 DIV 块的宽度为 50%，高度为 100%，第二个 DIV 块的宽、高也分别为 50%、100%；当屏幕尺寸小于 768px 时，主轴设为纵轴，第一个 DIV 块的宽度为 100%，高度为 50%，第二个 DIV 块的宽度、高度也分别为 100%、50%，运行效果如图 4.51 所示。

图 4.51　弹性布局的网页运行效果

第 5 章
网页图像制作

图像（包括动态图片）对网页的美化作用非常突出，美化图像也是网页设计与制作的重要内容之一。

5.1　准备图像素材

任何一个商务网页均需要一些漂亮的图像来提升网页整体展示效果，因此收集与准备图像变得非常重要。图像制作实际上已经成为网页制作的重要组成部分。

制作精美绝伦的网站，必须要有独特的图像，通常情况下不能与其他网站使用相同的图像，除非是引用具有普遍意义的图像标志。这些独特的图像，需要开发和制作团队进行收集和制作。

网站通常是以宣传公司产品为重点的，因此应当以公司产品为主线，收集产品图像，为制作网页做好准备。收集图像常用的办法是现场拍摄，当然也可以收集公司以前制作好的成品图像资料。

5.1.1　商品图像拍摄

拍摄商品图像，需要做好规划和准备，否则会出现拍摄图像不全、效果不佳等问题。

1. 商品准备

首先对公司的主要商品进行分类整理，每一类商品再按商品名称、规格分出每组样式，只要包装不同，对同一组样式也要进行区分。每组一般准备两份以上商品，以备用。有的商品需要展示生产所需的原材料，需要同时准备好原材料。

2. 模特与道具准备

有的商品需要与模特、道具搭配拍摄，需要事先准备好模特和道具。模特和道具的准备应当与商品的特质相吻合。

3. 拍摄准备

① 制订拍摄计划。根据需要拍摄商品的种类、拍摄要求、拍摄工期等，制订拍摄计划。

② 准备拍摄环境。商品拍摄环境应当参照专业的静物拍摄环境搭建，不了解专业拍摄环境的，可参照影楼的拍摄环境。拍摄静物台是必需的，应当铺上纯白色、纯蓝色等颜色的布料（作底色，方便后续加工制作）。拍摄灯光选择为瞬间照明（即闪光照明）影室灯，在灯泡外套装柔光箱，使其发出的光更柔和，拍摄时能消除照片上的光斑和阴影。瞬间照明影室灯需要与相机的闪光灯同步，需要与闪光灯同步触发器相连。

③ 准备拍摄相机。准备一台带有手动调节功能（即有 M 模式）、可调节白平衡的相机。为了获得质感更好的画面，最好使用数码单镜头反光（Digital Single Lens Reflex，DSLR）相机。如果使用的是 DSLR 相机，在室内拍摄本次普通商品时，一般选择在 50mm 左右的镜头，或者使用套机镜头即可。相机可安放在一台带多转向调节功能的三脚架上来保持拍摄时的稳定。

④ 准备专业摄影师。商品图像拍摄的专业性强，应当由专业水平较高的摄影师或摄影爱好者进行拍摄。通常由两个人组成一组，一个负责拍照，另一个负责灯光、道具、商品等的准备。

4. 拍摄图像

拍照过程中，一定要突出主体：使用道具搭配拍摄时，注意道具和产品要主次分明，不可喧宾夺主。背景底色和商品主体色调相互协调；商品位置摆放合理，符合日常观看商品的视角习惯。

用于商务网站的商品，往往需要多角度、多种实用场景展示，因此需要多角度拍摄，尽量缩小商品图像欣赏体验与实际观看体验的差距。

服装（包括鞋帽）、箱包、首饰类的商品往往需要模特儿参与拍摄，获得效果更为生动的图像。

食品具有特殊性，往往需要我们展示拆包装后的实际商品、商品规格、生产日期、保质期、厂家信息等，如果有特殊认证也可以对其加以特写来增强消费者的购买欲。

室外拍摄往往需要更多的辅助设备及拍摄助手，类似于我们常见的婚纱艺术摄影中的外景拍摄，基本上需要使用反光板、手持闪光灯等补光。室外拍摄时还会受到日光条件、时间、室外背景，以及换服装、化妆等限制。室外拍摄是室内拍摄的补充。

需要拍摄视频的，应当同期完成视频的拍摄任务。

5.1.2 商品图像存档

拍摄完毕后，对图像及视频文件进行筛选，分类归档存储，图像、视频的文件名称应当使用英文，因为一些网页制作语言和工具对中文文件名的兼容性不好，会产生不识别的错误。

这些拍摄的图像、视频资料除了在计算机上保存外，还应当刻录光盘备份保存，因为电子设备可能会出现故障，一旦电子存储设备发生故障无法修复图像文件，即可从备份的光盘中恢复使用。

5.2 制作网页图像

对于拍摄的图像，通常需要做一些处理才能应用到网页上。索尼电视机的图像经过去背景、调节光线效果等美化处理，就会显得特别靓丽、清新（见图 5.1）。

5.2.1 图像格式

常见的图像格式有 JPEG、GIF、PNG、PSD 等，图像格式是可以转换的，借助图像工具，可以将图像转换成所需的格式。常见的图像格式如表 5.1 所示。

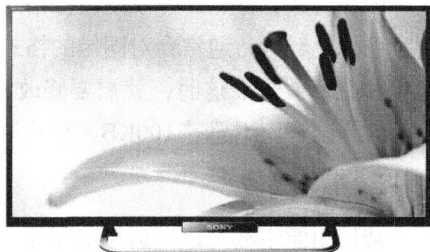

图 5.1　索尼电视机的宣传图片

表5.1　常见的图像格式

文件格式	扩展名	分辨率	颜色值	说明
JPEG	.jpg 或 .jpeg	任意	32bit	采用先进的 JPEG 压缩技术，压缩比大，彩色还原好，数据量小，适合网络传输
GIF	.gif	96dpi	8bit	256 种颜色，文件小，适合网络传输，被广泛用在 Internet 上； 支持动画； 支持透明背景
PNG	.png	任意	48bit	结合了 GIF 和 JPEG 的优点，存储形式丰富，适用于网络；支持透明背景
PSD	.psd	任意	24bit	Photoshop 工具自建的标准格式，存取速度快，功能强大
BITMAP	.bmp	任意	32bit	Windows 应用的位图格式，文件结构简单，应用广泛
IFF	.iff	任意	8bit	
CDR	.cdr	任意	8bit	Corel 软件的默认图像格式，为矢量图，可任意修改大小
TIFF	.tif、tiff	任意	32bit	文件体积较大，色彩保真度高，失真小，用于彩色印刷
WMF	.wmf	96dpi	24bit	Windows 使用的剪贴画文件格式
KDC	.kdc	任意	32bit	Kodak 彩色 KDC 文件格式
PCD	.pcd	任意	32bit	Kodak 照片 PCD 文件格式
PIC	.pic	任意	8bit	Softimage's 公司制作的文件格式
TRARGA	.tga	96dpi	32bit	视频单帧图片文件格式，主要用于动画、影视等专门领域
CAD	.cad	任意	24bit	CAD 文件格式，常用于工民建项目设计

5.2.2 图像编辑处理

1. 修改图像基本属性

图像尺寸、存储大小以及图像格式是图像的基本属性。在使用图像素材时，特别是在网页中展示图像资料时，通常会对图像的格式、尺寸以及占用的存储空间进行限制，以优化网页的运行速度和显示效果。这时，就需要修改图像的基本属性。例如，将图像尺寸修改为 800px×600px，存储大小调整为不超过 100KB，格式调整为 JEPG。

2. 裁切图像

裁切图像主要有以下应用场景：一是对图像素材的边缘进行裁切，去掉不合适的边缘部分，凸显图像的视觉效果，然后进行加工制作；二是对图像素材进行裁切，符合某个固定的尺寸，例如从一张图（见图 5.2）中裁切出模特儿的人物特写（见图 5.3）；三是对网页效果图做图像切片，将大图像分割成若干张小图像后再编排在网页中，提高网页运行的效率。

图 5.2　原图像

图 5.3　裁切出的人物特写图像

3. 增强图像效果

对于拍摄的图像素材，通常需要做效果增强之后才能用于网页中。增强图像效果有多种方法，例如增加亮度、增加对比度、增加色彩饱和度、去噪、边缘锐化、边缘羽化，以及使用各种滤镜等。我们通过综合运用这些方法，增强图像的显示效果。例如，为名爵汽车的宣传图片（见图 5.4）增加光线效果（见图 5.5），使其更加靓丽。

图 5.4　轿车原图

图 5.5　增加光线效果

4. 制作透明背景图像

通常，图像素材的背景是不透明的，但在网页中，很多时候需要叠加图像，或将图像融入背景色中，这时候就需要制作透明背景的图像。例如，将红酒图像（见图 5.6）的背景颜色去掉，做成透明背景图像（见图 5.7），以使其便于嵌入其他图像中。

图 5.6 不透明背景图像

图 5.7 透明背景图像

5. 图像的局部修补

图像素材经常会出现局部有瑕疵的问题，如墙壁上有涂鸦，画面中有斑点、水印等，利用裁切的方法无法删除，就只能做图像局部修补。

6. 批量处理图像

有的图像工具（如图片工厂、**ACDSee** 等）提供了批量处理图像大小、图像格式转换等功能，我们可以借助这些图像工具来提高工作效率。

7. 制作动画

网页中总需要一些动画来增加宣传效果，动画可以由多张图像合成。制作动画首先要制作几张尺寸相同的图像，做好效果图，然后通过图像工具将这些图像合成动画。

小结

本章我们主要介绍了网页图像制作相关的内容。首先介绍了图像素材的准备工作，对从商品准备、道具与模特儿准备、摄影准备，到拍摄图像、图像存档等方面内容进行了概括性介绍。然后介绍了图像编辑处理的实用技术，简要介绍了修改图像基本属性、裁切图像、增强图像效果、制作透明背景图像、图像局部修补、批量处理图像以及制作动画等内容。

习题

1. 在网页图像制作中，图像素材准备包括哪些主要步骤？请简述。
2. 在网页图像制作中，图像编辑处理包括哪些主要方面？请简述。

第6章
商务网页制作实战

本章我们将从响应式网页规划布局、网页构件设计与制作、源代码编写等方面入手，设计与制作响应式网页。通过项目实战，进一步提高自身的响应式网页设计与制作的能力和水平。

6.1 响应式网页制作重要技术

响应式网页设计与制作对初学者有一定难度，本实战完全基于 HTML+CSS 技术制作响应式网页，初学者通过认真学习和上机实践都能掌握响应式网页制作技术。在响应式网页制作中，响应式导航栏、Banner 制作技术等均是重要的技术点。

6.1.1 制作响应式导航栏

响应式网页设计与制作中，导航栏的制作相对复杂一些。不仅需要分别设计成横向、纵向导航栏样式，还要根据终端屏幕大小的变化自动套用合适的排列布局样式。当采用纵向导航栏样式时，应当出现导航栏图标，单击导航栏图标可以弹出或隐藏导航栏。通常，只有进入手机屏幕区间时，才切换为纵向导航栏样式，在平板电脑屏幕区间和 PC 屏幕区间均采用横向导航栏样式。响应式导航栏常见布局如图 6.1 所示。

（a）横向导航栏效果

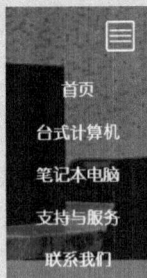

（b）纵向导航栏效果

图 6.1 响应式导航栏常见布局

为了快速、便捷地制作横向、纵向导航栏样式，通常使用无序列表 ul 制作导航栏。制作导航栏需要定义一个导航栏容器，本范例为 nav 容器，然后分别制作 2 个导航栏样式即横向导航栏样式和纵向导航栏样式，采用 "@media（条件表达式）" 条件语句实现屏幕尺寸与导航栏样式的自动适配。为了控制纵向导航栏的显示和隐藏，需要使用输入项标签 <input>、输入项标注标签 <label> 实现与 ul 的联动，并制作一个导航栏图标作为纵向导航栏显示 / 隐藏的控制开关，制作要点如下。

1. 制作横向导航栏样式

本范例基于 PC 端优先的布局方案，故应当首先制作横向导航栏。在容器 nav 内再制作一个 ul 列表，将列表项的内容分别设成首页、台式计算机、笔记本电脑、支持与服务、联系我们，同时让列表项的内容承载指向不同功能模块的超链接（本示例中以空链接代替）即可。

为了让列表项横向显示，需要将列表项 li 的 display 属性值设为 "inline-block"，使其具有内联元素的排列特性。为了让菜单项之间有空间分隔，不拥挤，设置列表项 li 左边距为 3 ～ 6px 为宜。

2. 制作纵向导航栏样式

纵向导航栏的制作相对复杂一点，因为纵向导航栏是为手机用户准备的。由于手机屏幕小，为了节约屏幕空间，在不使用导航栏时需要将其隐藏起来，通过单击导航栏图标来控制其显示和隐藏。为了实现这一功能，需要定义一个输入项 input，类型为 cheched。然后定义一个输入项标注标签 <label>，将 <label> 的内容设为导航栏图标，并与输入项 input 绑定实现联动。设置好后单击导航栏图标就相当于单击输入项，这个导航栏图标就像列表 ul 的控制开关，当输入项的值为 cheched 状态时显示 ul 列表（导航栏），否则隐藏该列表。

然后定义 ul 列表的纵向显示样式。因列表内容在制作横向导航栏时已经制作完成，故此处主要调整列表的显示外观。列表显示的位置应当确定好，显示宽度应当合适，与网页整体布局协调一致。在 ul 列表中，应当将列表项 li 的 display 属性值设为 "block"，保证列表纵向显示。

在纵向导航栏样式中，必须将 display 属性设为 "display:none;"，其作用是将列表 ul 设置为隐藏，并能防止输入项 input 被遮挡失去开关作用。

3. 制作超链接及其伪类的样式

超链接及其伪类的样式制作不是必须的，但能增强导航栏的显示效果，几乎所有网页的导航栏都会制作超链接及其伪类的显示样式。

4. 自动适配屏幕尺寸样式

为了自动适配屏幕尺寸大小，主要技术点有 2 处：一是在头文档中通过元数据标签 <meta> 设置浏览器与手机屏幕适配；二是在 CSS 中使用 "@media（条件表达式）" 条件语句制作不同屏幕区间的显示样式。

"@media" 是媒体查询命令，用于获取屏幕宽度值。然后将这个屏幕宽度值送入条件表达式进行判断。如果满足 "条件表达式"，则套用该语句内封装的所有显示样式。在响应式网页设计中，"@media" 命令至少使用一次，其使用次数与屏幕宽度划分为多少个区间有关。如果屏幕宽度总共划分为 n 个区间，则需要使用 (n-1) 次 "@media" 语句。"条件表达式" 一共有两种表达方式，

即 "max-width: 区间分界值" 和 "min-width: 区间分界值",编写 CSS 样式时只能选用一种不能混用。在网页布局中,如果采用 PC 端优先方案,需要使用 "max-width: 区间分界值" 表达式,初始定义的显示样式为最大屏幕区间的样式,第一次使用 "@media(条件表达式)" 语句来定义第二宽屏幕区间的样式,第二次使用 "@media(条件表达式)" 语句来定义第三宽屏幕区间的样式,以此类推。

采用 PC 端优先方案的屏幕适配参考示例如下:

```
@media (max-width:992px) {        /* 当屏幕宽度小于 992px 时, 套用以下样式 */
    .style1 {            }
    .style2 {            }
    .style3 {            }
    ......
}
@media (max-width:720px) {        /* 当屏幕宽度小于 720px 时, 套用以下样式 */
    .style1 {            }
    .style2 {            }
    .style3 {            }
    ......
}
@media (max-width:480px) {        /* 当屏幕宽度小于 480px 时, 套用以下样式 */
    .style1 {            }
    .style2 {            }
    .style3 {            }
    ......
}
```

如果采用手机端优先方案,则需使用 "min-width: 区间分界值" 表达式,初始定义的显示样式为最小屏幕区间的样式,第一次使用 "@media(条件表达式)" 语句来定义第二小屏幕区间的样式,第二次使用 "@media(条件表达式)" 语句来定义第三小屏幕区间的样式,以此类推。

采用手机端优先方案的屏幕适配参考示例如下:

```
@media (min-width:480px) {      /* 当屏幕宽度大于 480px 时, 套用以下样式 */
    .style1 {            }
    .style2 {            }
    .style3 {            }
    ......
}
@media (min-width:720px) {      /* 当屏幕宽度大于 720px 时, 套用以下样式 */
    .style1 {            }
    .style2 {            }
    .style3 {            }
    ......
}
@media (min-width:992px) {      /* 当屏幕宽度大于 992px 时, 套用以下样式 */
    .style1 {            }
    .style2 {            }
    .style3 {            }
    ......
}
```

5. 在 HTML 主文档中创建导航栏

在 HTML 主文档中创建导航栏，首先应当采用 div 创建一个容器，套用导航栏容器样式，完成导航栏容器的创建。如果导航栏包含在页眉中，需要在页眉容器中创建导航栏容器。然后在导航栏容器中先创建一个输入项 input，类型为 cheched。然后创建一个输入项标注标签 <label>，将其内容设为导航栏图标，并与输入项 input 绑定。这时这个导航栏图标就成了控制导航栏是否显示的开关，初始状态为不显示（即在横向导航栏样式中不显示）。之后再创建 ul 列表，套用列表样式，创建列表项（列表项样式中的 display 属性设成 "inline-block"，保证横向显示），并让列表项承载超链接，就完成了横向导航栏的制作。

当屏幕宽度小于 720px（本范例的屏幕区间分界值）时，会自动套用纵向导航栏样式。此时，导航栏图标会显示出来，就像开关一样控制导航栏显示或隐藏。

基于上述方法制作一个完整的响应式导航栏，采用 PC 端优先布局方案。CSS 样式采用外部链接形式，文件名为 "nav.css"，将文件存放在子路径 css 下面，HTML 文件名称为 "响应式导航栏示例 .html"，将 HTML 文件存放在项目的主路径下。

"nav.css" 文件中的代码如下：

```css
/* 定义超链接通常样式 */
a {
    text-decoration: none;   /* 去掉超链接的下画线效果 */
    transition: 0.4s all;    /* 定义过渡时间为 0.4s*/
    font-family: 幼圆, serif;
    color: #000;
}

/* 响应式导航栏样式 */
/* 定义弹性容器，主轴为横轴 */
.nav_container {
    position: fixed;   /* 制作漂浮效果 */
    width: 100%;
    height: 50px;
    margin: 0px;
    padding: 0px;
    border: 0px;
    display: flex;

    /* 以下定义弹性容器 */
    flex-direction: row;
    flex-wrap: nowrap;
    justify-content: space-between;
    align-items:center;
    align-content: stretch;
    z-index: 100;
    background-color:#23232393;   /* 深灰色半透明效果 */
}

/* 定义子元素——导航条样式 */
.nav_container > nav {
    margin-right: 10px;
```

```css
    flex-basis: auto;
    flex-grow: 1;
    order: 2;
}

/*--nav 样式 --*/
nav ul {
    vertical-align: middle;
    text-align: right;
    z-index: 120;
}

nav ul li {
    margin-left: 5px;          /* 让菜单项之间有分隔空间 */
    display: inline-block;     /* 按照内联元素显示 */
    z-index: 121;
}

nav ul li a {
    font-family: 幼圆 ;
    color: white;
    font-weight: 700;
    font-size: 16px;
}

nav ul li a:hover,
nav ul li a.active {
    color: rgb(248, 7, 139);
    font-style: italic;
}

/* 复选框用于切换菜单的开合状态 */
nav input[type="checkbox"],
.label_pos {
    position: absolute;        /* 相对于父元素的绝对定位 */
    right: 5px;
    top: 10px;
    display: none;   /* 初始状态为隐藏，不显示 */
    z-index: 102;
}

.nav_photo {
    display: none;          /* 初始状态为隐藏，不显示 */
}

/* 屏幕适配使用 media 命令 */
@media (max-width: 992px) {   /* 当屏幕宽度小于 992px 时，执行以下样式 */
    /* 改变 logo_box 的上边距，让图像和文本垂直居中 */
    .logo_box {
        margin-top: 6px;
    }
```

```
        /* 将 logo 图像变小一些，高度、宽度均为 36px*/
        .logo_box>.logo_img {
            width: 36px;
            height: 36px;
        }


        /* 将 logo 公司名称字号变小一些，为 20px*/
        .logo_box>.logo_text {
            margin-left: 4px;
            font-size: 20px;
            font-weight: 700;
        }
}

@media (max-width: 720px) {    /* 当屏幕宽度小于 720px 时，执行以下样式 */

        /* 改变 logo_box 的上边距，让图像和文本垂直居中 */
        .logo_box {
            margin-top: 15px;
        }
        /* 将 logo 图像变得更小，宽度、高度均为 24px*/
        .logo_box >.logo_img {
            width: 24px;
            height:24px;
        }


        /* 将 logo 公司名称字号变得更小，为 16px*/
        .logo_box >.logo_text {
            margin-left: 2px;
            font-size: 16px;
            font-weight: 700;
        }


        /* 改变导航栏的样式 */
        .nav_container>nav {
            padding-right: 6px;
            flex-basis: 160px;
            flex-grow: 1;
        }


        /* 改变 label 样式 */
        .label_pos {
            position: absolute;        /* 相对于父元素的绝对定位 */
            right: 5px;
            top: 10px;
            display: block;            /* 显示 label 元素 */
        }


        /* 改变导航栏图标的位置 */
        .nav_photo {
            position: absolute;        /* 相对于父元素的绝对定位 */
```

```
            top: 3px;
            right: 8px;
            width: 25px;
            display: block;    /* 设为显示该元素 */
        }

        /* 改变导航栏的样式 */
        nav ul {
            position: absolute;
            top: 34px;
            right: 0px;
            padding-right: 34px;
            width: 80px;
            text-align:center;
            display: none;  /* 将菜单改为不显示，可通过单击导航栏图标的方式控制是否显示 */
            background-color: #23232393;   /* 与页眉容器的背景色相同 */
        }

        /* 定义输入项的样式，让导航栏图标发挥作用 */
        nav input[type="checkbox"]:checked~ul {    /* 当输入项为 checkbox 状态时，执行
导航栏 ul*/
            display:block;    /* 显示菜单 ul, 改为竖向列表 */
        }

        /* 改变列表项样式 */
        nav ul li {
            width: 100%;
            margin: 0;
            padding: 0;
        }

        /* 改变导航栏中超链接的样式 */
        nav ul li a {
            width: 100%;
            display: block;
            font-size: 14px;
            line-height: 2em;

        }
    }
```

"响应式导航栏示例 .html" 文件中的代码如下：

```
<!DOCTYPE html>
<html>
<head>
    <title>响应式导航栏制作</title>
                    <meta name="viewport" content="width=device-width, initial-
scale=1,maximum-scale=1">
    <meta charset="UTF-8"/>
    <link href="css/nav.css" type="text/css" rel="stylesheet"/>
</head>
<body>
    <!-- 页眉 -->
```

商务网页设计与制作（第2版）（微课版）

```
    <section>
        <div class="nav_container">        <!-- 页眉容器 -->
            <nav>        <!-- 导航栏容器 -->
                <!-- 导航栏 -->
                <input type="checkbox" id="nav_input" />   <!-- 输入项控制导
航栏是否显示 -->
                <ul>        <!-- 采用列表制作导航栏 -->
                    <li><a href="#">首页 </a></li>
                    <li><a href="#"> 台式计算机 </a></li>
                    <li><a href="#"> 笔记本电脑 </a></li>
                    <li><a href="#"> 支持与服务 </a></li>
                    <li><a href="#"> 联系我们 </a></li>
                </ul>
                <!-- 设置导航栏图标按钮，与输入项绑定 -->
                    <label class="label_pos" for="nav_input">        <!-- 通过
ID"nav_input" 实现与输入项的绑定 -->
                    <img class="nav_photo" src="photo/nav_photo.png" />
<!-- 将输入项标注标签的内容设为导航栏图标 -->
                       
                </label>
            </nav>
        </div>
    </section>
</body>
</html>
```

运行后调整浏览器屏幕宽度，可以看见导航栏随宽度的变化自动套用横向导航栏样式或纵向导航栏样式，如图 6.2 所示。

（a）横向导航栏　　　　　　　　　　　　　　　　（b）纵向导航栏

图 6.2　响应式导航栏运行效果

6.1.2　制作 Banner

微课视频

制作 Banner

Banner 几乎是网站不可或缺的构件之一，是网站展示公司代表性产品或服务的主要方式。Banner 实际上就是动画，制作动画有以下两种主要方法。

1. 采用 HTML+CSS 技术

采用 HTML+CSS 技术制作动画，首先要采用 CSS 技术完成相关样式的制作，然后采用 HTML 技术完成动画创作。这种制作方法相对简捷、高效，无须掌握动画制作工具，程序员可以自行完成制作。使用这种方法需要掌握 animation 属性和 @keyframes 命令的使用，制作步骤如下。

第一步：制作 Banner 容器样式。

按照布局要求，定义 Banner 容器，宽度通常设为 100%，高度可设成百分比或固定像素值如 45%、360px 等。应当设置 Banner 容器的显示次序值，必须使其低于导航栏的显示次序值，以防止其遮挡导航栏。

第二步：制作动画播放容器样式。

在 Banner 容器中定义一个用于动画播放的弹性容器。本范例采用横向滑动广告条，所以宽度定义为 3 张图像的总宽度，按照每张图像 100% 的宽度计算，总宽度为 300%，该容器的高度应与 Banner 容器高度保持一致。同时还应设置 overflow 属性值为 "hidden"，将超出容器边界的图像隐藏起来，不影响整体播放效果。

制作动画容器时必须将该容器定义为弹性容器，主轴为横轴，不换行，以确保 3 张图像前后相接不串行，这是动画制作的关键点。

最后采用 animation 属性指向动画名称（由 @keyframes 命令创建），定义每轮动画播放时间以及是否连续播放等。

第三步：定义图像显示样式。

在动画播放容器中定义图像的显示样式，其宽度与高度应与 Banner 容器的一致。

第四步：制作动画播放动作样式。

以上 4 个步骤主要设置动画播放的容器以及显示尺寸，即动画在哪里播放、尺寸大小、图像大小等静态属性，本步骤制作动画播放具体动作。

制作动画播放动作需要使用 CSS 中的 @keyframes 命令，使用该命令创建动画名称（与第三步 animation 属性指向的动画名称保持一致），同时定义一轮动画播放的进度，通常以百分比的形式来定义。

对于动画，通常选择从左向右滑动，或者从右向左滑动。上下滑动方式较难控制图片占位，不建议初学者采用。

第五步：在 HTML 主文档中创建 Banner。

在 HTML 主文档中创建 Banner。首先采用 div 创建一个容器，套用 Banner 容器样式，完成 Banner 容器的创建；然后在 Banner 容器里面再用 div 创建一个容器，套用动画播放弹性容器样式，完成动画播放弹性容器的创建，并在动画播放弹性容器中装入需要播放的几张图像，套用 img 标签选择符样式，就完成了 Banner 的制作过程。

制作 Banner 的完整代码如下：

```html
<!DOCTYPE html>
<html>
<head>
    <title>动画制作</title>
    <style>
        body {
            margin: 0;
            padding: 0;
            border: 0;
        }
```

```
/* Banner 采用CSS 技术实现图像轮播动画 */
/* 定义Banner 容器 */
.AD_container {
    position:relative;
    border: 0;
    margin: 0;
    width: 100%;
    min-height: 45%;
    max-height: 45%;
    overflow: hidden;    /* 隐藏图像的溢出部分 */
    z-index: 10;
}
```

/* 在Banner 容器中定义动画播放弹性容器，主轴为横轴，不换行，目的是把3 张图像平
行接成一排 */

```
.AD_container > .AD_slide {
    border: 0;
    margin: 0;
    width: 300%;    /*3 张图像的总宽度 */
    height: 45%;
    display: flex;
    flex-direction: row;
    flex-wrap: nowrap;
    /* 设置动画按照动画命令"slide"执行 */
    animation: slide 15s infinite;
}
```

```
/* 在动画播放弹性容器中定义图像标签选择符样式 */
.AD_slide img {
    border: 0;
    margin: 0;
    width: 100%;
}
```

```
/* 定义动画名称为"slide"的动画动作 */
@keyframes slide {
    /* 将时间轴百分比作为标签选择符，时间轴百分比通常平均分配时间跨度 */
    0% {
        /* 滑动第一张画面 */
        transform: translateX(-0%);
    }

    50% {
        /* 滑动第二张画面 */
        transform: translateX(-33.33%);
    }

    100% {
        /* 滑动第三张画面 */
        transform: translateX(-66.67%);
    }
```

```
            }
        </style>
    </head>
    <body>
        <section>    <!-- 表示以下内容在一个节里面, 有较好的提示作用 -->
            <div class="AD_container">        <!-- 创建 Banner 显示区域, 套用 Banner 容
器样式 -->
                <div class="AD_slide">    <!-- 创建动画播放容器, 套用动画播放弹性容器
样式, 装入 3 张图像 -->
                    <img src="photo/Banner1.jpg" alt=" 绿色节能 轻薄便携 "/>    <!--
图像套用 img 标签选择符样式 -->
                    <img src="photo/Banner2.jpg" alt=" 沉稳大气 稳定可靠 "/>
                    <img src="photo/Banner3.jpg" alt=" 快如闪电 雷霆万钧 "/>
                </div>
            </div>
        </section>
    </body>
</html>
```

该代码运行后, 3 张图像从左至右一个接一个连续轮播, 如图 6.3 所示。

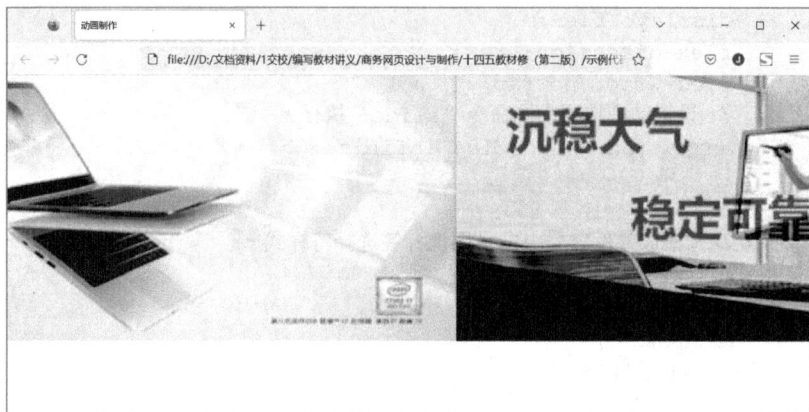

图 6.3　Banner 轮播图片画面

2. 采用动画制作工具

采用动画制作工具制作 GIF 动画, 在网页中将其以图像标签的形式正常放在网页中即可。这种方法对编写网页代码而言特别简单, 但需要掌握动画制作工具的使用方法。

将需要制作成动画的图像导入动画制作工具中, 按照动画制作工具提供的动画制作方式进行调试制作, 最后导出 GIF 格式的动画图形文件, 完成 Banner 制作。

6.1.3　制作模块化流式布局

模块化流式布局是响应式网页制作的关键。其重点不是技术本身, 而是对网页内容的模块化抽象设计, 再辅以技术实现流式布局。其制作步骤如下。

第一步: 制作模块化内容区主容器。主容器必须是 flex 弹性容器, 其宽度通常设为 100%, 高度设为 auto。因为本范例采用 PC 端优先的布局方案, 故主容器的主轴设为横轴, 副轴为纵轴。

主轴上子元素的对齐方式属性 justify-content 设为 "flex-start"，这样各行自然靠左上角排列。然后需要设立几个副轴，就嵌套几个二级弹性容器，建议二级弹性容器的宽度设为 100% 以填满横向空间，其主轴设为横轴（也可以设为纵轴，根据弹性布局需要设定）。二级弹性容器根据布局需要酌情嵌套三级弹性容器，弹性容器可以层层嵌套。通过这些设置，就确定了子元素的流动组合特征。

主容器的边框和外边距通常设置为 0px，内边距可根据布局需要设为 3 ~ 10px。

第二步：模块化布局设计。首先是模块化设计，需要对网页内容有充分的了解，对网页需要展示的内容进行分类，对于同一类别的或相近类别的，尽可能设置成同一种显示样式，减少差异模块类别的数量。差异模块的类别越少，越利于流式设计。然后是模块化布局，一种类型的功能模块可能需要若干个子元素来展示，应当根据各类功能模块的显示特征、子元素的数量等因素，合理确定布局，以及每个子元素的流动次序。

第三步：制作功能模块显示样式。每类功能模块的显示样式应当有所不同，以显示网页的丰富多彩。可以根据各个功能模块的内容特征，将其设为二级弹性容器，二级弹性容器下面还可以嵌套三级、四级弹性容器，具体嵌套层次应当根据网页复杂程度确定。各个功能模块通常需要设置外边距和内边距，当子元素流动、重组排版后，各个子元素之间会有明显的边界分割，不会显得拥挤。

第四步：创建子元素。应当在 HTML 中创建子元素，完成子元素内容的制作。功能模块按照其在 CSS 样式中定义的排列次序显示，模块创建的先后顺序不会影响其在网页中的排列顺序。如果 CSS 样式中没有定义排列次序，则按照 HTML 中的模块创建次序排列；同一功能模块中多个子元素，按照其创建的先后顺序排列。

6.1.4 采用脚本导入页脚

JavaScript 脚本语言是网页开发的重要工具，基于 HTML+CSS+JavaScript 开发 Web 应用已经成为业内主流。为了体现 JavaScript 脚本在网页设计中的优势，本范例增加了采用脚本导入页脚的方法。该方法简单易懂，初学者无须掌握脚本语言就能学会使用。对于采用脚本导入页脚的语句，完全可以采用正常的 HTML 语句进行替换。

采用脚本导入页脚，分以下 3 个步骤。

① 定义页脚相关的 CSS 样式。脚本相关的显示样式可以采用内部样式或外部样式，主要包括脚本容器的尺寸，以及制作脚本内容所需的各种样式。

② 制作脚本网页文件。

采用 HTML 语句，按照脚本内容和排版要求，完成页脚网页的制作，并将其保存在 html 子路径下。

③ 在其他网页中使用脚本导入页脚网页文件。

在其他网页中导入页脚网页文件，需要在主文档中相应的位置创建一个容器，套用页脚样式以完成页脚容器的创建，然后封装 2 句脚本语句即可完成页脚网页文件的导入。

下面是一个采用脚本导入页脚网页的示例，示例中页脚样式文件 footer.css 保存在 css 子目录下，页脚网页文件 footer.html 保存在 html 子目录下，需要导入页脚的网页文件 "采用脚本导入页

微课视频

采用脚本导入
页脚

脚示例 .html"保存在项目主目录下。

页脚样式文件 footer.css 中的代码如下：

```
/*--footer--*/
.footer_box {
    border: 0px;
    margin: 0px;
    width: 100%;
    height: 120px;
    background-color: rgb(182, 182, 182);
}

/* 定义超链接通常样式及伪类样式 */
a {
    text-decoration: none;      /* 去掉超链接的下画线效果 */
    transition: 0.4s all;       /* 定义过渡时间为 0.4s*/
    font-family: 幼圆 , serif;
    color: #000;
}

/* 超链接伪类样式 */
a:hover,
a.active {
    color: rgb(255, 0, 0);
    font-style: italic;
}

/* 通用排版类选择符样式 */
.bold_text {
    font-weight: 900;
}

.text_center {
    text-align: center;
    line-height: 1.3em;
}

.margin_top_20 {
    margin-top: 20px;
}

.margin_top_10 {
    margin-top: 10px;
}

.margin_left_20 {
    margin-left: 20px;
}
```

页脚网页文件 footer.html 中的代码如下：

```
<!DOCTYPE html>
<html>
```

```
<head>
    <link href="../css/footer.css" rel="stylesheet" type="text/css" />
</head>
<body>
    <div  class="footer_Box">   <!-- 创建一个容器，套用页脚样式 -->

            <!-- 以下是页脚的具体内容 -->
            <div class="margin_top_20">
                    <span class="bold_text margin_left_20 ">友情链接：</span>
                    <span class="margin_left_20">
                        <a  href="https://www.ptpress.com.cn/" target="_blank">
人民邮电出版社 </a>
                    </span>
                    <span class="margin_left_20">
                        <a  href="https://www.rymooc.com/" target="_blank"> 人
邮学院 </a>
                    </span>
                    <span class="margin_left_20">
                        <a  href="https://www.ryjiaoyu.com/" target="_blank">
人邮教育社区 </a>
                    </span>
            </div>
            <div class="margin_top_10">
                <span class="bold_text  margin_left_20">联系方式：</span>
                <span class="margin_left_20 ">
                    <a  href="mailto:TestMail2018@126.com" target="_blank">邮
箱：TestMail2018@126.com</a>
                </span>
                <span class="margin_left_20 ">
                    <a  href="tel:04260000006" target="_blank">电话 / 传真：
024-x000-0006</a>
                </span>
            </div>
            <div  class="text_center margin_top_10 ">备案信息：京 ICP 备 000000XX 号 </div>
        </div>
    </body>
</html>
```

需要导入页脚的网页文件"采用脚本导入页脚示例 .html"中的代码如下：

```
<!DOCTYPE html>
<html>

<head>
    <title> 采用脚本导入页脚 </title>
    <link href="css/footer.css" rel="stylesheet" type="text/css" />
</head>
<body>
    <!-- 内容区 -->
    <section>
        <br><br><br>
        <h1 align="center">
            采用脚本导入页脚，高效便捷！
```

```
                </h1>
                <!-- 以下补充空行 -->
                <br><br><br><br><br><br>
        </section>

        <!-- 页面底部 -->
        <!-- 以下内容完全可以用 footer.html 主文档中的内容替换 -->
        <section id="footer"></section>          <!-- 指向页脚 id 名称 "footer" -->

        <!-- 采用 JavaScript 技术通过页脚网页 URL、页脚类选择符样式、页脚 id 名称 "footer"，引
入页脚网页 -->
        <script>
            let footerSectionHtml = '<object type="text/html" data="html/footer.
html" class="footer_box"></object>'
            document.getElementById("footer").innerHTML = footerSectionHtml
        </script>
    </body>
</html>
```

运行"采用脚本导入页脚示例 .html"后，该网页会自动将页脚网页的内容完整嵌入该网页中，成为该网页的组成部分，运行效果如图 6.4 所示。在一个项目中，有很多网页都需要嵌入页眉和页脚，采用脚本导入页脚或者页眉，能够极大地提高网页制作效率。

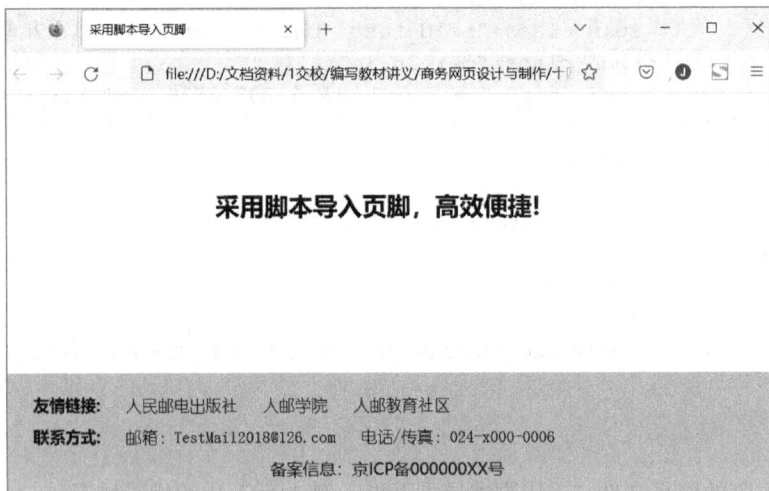

图 6.4　导入页脚运行效果

6.2　响应式商务网页制作步骤

商务网页制作是一项综合性的工作，其设计与制作过程中，涉及美术、音乐、计算机等方面的知识，我们应当有针对性地制定好工作步骤。

6.2.1 图像准备与制作

按照网页宣传的产品准备图像制作元素，包括产品、道具、模特、摄像师、摄像场所等，然后精心拍摄，并选取适合网站上使用的图像进行编辑处理，符合网页使用要求。

6.2.2 响应式网页布局设计

首先进行弹性页面的适配。根据多数用户的应用场景和使用习惯，将终端用户的屏幕尺寸分为几个屏幕区间，决定采用 PC 端优先或手机端优先的布局方案。本范例将屏幕分为 PC、平板电脑、手机共 3 个屏幕区间，确定 PC 屏幕宽度以 1280px 代表、平板电脑以 992px 为代表、手机以 720px 为代表，根据这些宽度值分别设计 3 种布局方案。

然后进行响应式网页布局设计。一是认真分析网站的主要功能，并以此进行页面布局设计；二是按照响应式网页的设计要求，对网页功能进行进一步模块化，制定排列顺序和流式布局排列变化规则，满足流式布局的需求；三是根据营销特点和产品特点，进行网页创意设计，确定网页风格和配色。大部分企业网站营销的产品较少，更应当注意图像在布局中的作用。并根据图像的颜色确定网页配色，保证背景图像、产品图像、网页配色的视觉效果相协调。

一般性企业的网站很少采用复杂的页面布局，以保证页面重点突出、简洁清爽。这类网站的功能主页通常按照从上至下的顺序分为页眉区、导航栏区、Banner 区、主题内容区、页脚区 5 个基本的区域。也可以根据产品的特点对这些区域的大小、位置进行合理调整。典型 5 层区域布局如图 6.5 所示。

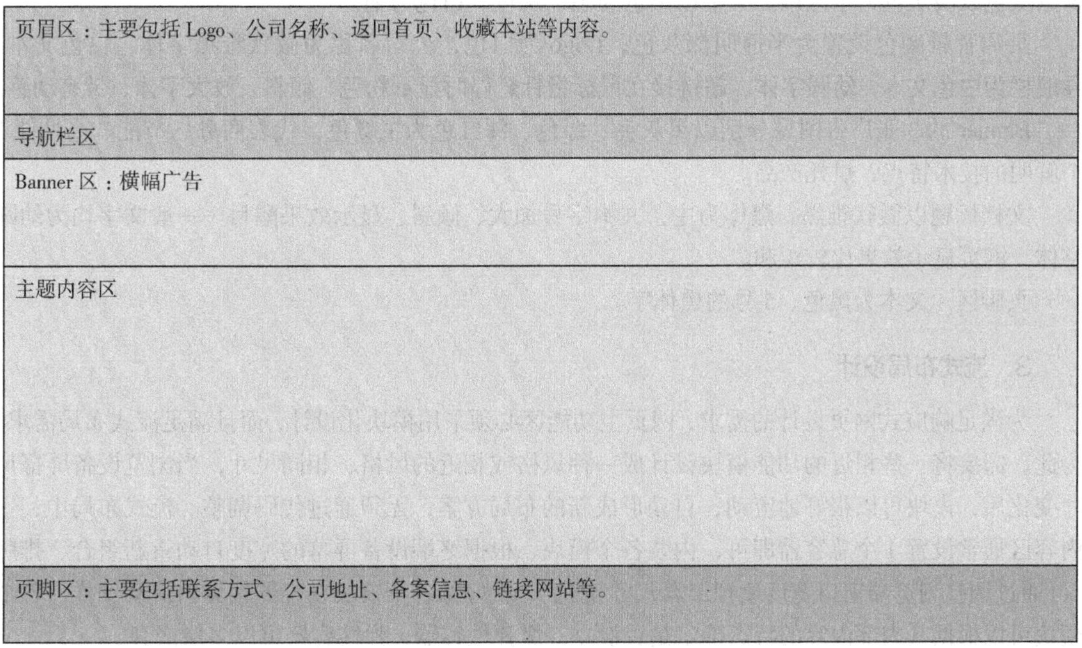

图 6.5 典型 5 层区域布局

其中，各个区域还可根据网站建设内容和排版的需要细分为若干小的区域；页眉区和导航栏区可以合并，Banner 区、主题内容区和页脚区较少合并。

下面我们以"云之雷科技有限公司"的网站为例，确定该网站的布局及配色。

1. 页面整体布局设计

该公司产品较少，有两大系列、6个子品牌，建设网站的主要目的是宣传公司产品，提供在线销售、技术支持与服务、联系方式等功能。综合考虑，选择典型的4层显示区域布局方案。考虑到响应式设计需要，将页眉区和导航栏区合并，在屏幕的顶端布局页眉和导航栏内容，并对页眉做漂浮效果处理，使其不受网页其他内容的影响。

① 页眉区：包括公司Logo、公司名称、导航栏3个元素和构件，其中导航栏设置首页、台式计算机、笔记本电脑、支持与服务、联系我们5个主栏目，并采用视角协调的横向排列方式，导航栏靠右显示，Logo和公司名称靠左显示。

② Banner区：放置横幅广告，3张广告图像交替显示，具有很好的视觉效果。

③ 主题内容区：主题内容区是公司产品展示的主窗口，应当重点设计好主题内容区的展示内容。因为公司希望通过暑假促销打开市场，故设立促销版块。同时设立台式计算机、笔记本电脑两大版块的宣传内容，以及支持与服务、联系我们两个专栏。为了促进在线销售，功能主页还设立在线销售产品的版块。

④ 页脚区：设置3行信息。第1行为友情链接，包括人民邮电出版社、人邮学院、人邮教育社区的链接；第2行为联络方式，有公司电话、邮箱；第3行为网站备案登记信息。

2. 创意设计

因为该公司生产的是计算机产品，需要营造科技感，故主题颜色以彰显沉稳高贵的灰色为主，背景颜色以淡灰色为主色调。文字以黑色为主，灰色、白色为辅。

页眉背景颜色设置为半透明深灰色，Logo为白色，公司名称为微软雅黑字体，白色文本，导航栏为白色文本，幼圆字体。超链接在鼠标指针悬停时显示粉色、倾斜、放大字体，带有动感。

Banner的3张广告图像分别以黑灰色、绿色、深红色为主颜色，代表商务、节能、高性能3个鲜明的技术特点，烘托产品。

文档标题以微软雅黑、黑体为主，文本字号加大、倾斜，显示效果醒目。一般文字均为幼圆字体，网页显示效果比较柔和。

页脚区：文本为黑色、5号的黑体字。

3. 流式布局设计

为满足响应式网页设计的需求，网页主功能区必须采用模块化设计，而且满足流式布局需求。为此，需要将一些相近的功能模块设计成一种风格或相近的风格、相同尺寸，当浏览设备屏幕尺寸变化后，模块可以很好地流动，自动形成新的布局方案，无须通过代码调整。流式布局中，主内容区通常设置1个总容器即可，内装各个模块，根据终端设备屏幕的宽度自动重新组合、排版（可通过调整浏览器窗口宽度模拟屏幕尺寸变化），就好像各个模块在容器箱体内流动一样。各个模块可以根据其内部内容的特点确定是否设立二级弹性容器，弹性容器可以多层嵌套。

按照PC端优先的布局方案，应当事先做好PC端的页面布局，其次做好平板电脑端的页面布局，最后做好手机端的页面布局。各个屏幕区间的功能主页设计效果如图6.6所示。

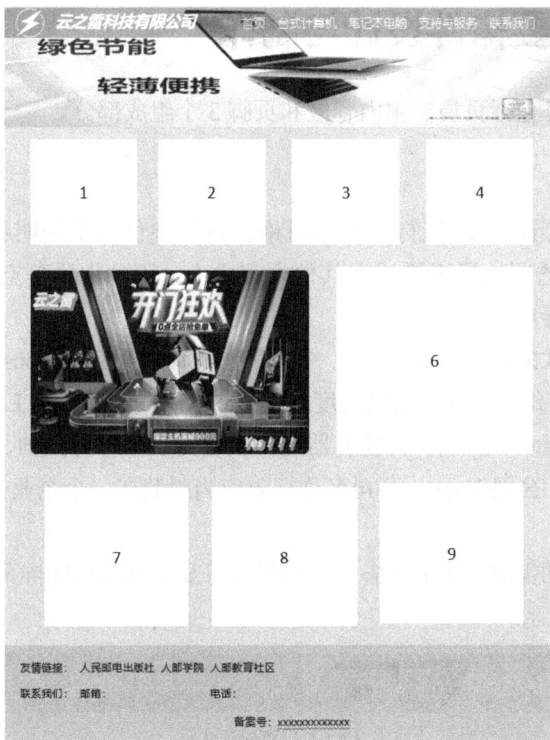

（a）PC 布局效果

（b）平板电脑布局效果

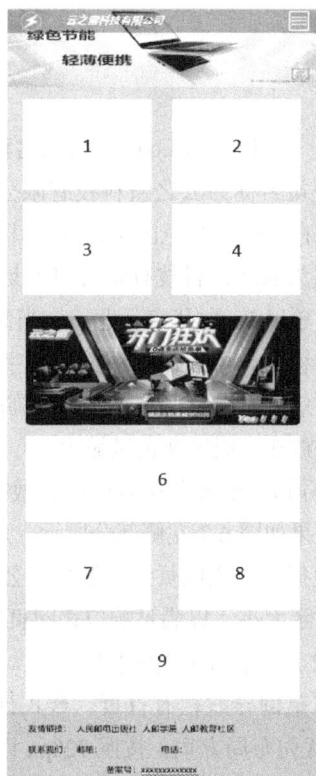

（c）手机布局效果

图 6.6　各个屏幕区间的功能主页设计效果

6.2.3 网页主要构件设计与制作

功能主页的主要构件包括页眉、主内容区和页脚 3 个组成部分。

1. 制作页眉

本范例中页眉采用当前比较流行的布局风格，背景颜色为半透明深灰色，做成漂浮效果，固定在屏幕顶端，以半透明的形态漂浮在其他内容之上，不独占屏幕空间。页眉内容包括公司Logo、公司名称，以及导航栏。

制作响应式、漂浮式的页眉，应当定义一个漂浮式弹性容器，将 position 设为 fixed，宽度定义为 100%，高度以固定高度为宜，建议高度选定在 50 ～ 60px。公司 Logo、公司名称标志通常靠左显示，导航栏靠右显示。所以，弹性容器应当设置为以横轴为主轴、不换行、子元素按照两端对齐方式排列。其中，公司 Logo、公司名称标志应当封装在一个企业标志 div 中，导航栏封装在 nav 中。

为满足响应式布局的需求，页眉中各元素的尺寸等显示样式会随屏幕区间变化而变化。页眉布局如图 6.7 所示。

（a）宽屏布局效果

（b）窄屏布局效果

图 6.7　页眉布局

（1）制作公司 Logo 和公司名称标志

公司名称为云之雷科技有限公司，该公司的产品以速度快著称，所以 Logo 融入闪电元素。因其放在页眉区灰色区域，故将其做成透明背景格式，图形为白色。

因为云之雷科技有限公司不是著名企业，社会公众对其 Logo 并不了解，甚至从未见过，故不能简单以 Logo 代表企业，应当制作醒目的公司名称的文字标志，以加深浏览者对公司的印象。公司名称标志可以做成精美的文字图片形式（透明背景格式），也可以采用文本元素加以修饰获得较好效果。本范例采用文本修饰的方法制作公司名称标志，字体为微软雅黑、36px 大小、白色文字，放在页眉区灰色区域内。

公司 Logo 和公司名称标志做好后，建议将其封装在一个 div 中以更好地满足屏幕布局需求，布局效果如图 6.7 左侧部分所示。

根据响应式网页设计要求，公司 Logo 和公司名称标志应当按照不同的屏幕尺寸区间设置不同的显示大小，以满足响应式网页制作要求。

（2）制作响应式导航栏

本范例导航栏有首页、台式计算机、笔记本电脑、支持与服务、联系我们 5 个栏目，采用PC 端优先布局方案，按照 720px 以下、720 ～ 992px、992px 以上 3 个屏幕区间进行设计与制作。当屏幕尺寸大于 992px 时，采用横向导航栏样式，字号最大；当屏幕尺寸为 720 ～ 992px 时，也采用横向导航栏样式，但字号可根据美观需要适当变小；当屏幕尺寸小于 720px 时，采用纵向导航栏样式，字号变小一些。横向导航栏和纵向导航栏的显示效果如图 6.1 所示。

2. 制作主内容区的网页内容

本范例中，主内容区包括 Banner 和模块化内容两个区域，需要分别制作两个弹性容器来布局 Banner 和模块化内容。

（1）制作 Banner

Banner 是公司重要的广告区，应当把产品靓丽的一面展现出来。该公司产品以商务、节能、高性能为三大特色，故分别选择 3 种机型的代表图像加工制作，最后合成动画。为了保证 Banner 的效果，应由几张图像合成。

本范例采用 3 张图像制作 Banner，3 张 Banner 图像如图 6.8 所示。

（a）Banner 图一

（b）Banner 图二

（c）Banner 图三

图 6.8 Banner 图像

（2）制作展示图像

功能主页通常会有代表性商品的展示功能，我们配合营销方案，对具有代表性的商品的图像进行再次筛选，选出几张适合在功能主页进行展示的图像，并根据整体布局要求和营销展示要求，将图像进一步裁切、美化，使其适合在网页上展示。

本范例中，展示图像包括促销图像、台式计算机的代表机型图像和笔记本电脑的代表机型图像，如图 6.9、图 6.10 和图 6.11 所示。

图 6.9　促销图像

图 6.10　台式计算机的代表机型图像　　　　图 6.11　笔记本电脑的代表机型图像

（3）制作模块化内容

模块化设计是流式布局的前提。模块化设计既要考虑页面的整体效果协调，还要考虑重点内容突出，更要考虑流式布局的需求。

3. 制作页脚

页脚内容相对简单，也建议设立一个弹性容器，将相关内容装在其中。

6.2.4　功能主页效果图制作

本范例是响应式网页的设计与制作，并采用 PC 端优先方案，故以 PC 端的布局为基准，兼顾平板电脑端、手机端的应用场景。

采用 Excel，对功能主页的各个构件进行布局，制作功能主页草图（见图 6.12）。

在此基础上，再用 Photoshop 等工具，制作出精美的效果图，同时修正草图中比例不合理、配色不合理的地方，对图像做进一步美化处理，一些图像需要做成透明背景格式。

图 6.12 功能主页草图

6.2.5 图像切片

一个网页中往往会有尺寸较大的图像，如背景图像。如果不将其拆分成小图像，会影响显示速度。同时基于网页布局的要求，局部图像需要添加超链接等。所以，效果图必须分割成各张小图像。

制作图像切片是指把已经做好的网页整体图像，按照网页布局设计的要求和尺寸，裁切成若干张小图像。必须精准测量并记录好各个切片的尺寸，可利用草图标注尺寸。

图像切片的尺寸是精准的,是实现网页图像精准嵌入的保证。在一些需要精确控制图像显示的网页中,制作图像切片是极佳选择。

图像切片常用于功能主页,以及以图像为主要内容的子网页。并不是所有的网页均需要制作图像切片。制作图像切片可以借助 Photoshop 等图像处理工具进行,以提高制作效率。

随着移动互联网的广泛普及应用,以及响应式网站的应用,图像切片的作用日趋减弱。

6.2.6 采用 HTML+CSS 制作响应式网页

Step 01 制作欢迎主页 HTML 文件。文件名为 index.html,欢迎主页并非真正的主页,需要利用元数据标签 <meta> 设置自动跳转至功能主页文件 html/yzl_main.html,并进行 SEO 相关设置。欢迎主页中通常制作一个欢迎动画即可。

Step 02 搭建功能主页文件总体结构。功能主页是本范例的真正主网页,包括页眉、Banner 区、主功能区和页脚 4 个组成部分。其中页眉区应当包括导航栏,页脚用于显示相关链接、联系方式,以及备案信息等。主功能区为网站重要的内容区,应当做好其功能设计。页眉、页脚均可以被单独做成子网页,然后采用 JavaScript 将其导入功能主页中。

Step 03 制作响应式功能主页。按照流式布局的制作要求,完成功能主页所有功能模块的设计与制作后,将功能主页保存为 yzl_main.html,放在 HTML 子目录中。然后按照功能主页导航栏中的菜单项确定链接的子网页数量及名称。本范例 5 个菜单项首页、台式计算机、笔记本电脑、支持与服务和联系我们,分别链接功能主页自身和 4 个子网页 computer.html、book.html、surport.html、contact.html。

Step 04 调整响应式布局效果。按照响应式网页制作要求,通过浏览器窗口变化模拟屏幕大小变换,观察流式布局在不同屏幕区间的自动排列效果,反复调整各个模块的显示样式,获得满意的响应式效果为止。

Step 05 设计与制作子网页。在完成第三步确定的各个子网页的过程中,应当把功能主页中做好的页眉、页脚功能代码(包括头文档内容)分别复制到各个子网页中(也可采用 JavaScript 导入方式将制作好的页眉、页脚子网页导入其中,更加高效),这样就完成了内部导航链接结构的建立,然后参照第三步、第四步的方法完成子网页内容的设计与制作。

Step 06 调整子网页响应式布局效果。按照响应式网页制作要求,通过浏览器窗口变化模拟屏幕大小变换,观察各个子网页流式布局在不同屏幕区间的自动排列效果,反复调整各个模块的显示样式,获得满意的响应式效果为止。如果在子网页中链接了重子网页,参照第三步~第六步的方法完成设计与制作,直至完成所有的子网页制作为止。

6.3 响应式商务网页制作实例

为了学习并掌握响应式网页设计与制作的基本技能,本范例中我们综合运用了网页响应式布局 + 表格布局技术,并采用了 CSS 网页制作技术。页面布局与图像处理相对简单易懂,适合初学者设计与制作响应式网页。

响应式商务网页制作实战（上）　响应式商务网页制作实战（中）　响应式商务网页制作实战（下）

　　网页文件共 13 个，分别为 index.html、yzl_main.html、computer.html、book.html、support.html、contact.html、computer1.html、computer2.html、computer3.html、book1.html、book2.html、book3.html 和 footer.html，CSS 样式文件共 2 个，分别为 display.css 和 look.css，包含若干图像等资料。文档采取树形目录结构，主目录下存放 index.html 文档，下设 css、html、photo 共 3 个子目录，分别存放 CSS 文档、HTML 文档和图像等其他资料。目录结构如图 6.13 所示。

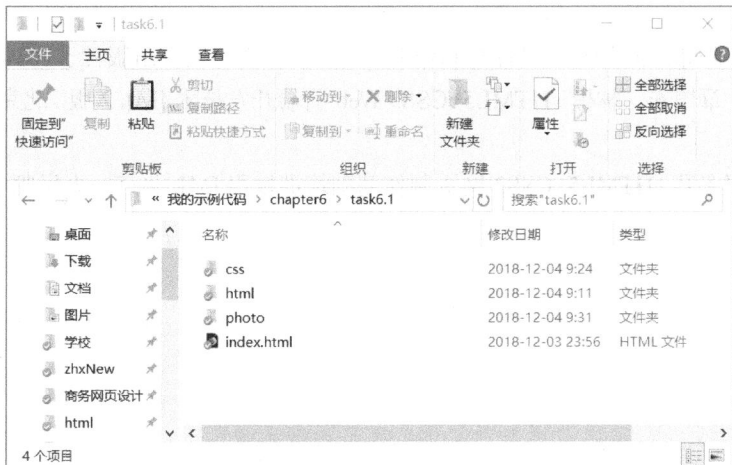

图 6.13　目录结构

　　本范例源代码请参见教学资源。

　　主 HTML 网页运行后约 3s 切换为功能主页，这时可以调整浏览器窗口宽度体验响应式设计效果。同时，本范例中的 computer.html 和 book.html 中采用表格技术做了一定的弹性布局设计，请体验这种设计与功能主页流式布局设计的区别。同时，本范例中页脚被单独做成子网页 footer.html，各网页采用 JavaScript 导入页脚，请读者体验采用脚本导入页脚在简化代码和后期维护方面的优势。

小结

　　本章我们通过响应式商务网页制作项目实训的方式，详细讲解了响应式商务网页制作的步骤和方法，并提供了全部源代码和资源。

习题

1. 响应式商务网页制作总体上分哪些主要步骤？请简述。
2. 采用 HTML+CSS 制作响应式网页分哪几个步骤？请简述。

参考文献

[1] 谭亮. 网站策划与设计 [M]. 武汉：武汉大学出版社，2010.

[2] 何福男，密海英. 网站设计与网页制作项目教程 [M]. 2 版. 北京：电子工业出版社，2014.

[3] 傅俊. 电子商务网页设计与制作 [M]. 北京：电子工业出版社，2012.

[4] 前沿科技，温谦. HTML+CSS 网页设计与布局从入门到精通 [M]. 北京：人民邮电出版社，2008.

[5] 方玲玉，陈炜. 商务网页设计与制作 [M]. 北京：高等教育出版社，2014.

[6] 刘德山，章增安，林彬. HTML5+CSS3 Web 前端开发技术 [M]. 2 版. 北京：人民邮电出版社，2018.

[7] 张辉，祁东升. HTML5+CSS3 网页制作基础培训教程 [M]. 北京：人民邮电出版社，2021.